Inhaltsübersicht

Lernziele **5**

Einleitung **6**

Eingangstest **8**

1 Microsoft Excel kennenlernen **9**

Excel starten 9

Excel-Bildschirm 10

Programmsteuerung 11

Programmeinstellungen 14

2 Excel-Dokumente verwalten **19**

Arbeitsmappen speichern 19

Arbeitsmappen öffnen 23

Neue Arbeitsmappen erstellen 26

Informationen zu Arbeitsmappen 27

3 Blätter und Fenster **31**

Navigation in Arbeitsmappen 31

Blätter in der Arbeitsmappe bearbeiten 32

Mit Fenstern arbeiten 36

Navigation innerhalb von Blättern 39

4 Daten eingeben **43**

Grundprinzip von Eingabe und Korrektur 43

Zahlenwerte eingeben 46

Texteingaben 48

Zell- und Bereichsnamen 49

5 Berechnungen durchführen **53**

Formeln 53

Funktionen 57

Die Funktionsbibliothek 59

6 Tabellen editieren **65**

Daten verschieben und kopieren 65

Inhalte einfügen 69

Bereiche mit Daten ausfüllen 71

Zellbereiche einfügen und löschen 73

7 Formatieren **77**

Dokumentdesign 77

Zeilen- und Spaltenformate 80

Zellenformate 83

Bedingte Formatierung 89

8 Listen bearbeiten **95**

Datenblöcke aufbauen 95

Sortieren 97

Filtern 101

Excel-Tabellen 103

9 Werte in Diagrammen darstellen **107**

Diagramme erstellen 107

Diagramme ändern 110

Sparklines 114

10 Zusätzliche Elemente einfügen **117**

Grafische Elemente hinzufügen 117

Grafikobjekte verfeinern 122

Hyperlinks 125

11 Kontrolle und Ausdruck **129**

Schneller Ausdruck 129

Einstellungen für einzelne Blätter festlegen 132

Ansichten im Blatt 135

12 Arbeiten in Gruppen **141**

Benutzerdefinierte Ansichten verwenden 141

Kommentare 142

Andere Dateiformate benutzen 144

Über das Internet versenden 147

Arbeitsmappen im Web speichern 149

Abschlusstest **153**

Hinweise zum Ablauf einer Zertifizierungsprüfung **155**

Stichwortverzeichnis **157**

Lernziele

Das Zertifizierungssystem *Microsoft Office Specialist* definiert einen Satz von Lernzielen, die zu Gruppen zusammengefasst sind.

Nummer	Gruppe/Lernziel	Seite(n)
1	**Die Arbeitsumgebung kennenlernen**	
1.1	Im Arbeitsblatt navigieren	39, 41
1.2	Arbeitsblätter und Arbeitsmappen drucken	129–139
1.3	Arbeiten in der Backstage-Ansicht	14–17, 25–28
2	**Daten eingeben und ändern**	
2.1	Daten in Zellen bearbeiten	39, 43–49, 65–70
2.2	Zellbereiche mit Daten ausfüllen	71–73
2.3	Hyperlinks einsetzen und bearbeiten	125–127
3	**Zellen und Arbeitblätter formatieren**	
3.1	Zellformate anwenden und ändern	83–88
3.2	Zellen teilen und zusammenführen	86
3.3	Spalten- und Zeilentitel einsetzen	134, 138
3.4	Spalten/Zeilen verbergen und wieder anzeigen	82
3.5	Seiten für den Ausdruck einrichten	129–138
3.6	Arbeiten mit Zellenformatvorlagen	77–79
4	**Arbeitsmappen und Arbeitsblätter verwalten**	
4.1	Arbeitsblätter erstellen und formatieren	31–36
4.2	Mit Fenstern auf dem Bildschirm arbeiten	37–39
4.3	Ansichten benutzen	136–142
5	**Formeln und Funktionen einsetzen**	
5.1	Formeln erstellen	54–56
5.2	Besonderheiten bei der Auswertungsreihenfolge	53
5.3	Absolute und relative Bezüge	68, 69
5.4	Bedingte Berechnungen	61, 63
5.5	Benannte Bereiche in Formeln verwenden	50, 51, 55
5.6	Zellbereiche in Formeln benutzen	57, 59, 60
6	**Daten grafisch präsentieren**	
6.1	Diagramme erstellen	107–113
6.2	Illustrationen einfügen	117–121
6.3	Eingefügte Bilder anpassen	123, 124
6.4	Sparklines einsetzen	114, 115
7	**Arbeiten in Gruppen**	
7.1	Arbeitsmappen mit anderen teilen	144–150
7.2	Kommentare einsetzen	142, 143
8	**Daten organisieren und analysieren**	
8.1	Daten filtern	101–103
8.2	Daten sortieren	97–100
8.3	Bedingte Formatierung einsetzen	89–93

Einleitung

An immer mehr Arbeitsplätzen ist der professionelle Umgang mit Microsoft Office-Produkten ein absolutes Muss. Diese Schulungsunterlage hilft Ihnen, das Programm Excel 2010 in den Griff zu bekommen, das innerhalb der Office-Familie für den Bereich Tabellenkalkulation verantwortlich ist.

Zielgruppe

Die Schulungsunterlage ist für Personen gedacht, die das Ziel haben, die wesentlichen Elemente der Arbeit mit Excel zu beherrschen. Sie ist in erster Linie als Begleitmaterial für den Unterricht in einer Schulung gedacht. Sie erfahren darin auch, welche Techniken Sie beherrschen müssen, um den Zertifizierungstest für Microsoft Excel 2010 erfolgreich abzuschließen und so Ihre individuellen Fähigkeiten durch Ablegen der Prüfung zum *Microsoft Office Specialist* bestätigen zu lassen. Der Nachweis einer solchen Kompetenz ist ein entscheidendes Kriterium für verbesserte Bewerbungs- und Aufstiegschancen.

Voraussetzungen

Kenntnisse in Excel 2010 werden für die Arbeit mit dieser Unterlage nicht vorausgesetzt. Um aber sinnvoll mit dem hier angebotenen Material arbeiten zu können, sollten die für die Arbeit am Rechner notwendigen Grundkenntnisse bei Ihnen vorhanden sein: Sie sollten die Arbeit mit dem Betriebssystem Microsoft Windows 7, Windows Vista oder Windows XP beherrschen. Dazu gehört, dass Ihnen Begriffe und Elemente wie beispielsweise Startmenü, *Computer* (*Arbeitsplatz*), *Desktop*, Laufwerke, Ordner und Dateien geläufig sind und dass Sie mit den wesentlichsten Werkzeugen zur Steuerung eines Programms vertraut sind. Sie sollten fernen wissen, wie man eine Verbindung zum Internet herstellt. Grundsätzlich wird vorausgesetzt, dass Sie sich mit der Bedienung von Tastatur und Maus auskennen.

Dienlich – aber keine Voraussetzung – wäre es, wenn Sie bereits vorher mit Excel oder mit einem anderen neueren Programm von Microsoft – möglichst mit einem der Office-Familie in der Version 2010 – gearbeitet hätten.

Software

Um die in den Lektionen dieser Schulungsunterlage angesprochenen Übungen praktisch nachvollziehen zu können, müssen Microsoft Windows 7, Vista oder XP sowie Microsoft Excel 2010 – oder eine Version von Microsoft Office 2010, die dieses Programm enthält – auf Ihrem Arbeitsrechner ordnungsgemäß installiert sein. Ausgegangen wird von einer Standardeinrichtung des Programms, wie sie direkt nach einer Neuinstallation vorhanden ist.

Konventionen

Dieser Unterlage liegen einige Konventionen zugrunde, mit denen Sie sich vor dem Durcharbeiten dieses Buches vertraut machen sollten.

Übungen

Die Anleitungen für praktische Übungen, die Sie unbedingt nachvollziehen sollten, werden in nummerierten Schritten angegeben. Sie finden in dieser Unterlage aber auch viele zusätzliche Hinweise, die nicht als Übung gekennzeichnet sind. Diese Themenbereiche können ebenfalls Inhalt des Zertifizierungstests sein.

Tastatureingaben

Ein Pluszeichen zwischen zwei Tasten bedeutet, dass Sie die Tasten gleichzeitig drücken müssen. Die Angabe $\boxed{\text{Strg}}+\boxed{\text{C}}$ bedeutet beispielsweise, dass Sie die $\boxed{\text{Strg}}$-Taste gedrückt halten müssen, während Sie die $\boxed{\text{C}}$-Taste drücken.

Allgemeine Hinweise

Daten, die Sie eingeben sollen, Dateinamen und Internetadressen sind **fett** gedruckt. Oberflächenelemente, beispielsweise die Namen von Optionen und Befehlen, sowie andere wichtige Bezeichnungen sind *kursiv* gekennzeichnet.

Lernziel

Mit diesem Symbol sind Abschnitte gekennzeichnet, in denen die Lernziele der Zertifizierungsprüfung zum *Microsoft Office Specialist* behandelt werden. Eine Übersicht dieser Lernziele finden Sie auf Seite 5 dieses Buches. In der Prüfung können aber auch verwandte Themenbereiche abgefragt werden.

Beispieldateien

Zu fast allen Übungen liegen Beispieldateien vor, die Sie kostenlos aus dem Internet herunterladen können. Führen Sie dazu folgende Schritte durch:

1. Starten Sie Ihren Browser und öffnen Sie im Internet die folgende Seite: **http://www.microsoft-press.de/support.asp**

2. Tragen Sie im unteren Eingabefeld *ISBN-Nr. (deutsche Titel)* die Zahl **071** ein.

3. Klicken Sie auf *Suchen*. Nach kurzer Zeit erscheint das Suchergebnis.

4. Klicken Sie im Suchergebnis auf den Link *Downloads* und speichern Sie die Datei auf Ihrem Computer. Wählen Sie dabei gegebenenfalls direkt den Ordner, in dem Sie die Übungsdateien installieren möchten.

5. Schließen Sie den Browser.

6. Öffnen Sie die heruntergeladene Datei. Bei der Datei handelt es sich um ein selbstentpackendes Archiv, das die Übungsdateien standardmäßig auf der Festplatte *C:* in einem separaten Ordner speichert.

Tipp: Beispiele für Lernziele

Neben den Beispieldateien finden Sie in diesem Archiv auch eine vollständige Auflistung der Lernziele mit Beispielen als PDF-Datei.

Eingangstest

Oben wurde bereits erwähnt, dass die Kenntnis von Microsoft Excel 2010 nicht Voraussetzung für die sinnvolle Arbeit mit dieser Schulungsunterlage ist. Sie sollten aber in der Lage sein, die folgenden Fragen zum Betriebssystem Windows 7, Windows Vista oder Windows XP zu beantworten:

▨ Was ist der *Windows-Desktop*?

_____

▨ Welche Bedeutung haben die Symbole auf dem Desktop?

_____

▨ Wie startet man ein Anwendungsprogramm unter Windows 7, Windows Vista oder Windows XP?

_____

▨ Wozu dient die Taskleiste auf der Oberfläche des Betriebssystems?

_____

▨ In welchem Ordner werden selbst erstellte Dateien standardmäßig gespeichert und wie zeigt man den Inhalt dieses Ordners an?

_____

▨ Was versteht man unter dem Begriff *Computer* beziehungsweise *Arbeitsplatz* im Windows-Startmenü und wie zeigt man seinen Inhalt an?

_____

▨ Mit welchen Methoden kann man das eingestellte Laufwerk und den aktuellen Ordner darin wechseln?

_____

▨ Wie gibt man einer Datei einen anderen Namen?

_____

▨ Wie löscht man eine Datei?

_____

▨ Was versteht man unter dem Begriff *Drag & Drop*?

_____

▨ Wie stellt man die Verbindung zum Internet her?

_____

▨ Was versteht man unter einem *Hyperlink*?

_____

1 Microsoft Excel kennenlernen

In dieser ersten Lektion werden Sie mit den Grundlagen der Arbeit mit Microsoft Excel vertraut gemacht. Die Mehrzahl dieser grundlegenden Techniken entspricht denen anderer Programme des Pakets Microsoft Office der aktuellen Version 2010. Wenn Sie also bereits mit einem dieser Programme vertraut sind, wird Ihnen vieles schon bekannt sein.

Lernziele

- Excel starten
- Der Excel-Bildschirm
- Die Elemente der Programmsteuerung
- Die Programmeinstellungen

Excel starten

Die verschiedenen Methoden zum Öffnen von Microsoft Excel vom Windows-Desktop aus entsprechen denen, die auch sonst bei unter Microsoft Windows laufenden Anwendungen üblich sind.

Übung 1: Excel von der Windows-Oberfläche starten

Typischerweise starten Sie Microsoft Excel – wie andere Anwendungsprogramme – über das Startmenü von Windows 7, Windows Vista oder Windows XP:

1. Klicken Sie zuerst auf die Schaltfläche *Start* in der Taskleiste, um das Startmenü zu öffnen.

2. Klicken Sie dann auf *Alle Programme*, um die auf dem System installierten Programme anzuzeigen.

3. Durch einen Klick auf die Gruppe *Microsoft Office* blenden Sie eine Liste mit den Namen der auf Ihrem Rechner installierten Microsoft Office-Programme ein.

4. Klicken Sie in dieser Liste auf den Eintrag *Microsoft Excel 2010*, um das Programm zu starten.

Tipp: Verknüpfung zum schnellen Starten anlegen

Sollten Sie Microsoft Excel häufiger als andere Anwendungen verwenden, lohnt es sich, eine Verknüpfung zu diesem Programm auf dem Windows-Desktop abzulegen. Dazu wählen Sie nach dem Markieren des Programmsymbols im Startmenü den Befehl *Senden an* in dem Kontextmenü dazu und dann *Desktop (Verknüpfung erstellen)*. Anschließend können Sie Excel durch einen Doppelklick auf das damit erstellte Verknüpfungssymbol starten.

Excel-Bildschirm

Nach dem Starten von Microsoft Excel wird – nach einer kurzen Einblendung des Programmlogos – die Oberfläche des Programms angezeigt. Beim ersten Start nach der Installation wird diese in ihrer Standardeinstellung wiedergegeben. Einige der in dieser Einstellung gezeigten Elemente ändern sich während Ihrer Arbeit mit dem Programm oder können nach Ihren Wünschen gezielt angepasst werden.

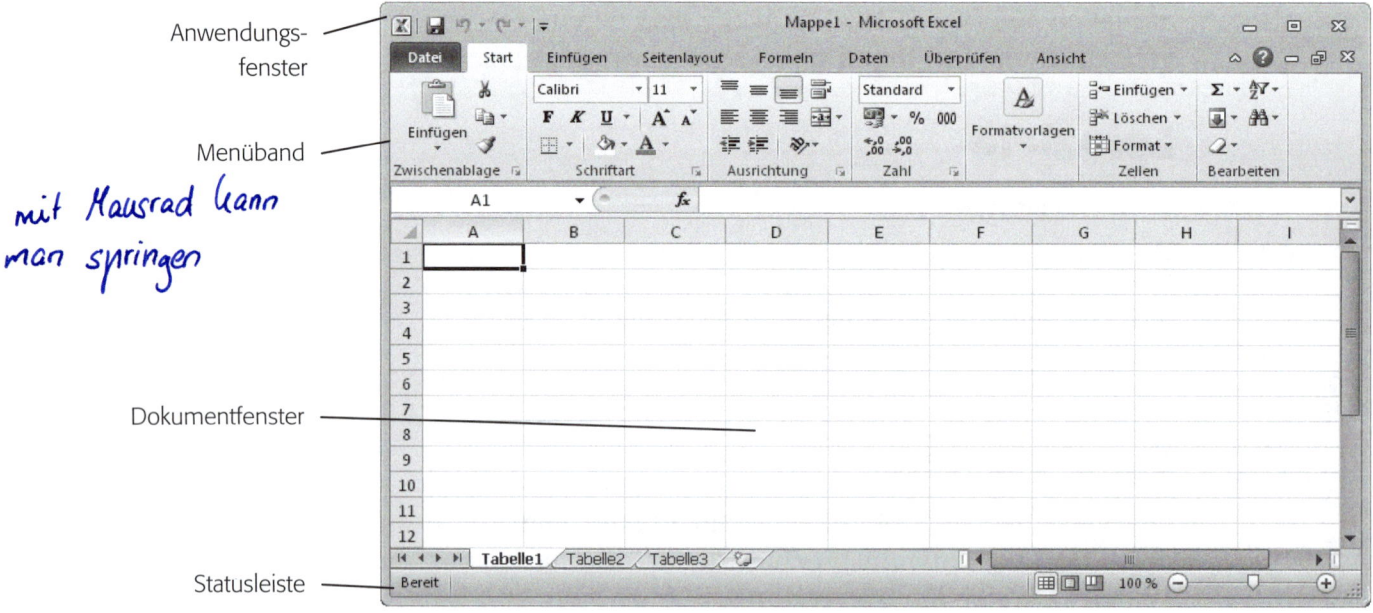

mit Mausrad kann man springen

Die Oberfläche besteht standardmäßig aus dem Anwendungsfenster, in dem die wesentlichsten Steuerungselemente angezeigt werden, und einem Dokumentfenster, in dem Sie Ihre Daten eingeben und bearbeiten können.

fehlerhaftes rumklicken in Anwendungsfeldern gibt Abzug

■ Das *Anwendungsfenster* von Microsoft Excel ist der durch den äußeren Rahmen umschlossene Bereich. Oben finden Sie darin das Menüband, das die Menüs und die Symbolleisten früherer Versionen ersetzt. Am unteren Rand des Excel-Fensters befindet sich die Statusleiste, die nützliche Informationen und zusätzliche Elemente zur Steuerung bereithält.

■ Das Fenster im Inneren ist das sogenannte *Dokumentfenster*. Dieses ist beim ersten Starten des Programms maximiert! Es beinhaltet eine sogenannte *Arbeitsmappe*, die aus mehreren – standardmäßig drei – Arbeitsblättern, die auch als Tabellenblätter bezeichnet werden, besteht. Diese Mappe hat zunächst den allgemeinen Namen *Mappe1*, der in der Titelleiste des Anwendungsfensters angezeigt wird.

Mithilfe der üblichen Schaltflächen rechts in der Titelleiste des Fensters können Sie die Anzeige zwischen den bei Windows üblichen Formen *Minimieren, Maximieren* und *Fenster wiederherstellen* wechseln. Beachten Sie, dass Sie bei Excel – im Gegensatz zu beispielsweise Microsoft Word – diese Einstellungen getrennt für das Anwendungsfenster und das Dokumentfenster vornehmen können. Sie können also den Dokumentbereich auch als Fenster innerhalb des Anwendungsfensters anzeigen lassen.

Programmsteuerung

Die Techniken der Programmsteuerung entsprechen denen bei anderen Programmen im Paket Microsoft Office der aktuellen Version. Wichtig zu wissen ist, dass die Menüs und Symbolleisten früherer Versionen dieser Programme (vor Version 2007) durch das Menüband mit der integrierten *Symbolleiste für den Schnellzugriff* ersetzt wurden.

Symbolleiste für den Schnellzugriff

Menüband

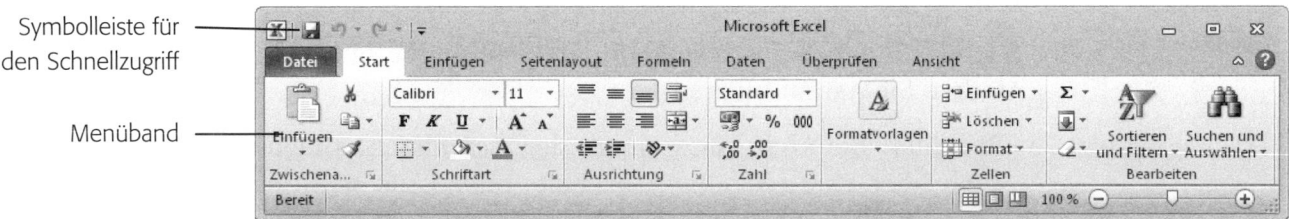

Das Menüband

Das Menüband stellt die wichtigste Befehlsschnittstelle in allen Programmen der Office-Familie dar. Am oberen Rand finden Sie darin die Bezeichnungen der verschiedenen Registerkarten. Beim Öffnen des Programms wird immer zuerst die Registerkarte *Start* angezeigt. Klicken Sie auf eine andere, um die jeweiligen Inhalte anzuzeigen. Jede Registerkarte bezieht sich auf eine Art von Aktivität – beispielsweise liefert die Registerkarte *Einfügen* alle Werkzeuge, die Sie zum Einfügen von Elementen in ein Dokument benötigen.

Ein Klick zeigt den Inhalt der Registerkarte *Einfügen* an

Tipp: Kontextbezogene Registerkarten

Zusätzlich zu den erwähnten standardmäßigen Registerkarten verwendet Microsoft Office 2010 noch eine weitere Registerkartenart: die *kontextbezogenen Registerkarten*. Diese werden je nach Kontext – also je nachdem, an welchem Objekt Sie arbeiten oder welche Aufgabe Sie gerade ausführen – zusätzlich angezeigt.

Die Bestandteile einer Registerkarte

Innerhalb einer Registerkarte sind die einzelnen Befehle etc. in *Gruppen* zusammengefasst. Diese Gruppenbildung erleichtert das Auffinden der einzelnen Werkzeuge, da sie immer bestimmte Aufgabentypen zusammenfassen. Auf der Registerkarte *Start* finden Sie beispielsweise die Gruppen *Zwischenablage, Schriftart, Ausrichtung, Zahl* usw.

Innerhalb einer Gruppe finden Sie *Befehlsschaltflächen*. Diese verfügen in etwa über dieselbe Funktionsweise, die Sie eventuell von den Schaltflächen der Symbolleisten in früheren Versionen des Programms her kennen:

- Bei einigen Befehlen handelt es sich um Umschalter, die durch einen Klick darauf ein- und ausgeschaltet werden können. Beispielsweise schaltet die Schaltfläche *Fett* diese Formatierung ein- und aus. Die Farbgebung der Schaltfläche kennzeichnet den jeweiligen Zustand des Schalters.

- Andere Befehlsschaltflächen erlauben es, eine Liste mit weiteren Optionen aufzuklappen. Sie erkennen diese Elemente daran, dass sie mit einer meist nach unten zeigenden kleinen Pfeilspitze ausgestattet sind. Sie lassen diese Liste anzeigen, indem Sie auf die Pfeilspitze klicken. Anschließend können Sie eine der in der Liste angezeigten Optionen auswählen, indem Sie darauf klicken.

- Beachten Sie aber, dass einige der Befehlsschaltflächen mit Pfeilspitzen auch über eine einfache Einschalt- oder Umschaltfunktion verfügen, die Sie schnell aktivieren können, indem Sie auf den oberen Teil in der Schaltfläche – nicht auf die Pfeilspitze unten – klicken.

- Viele Gruppen verfügen rechts neben der Gruppenbezeichnung über eine kleine Schaltfläche mit einem nach rechts unten weisenden Pfeil. Wenn Sie darauf klicken, wird ein Dialogfeld angezeigt, in dem meist alle Befehle zusammengefasst sind, die Sie auch über die Befehlsschaltflächen der Gruppe finden. Teilweise finden Sie darin auch noch mehr Möglichkeiten.

Übung 2: Das Menüband minimieren

Wenn Sie mehr Platz auf dem Bildschirm benötigen, können Sie das Menüband minimieren.

1. Klicken Sie auf die Schaltfläche *Menüband minimieren* rechts neben den Namen der Registerkarten.

2. Die Elemente des Menübands verschwinden bis auf die Namen der Registerkarten. Klicken Sie auf einen solchen Namen, um die Elemente wieder anzuzeigen. Nach der Wahl eines Befehls wird das Menüband wieder minimiert.

3. Um die Elemente des Menübands wieder permanent anzuzeigen, klicken Sie auf die Schaltfläche *Menüband erweitern*.

Tipp:
Minimieren durch
Doppelklick

Sie können auch auf eine beliebige Registerkartenbezeichnung doppelklicken, um das Menüband zu minimieren. Um die Elemente wieder permanent anzuzeigen, führen Sie nochmals einen Doppelklick auf dem Namen einer beliebigen Registerkarte aus.

Die Tastatur zur Steuerung verwenden

Sie können zur Auswahl eines Befehls im Menüband auch die Tastatur verwenden:

- Drücken Sie die Taste [Alt] und lassen Sie sie wieder los. Die Zugriffstasteninformationen der obersten Ebene werden angezeigt.

- Drücken Sie die Zugriffstaste für den gewünschten Bereich – beispielsweise [R] für die Registerkarte *Start*.

■ Je nach gedrückter Taste werden weitere Zugriffstasteninfos angezeigt. Drücken Sie die Taste(n), um den entsprechenden Befehl auszuwählen. In einigen Fällen müssen Sie zwei Tasten nacheinander drücken.

Die Registerkarte *Datei*

Datei

Unter den Registerkarten des Menübands nimmt die Registerkarte *Datei* eine Sonderrolle ein. Wenn Sie darauf klicken, wird bei allen Programmen der Microsoft Office-Familie die sogenannte *Backstage*-Ansicht angezeigt. Diese Ansicht dient zum Verwalten von Dateien und dateispezifischen Daten.

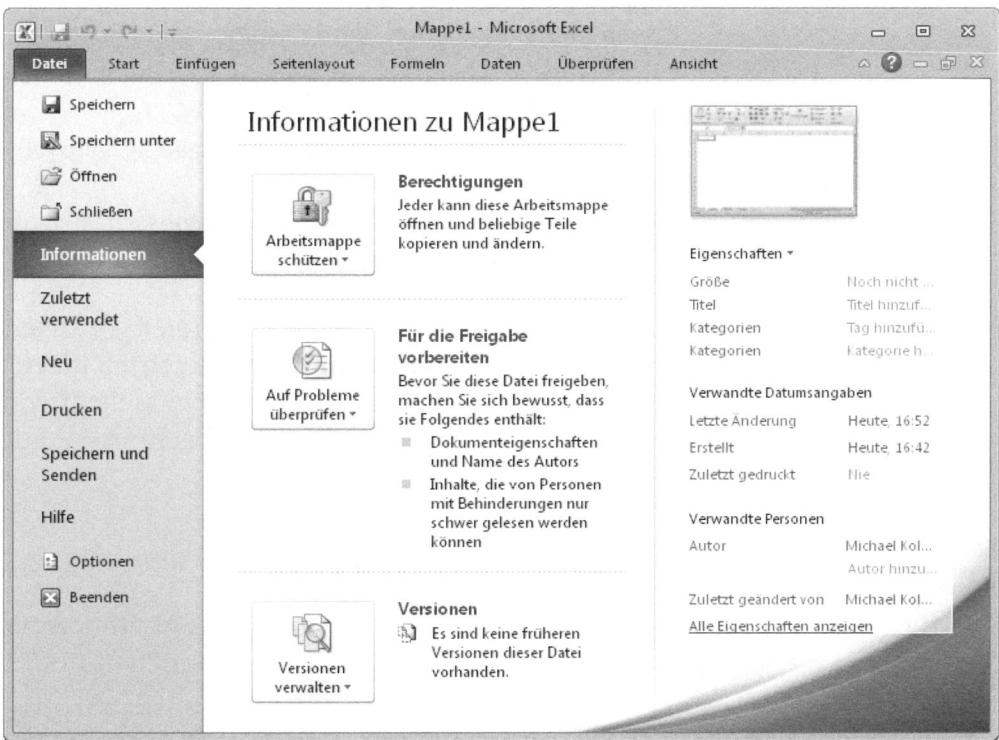

■ Sie finden darin alle Befehle, die Sie zum Speichern, Öffnen, Schließen und Anlegen von Excel-Dateien benötigen.

■ Der Bereich *Informationen* bietet beispielsweise einige neue Funktionen, die das gemeinsame Bearbeiten von Dateien vereinfachen.

■ Der Bereich *Drucken* erlaubt es, alle Druckaufgaben – inklusive der für den Ausdruck wichtigen Seiteneinstellungen – von einer zentralen Stelle aus anzusprechen.

■ Über den Bereich *Speichern und Senden* haben Sie Zugang zu allen Befehlen, die Sie zum gemeinsamen Bearbeiten Ihrer Dateien mit anderen Personen benötigen.

■ Auch die *Optionen*, mit denen Sie das Programm an Ihre Vorlieben anpassen können, können Sie über die Backstage-Ansicht ansprechen.

■ Die Wahl von *Beenden* hat dieselbe Wirkung wie ein Klick auf die *Schließen*-Schaltfläche in der Titelleiste des Anwendungsfensters.

Auf die wichtigsten Elemente werden wir anschließend noch eingehen.

Die Symbolleiste für den Schnellzugriff

Links oben über dem Menüband befindet sich eine kleine Symbolleiste, die mit *Symbolleiste für den Schnellzugriff* bezeichnet wird. Das ist die einzige übrig gebliebene Symbolleiste. Diese beinhaltet standardmäßig Schaltflächen für Befehle, die Sie wahrscheinlich sehr häufig verwenden werden. Sie können aber auch selbst festlegen, welche Schaltflächen darin angezeigt werden sollen.

Symbol	Name und Wirkung
	Speichern: Speichert die aktuell geöffnete Arbeitsmappe. Wurde vorher noch nicht gespeichert, wird das Dialogfeld *Speichern unter* angezeigt.
	Rückgängig: Macht einen gerade gewählten Befehl oder eine gerade durchgeführte Eingabe wieder rückgängig.
	Wiederholen: Wiederholt einen rückgängig gemachten Befehl oder eine Eingabe.
	Symbolleiste für den Schnellzugriff anpassen: Erlaubt es, weitere Befehle in der Symbolleiste anzeigen zu lassen.

Die Schaltflächen *Rückgängig* und *Wiederholen* verfügen über nach unten weisende Pfeilspitzen. Darüber können Sie auch mehrere nacheinander ausgeführte Befehle oder Eingaben in einem Arbeitsschritt widerrufen bzw. diese wiederholen. Mehrere hintereinander durchgeführte Aktionen können aber nur insgesamt widerrufen werden.

Programmeinstellungen

Microsoft Excel 2010 verfügt über eine Vielzahl von Optionen zum individuellen Anpassen des Programms an Ihre persönlichen Präferenzen.

Übung 3: Auf die Optionen zugreifen

Lernziel 1.3

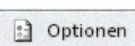

Diese Einstellungen nehmen Sie über das Dialogfeld *Excel-Optionen* vor, das Sie über die *Backstage*-Ansicht des Programms auf den Bildschirm bringen.

1. Klicken Sie auf die Registerkarte *Datei*.

2. Klicken Sie links in der Befehlsliste auf *Optionen*. Das Dialogfeld *Excel-Optionen* wird angezeigt.

3. Links in diesem Dialogfeld finden Sie mehrere Bereiche. Wählen Sie den gewünschten aus und nehmen Sie die entsprechenden Einstellungen vor.

4. Nachdem Sie Änderungen in den Einstellungen vorgenommen haben, müssen Sie angeben, ob Sie sie übernehmen oder verwerfen wollen. In beiden Fällen wird das Dialogfeld *Excel-Optionen* geschlossen.

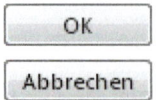

- Zum Übernehmen klicken Sie auf die Schaltfläche *OK*.

- Zum Verwerfen der Änderungen in den Einstellungen klicken Sie auf *Abbrechen*. Die von Ihnen im Dialogfeld *Excel-Optionen* vorgenommenen Änderungen werden dann nicht übernommen.

Die allgemeinen Einstellungen

Standardmäßig wird darin zunächst der Bereich *Allgemein* angezeigt. Machen Sie sich mit einigen der dort vorhandenen Möglichkeiten vertraut:

Über diese Option können Sie beispielsweise die Farbe ändern, die für die Office-Programmoberfläche verwendet wird

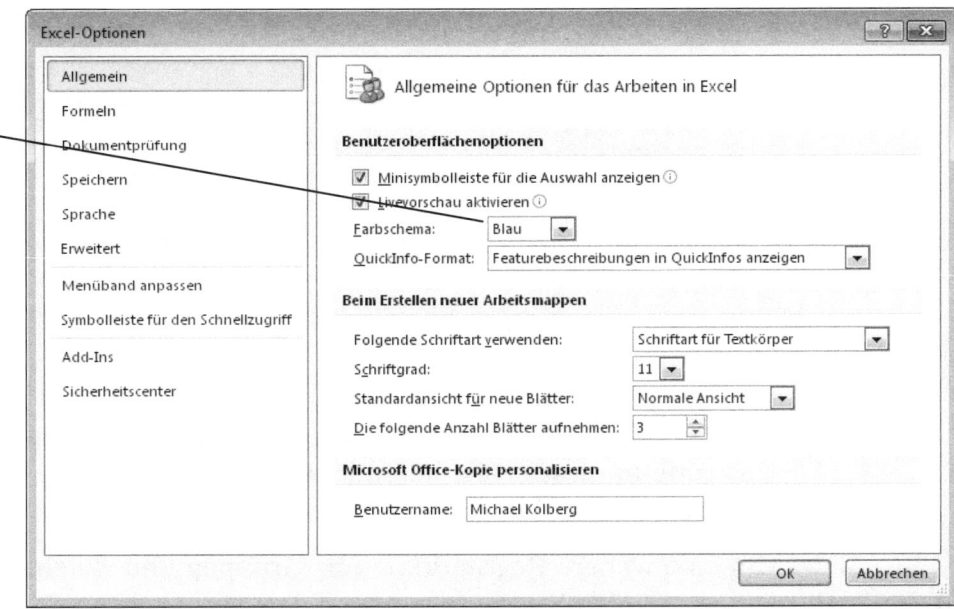

- *Minisymbolleiste für die Auswahl anzeigen*: Die Minisymbolleiste wird eingeblendet, wenn Sie mit der rechten Maustaste auf eine Zelle klicken. Über die Schaltflächen in dieser Symbolleiste können Sie beispielsweise einen markierten Bereich schnell formatieren.

- *Livevorschau aktivieren*: Wenn Sie diese Option auswählen, werden die Auswirkungen einer Option noch vor dem Klick auf die entsprechende Schaltfläche im Menüband im Arbeitsblatt angezeigt. Wenn Sie beispielsweise den Mauszeiger auf die Schaltfläche *Fett* führen, wird der Inhalt der gerade aktiven Zelle in fetter Schrift angezeigt.

- *Farbschema*: Für das Farbschema der Programmoberfläche stehen drei Optionen zu *Verfügung*. Klicken Sie zur Anzeige und Auswahl auf die nach unten zeigende Pfeilspitze.

- Im Feld *Benutzername* können Sie Ihren Namen eintragen und ändern. Dieser Name findet an mehreren Stellen im Programm Verwendung.

Übung 4: Das Menüband anpassen

Lernziel 1.3

Über die *Excel-Optionen* können Sie auch die Inhalte des Menübands an Ihre Vorstellungen anpassen. Sie können die vorhandenen Registerkarten aus- und wieder einblenden oder auch eigene Registerkarten erstellen.

1. Klicken Sie auf die Registerkarte *Datei*.

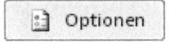

2. Klicken Sie links in der Befehlsliste auf *Optionen*. Das Dialogfeld *Excel-Optionen* wird angezeigt.

3. Klicken Sie links in diesem Dialogfeld auf *Menüband anpassen*.

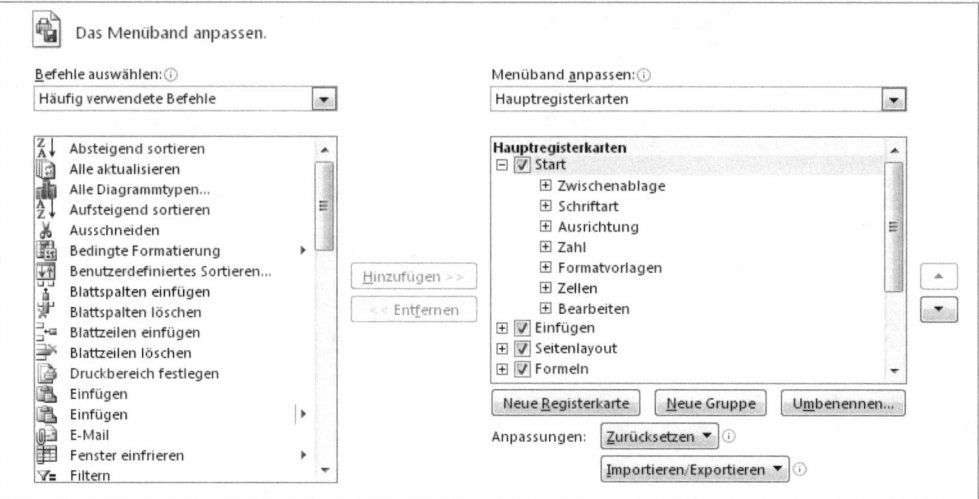

4. Um eine der Registerkarten auszublenden, klicken Sie im rechten Listenfeld auf das Feld mit dem Häkchen vor dem Namen der Registerkarte. Das entfernt dieses Häkchen. Ein weiterer Klick darauf zeigt das Häkchen und damit auch die Registerkarte wieder an.

5. Um eine weitere Registerkarte mit Gruppen und Befehlen darin zu erstellen, verwenden Sie die folgenden Schritte:

- Markieren Sie im rechten Listenfeld die bereits vorhandene Registerkarte, nach der die neue später im Menüband erscheinen soll.

- Klicken Sie auf die Schaltfläche *Neue Registerkarte*. Im Listenfeld wird eine neue Registerkarte angezeigt.

- Markieren Sie diesen neuen Eintrag – er heißt zunächst *Neue Registerkarte (Benutzerdefiniert)* – und klicken Sie dann auf die Schaltfläche *Umbenennen*. Geben Sie der neuen Registerkarte einen Namen und bestätigen Sie über *OK*.

- Zusammen mit der neuen Registerkarte wurde auch eine Gruppe mit dem Namen *Neue Gruppe (Benutzerdefiniert)* erstellt. Auch deren Namen können Sie wie eben beschrieben ändern.

- Weitere Gruppen in einer Registerkarte definieren Sie über die Schaltfläche *Neue Gruppe*. Markieren Sie vorher die Gruppe, nach der die neue erscheinen soll.

- Um einen Befehl zu einer Gruppe hinzuzufügen, markieren Sie zuerst im rechten Listenfeld die gewünschte Gruppe. Geben Sie dann links unter *Befehle auswählen* an, welche Befehle im Listenfeld darunter angezeigt werden sollen. Markieren Sie in diesem linken Listenfeld den gewünschten Befehl und klicken Sie dann auf *Hinzufügen*.

6. Nachdem Sie Änderungen in diesem Bereich vorgenommen haben, müssen Sie sie übernehmen. Klicken Sie dazu auf *OK*. Die Änderungen werden im Menüband angezeigt.

Tipp:
Zurücksetzen

Um zu den Standardeinstellungen für das Menüband zurückzukehren, klicken Sie auf die Schaltfläche *Zurücksetzen*.

Die Symbolleiste für den Schnellzugriff anpassen

Microsoft Office Specialist
Lernziel 1.3

Über den Bereich *Symbolleiste für den Schnellzugriff* in den *Excel-Optionen* können Sie diese Symbolleiste auf ähnliche Weise anpassen, wie gerade für das Menüband beschrieben. Die wichtigsten Befehle können Sie aber auch direkt aus dem Anwendungsfenster heraus in diese Leiste integrieren.

1. Klicken Sie in der *Symbolleiste für den Schnellzugriff* auf das Symbol mit der nach unten zeigenden Pfeilspitze.

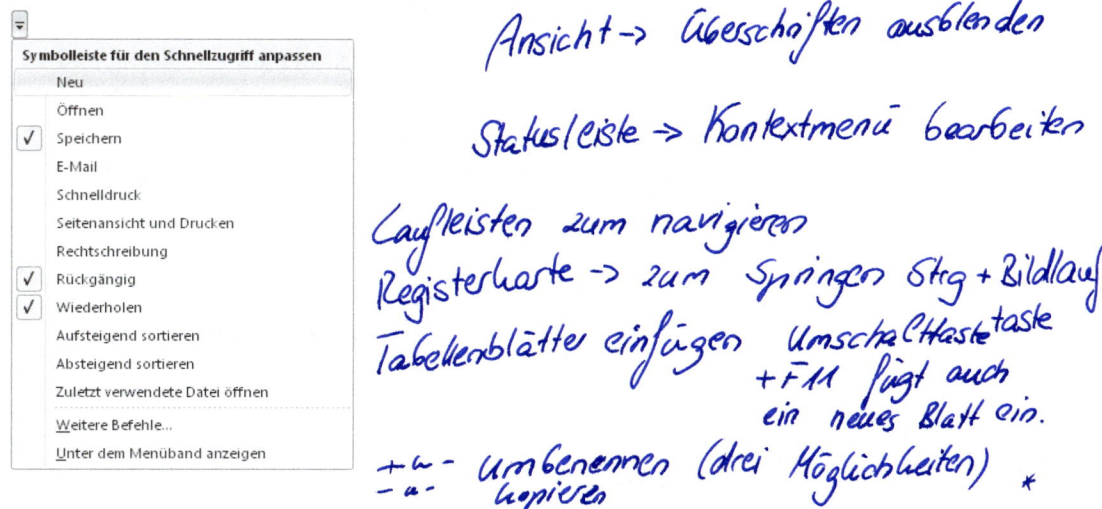

Ansicht -> Überschriften ausblenden

Statusleiste -> Kontextmenü bearbeiten

Laufleisten zum navigieren
Registerkarte -> zum Springen Strg + Bildlauf-taste
Tabellenblätter einfügen Umschalttaste + F11 fügt auch ein neues Blatt ein.

+ - umbenennen (drei Möglichkeiten) *
kopieren

2. Um einen weiteren Befehl aufzunehmen oder einen schon angezeigten Befehl wieder zu entfernen, klicken Sie auf den betreffenden Eintrag.

Die weiteren Bereiche in den Excel-Optionen

Über die anderen Bereiche im Dialogfeld *Excel-Optionen* haben Sie Zugriff auf eine Vielzahl weiterer Einstellungen:

- *Formeln* erlaubt das Festlegen von Berechnungsoptionen. Sie können beispielsweise bestimmen, ob das Arbeitsblatt bei jeder Eingabe automatisch neu berechnet werden soll.
- Unter *Dokumentprüfung* legen Sie die Standardeinstellungen für die Rechtschreibprüfung fest.
- Mit *Speichern* legen Sie die Standardoptionen für das Speichern von Dokumenten fest.
- Über *Sprache* legen Sie die Spracheinstellungen für Excel und andere Office-Programme fest.
- Die Kategorie *Erweitert* bietet viele Möglichkeiten zur Anpassung des Verhaltens von Excel an Ihre persönlichen Vorlieben. Beispielsweise können Sie hier festlegen, zu welcher Zelle gewechselt wird, wenn Sie die Taste [↵] drücken.
- Im *Sicherheitscenter* legen Sie Sicherheitseinstellungen fest. Beispielsweise können Sie dort vertrauenswürdige Speicherorte einstellen.

Auf einige Details dieser Optionen werden wir in den folgenden Lektionen noch etwas näher eingehen.

* man kann es in jede geöffnete Mappe verschieben

Tabellenblatt farblich hervorheben
Mehrere Blätter gleichzeitig markieren

Ausblenden <-> Einblenden

Tabellenblatt mit
Hintergrund hinterlegen:
Seitenlayout: Hintergrund.
bild

Zusammenfassung

In dieser Lektion haben Sie den Aufbau des Excel-Fensters kennengelernt. Dazu gehört vordringlich das Menüband, das jetzt bei allen Programmen der Office-Version 2010 die wesentlichste Befehlsschnittstelle darstellt. Außerdem kennen Sie nun die wichtigsten Optionen zum individuellen Anpassen des Programms an Ihre persönlichen Präferenzen.

Wiederholungsfragen

■ Wie starten Sie Microsoft Excel?

_____

■ Wie gehen Sie vor, wenn Sie eine Verknüpfung zu Excel auf dem Windows-Desktop erstellen wollen?

_____

■ Was versteht man unter dem *Anwendungsfenster* und was unter dem *Dokumentfenster*?

_____

■ Wozu dient das *Menüband*, das Sie bei allen Programmen der Office-Version 2010 finden?

_____

■ Wozu dienen die Gruppen innerhalb des Menübands?

_____

■ Wie minimieren Sie das Menüband und wie zeigen Sie es wieder in vollem Umfang an?

_____

■ Welche Befehle beinhaltet die *Symbolleiste für den Schnellzugriff* standardmäßig?

_____

■ Welchen Weg nehmen Sie, wenn Sie die allgemeinen Programmeinstellungen ändern wollen?

_____

■ Wie erstellen Sie eine neue Registerkarte für das Menüband?

_____

■ Welche Möglichkeiten haben Sie, die *Symbolleiste für den Schnellzugriff* anzupassen?

_____

2 Excel-Dokumente verwalten

Die in Microsoft Excel eingegebenen Daten werden in Dateien verwaltet, die als *Arbeitsmappen* oder auch – wie allgemein sonst bei Microsoft Office üblich – als *Dokumente* bezeichnet werden. Die grundlegenden Techniken zum Verwalten dieser Arbeitsmappen entsprechen bei Excel denen der Arbeit mit Dokumenten in anderen Programmen des Microsoft Office-Pakets. Die wichtigsten Befehle zum Verwalten von Dokumenten finden Sie auf der Registerkarte *Datei*, die Sie schon aus der vorherigen Lektion kennen.

Lernziele

Strg ->N : neue Mappe
Datei: neu : Beispielvorlagen

- Arbeitsmappen speichern *Strg +S*
- Arbeitsmappen öffnen
- Neue Arbeitsmappen erstellen
- Informationen zu Arbeitsmappen regeln

Für die Arbeit an dieser Lektion sollten Sie Microsoft Excel neu starten.

Arbeitsmappen speichern

Bei jedem Starten von Microsoft Excel wird in der Standardeinstellung ein neues Dokument in Form einer leeren Arbeitsmappe erstellt. Diese trägt standardmäßig den allgemeinen Namen *Mappe1*, der in der Titelleiste angezeigt wird. Sie können darin sofort mit der Eingabe von Daten beginnen. Um mit den in einer Arbeitsmappe vorgenommenen Eingaben zu einem späteren Zeitpunkt weiterarbeiten zu können, müssen Sie die Daten vor dem Schließen oder dem Beenden von Microsoft Excel speichern.

Übung 1: Erstmaliges Speichern einer Arbeitsmappe

Beim ersten Speichern geben Sie der Datei für die Arbeitsmappe einen speziellen Namen, unter dem Sie die Daten später wiederfinden können. Sie legen hierbei auch fest, wo die Speicherung erfolgen soll. Ferner können Sie auch das Format bestimmen, in dem das Speichern erfolgen soll. Über diesen letzten Punkt reden wir etwas später in dieser Lektion.

1. Klicken Sie auf die Schaltfläche *Speichern* in der *Symbolleiste für den Schnellzugriff*. Excel zeigt dann das Dialogfeld *Speichern unter* an. Hierin können Sie alle benötigten Speicherparameter festlegen.

2. Im Feld *Dateiname* wird zunächst der von Excel automatisch vergebene vorläufige Name der Mappe – beispielsweise *Mappe1* – übernommen. Wenn Sie einen bestimmten Dateinamen wünschen, tippen Sie ihn dort ein. Für diese Übung können Sie es bei der Voreinstellung *Mappe1* belassen.

Strg+C: kopieren
Strg: O : Datei öffnen

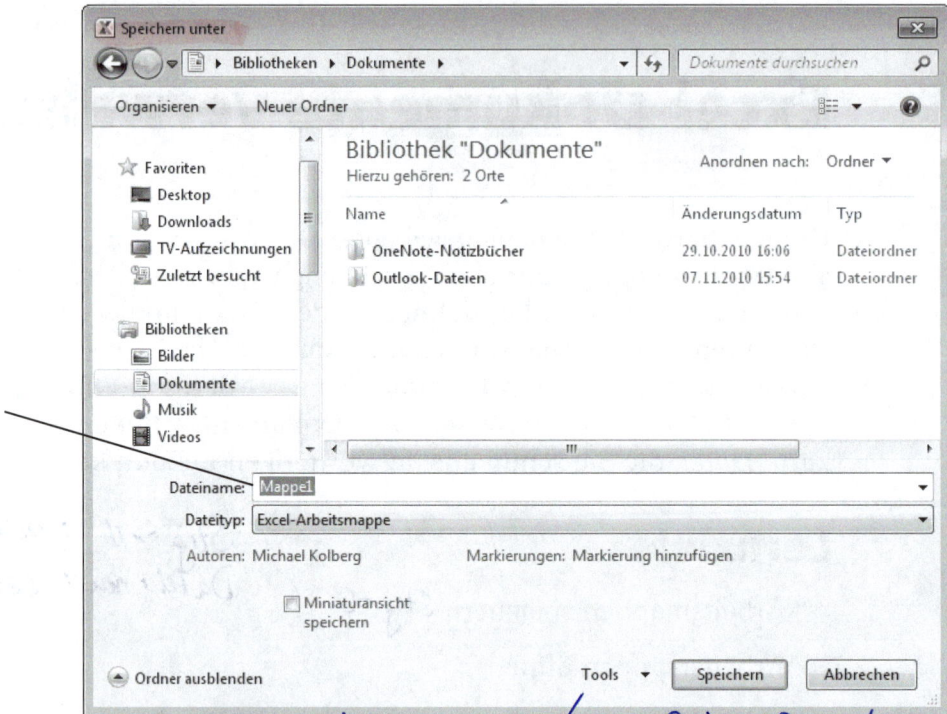

Geben Sie
hier den ge-
wünschten
Dateinamen ein

Sicherungsdatei?   → allg. Optionen: PW schreibgeschützt?

Speichern

3. Klicken Sie dann auf *Speichern*. Das Dokument wird gespeichert, das Dialogfeld wird geschlossen und der eingegebene Dateiname wird in der Titelleiste des Excel-Fensters angezeigt.

Tipp: Das Datei-
format einstellen

Excel-Arbeitsmappe ▼

Wenn Sie keine speziellen Angaben machen, wird eine neu erstellte Arbeitsmappe immer im Format *Excel-Arbeitsmappe* gespeichert. Das erkennen Sie auch an der Anzeige im Dialogfeld *Speichern unter*. Dieses Standardformat kann weder *VBA*-Makrocode noch Makrovorlagen speichern. Wenn Sie solche Elemente speichern wollen, müssen Sie die Option *Excel-Arbeitsmappe mit Makros* wählen. Sie können Arbeitsmappen aber auch in anderen Formaten speichern: Den Zugriff darauf finden Sie in der Liste *Dateityp*. Bei einem Speichern in einem anderen Format gehen bestimmte – für die Version 2010 eigene – Merkmale verloren und können in diesem Format nicht mehr benutzt werden. Es empfiehlt sich also immer, eine Arbeitsmappe zuerst einmal im normalen Excel-Format zu speichern, um später eine Masterkopie zur Verfügung zu haben.

Eine Arbeitsmappe erneut speichern

Ist das Dokument schon einmal gespeichert worden, führt ein Klick auf die Schaltfläche *Speichern* in der Symbolleiste für den Schnellzugriff zu einer kommentarlosen weiteren Speicherung. Da das Dokument nun einen Namen und einen Speicherort besitzt, erscheint das Dialogfeld *Speichern unter* bei solchen weiteren Speichervorgängen nicht mehr.

Übung 2: Mit anderem Namen nochmals speichern

Wenn Sie eine bereits gespeicherte Datei noch einmal unter einem anderen Namen oder an einem anderen Ort speichern wollen, müssen Sie anders vorgehen. Sie benötigen dazu wieder das Dialogfeld *Speichern unter*.

Datei

1. Klicken Sie auf die Registerkarte *Datei*.

2. Klicken Sie auf die Option *Speichern unter*. Das zeigt wieder das gleichnamige Dialogfeld an.

3. Geben Sie dann den gewünschten – neuen – Namen beziehungsweise das gewünschte Laufwerk und den Ordner für die Datei an. Speichern Sie die Datei beispielsweise nochmals unter dem Namen *Mappe2*.

Speichern

4. Klicken Sie auf *Speichern*. Das Dokument wird mit den neuen Parametern gespeichert und das Dialogfeld wird geschlossen.

Die gerade geöffnete Mappe bezieht sich jetzt auf die so erstellte neue Datei. Das erkennen Sie am Namen *Mappe2* in der Titelleiste.

Die Standardeinstellungen zum Speichern kontrollieren

Wenn Sie Ihre Dokumente regelmäßig in einem anderen Ordner speichern oder aus einem anderen Ordner öffnen, können Sie die Vorgabe für diesen Ort ändern. Ähnliches gilt für das Dateiformat, das das Programm zum Speichern verwenden soll. Sie können auch festlegen, dass Microsoft Excel beim Schließen einer Arbeitsmappe immer automatisch eine Sicherungskopie speichert. Damit können Sie Ihre Arbeit auch für den Fall schützen, dass Ihr Rechner abstürzt.

Datei

1. Öffnen Sie die Registerkarte *Datei* und klicken Sie auf *Optionen*.

2. Wählen Sie die Kategorie *Speichern* und legen Sie die gewünschten Einstellungen fest.

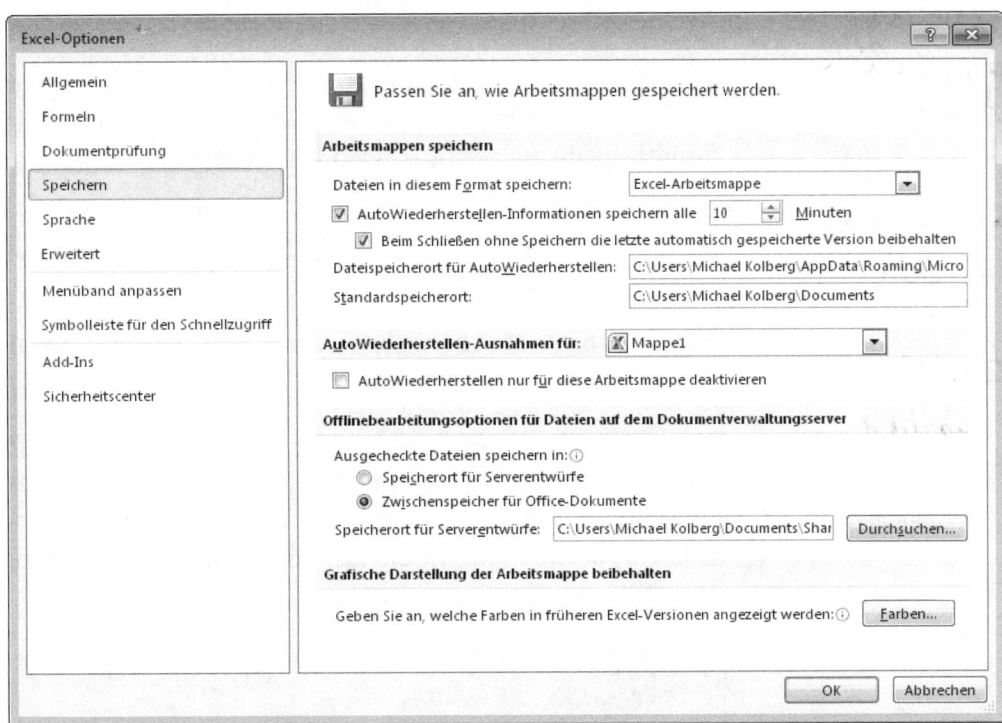

- Im Feld *Standardspeicherort* geben Sie den Ordner an, der zum Standardordner werden soll. Dieser wird dann beim Aufruf der Dialogfelder *Speichern unter* und *Öffnen* immer automatisch angewählt.

Strg G: gehe zu

Strg A: gesamter Datensatz
markieren

Pos 1: am Anfang
Strg. + Pos 1: im Feld A1

F8: Erweiterungsmodus

⇑ + F8: Hinzufügemodus

Ende: Endemodus

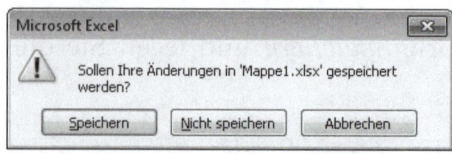

Strg + Mausrad: Zoom

Fenster einfrieren:
optimaler Zoom

Bildteilfixierung
mit Doppelklick
aufrechterhalten

Strg + F6: zwischen
aktiven Fenstern

neues Fenster:
vertikal anordnen

Tipp:
Form der
Warnmeldung
beachten

- Um das standardmäßig zu benutzende Dateiformat einzustellen, klicken Sie in der Kategorie *Speichern* auf den Dropdownpfeil des Feldes *Dateien in diesem Format speichern*. Das zeigt die Liste der verfügbaren Dateiformate an. Klicken Sie auf das gewünschte Format.

- Wenn unter *Arbeitsmappen speichern* das Kontrollkästchen *AutoWiederherstellen-Informationen speichern alle* aktiviert ist, wird eine automatische Sicherheitskopie erstellt. Geben Sie im Feld *Minuten* an, wie häufig diese Kopie während der Arbeit aktualisiert werden soll. Im Feld *Datenspeicherort für AutoWiederherstellen* finden Sie den Pfad zu dem Ordner, in dem diese Sicherung gespeichert wird.

3. Klicken Sie auf *OK*.

Übung 3: Arbeitsmappe schließen

Im Augenblick nicht benötigte Dateien können Sie schließen. Klicken Sie dazu auf die *Schließen*-Schaltfläche ganz rechts in der Titelleiste des Dokumentfensters oder wählen Sie *Schließen* auf der Registerkarte *Datei*.

Falls seit dem letzten Speichern keine Änderungen durchgeführt wurden, wird das Dokument sofort geschlossen. Wurden Änderungen vorgenommen, die bislang nicht gespeichert wurden, wird abgefragt, ob Sie diese speichern wollen.

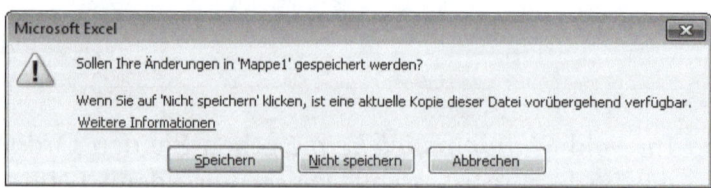

- Klicken Sie auf *Speichern*, wenn Sie speichern wollen. Wenn die Datei bisher noch nicht gespeichert wurde, wird das Dialogfeld *Speichern unter* angezeigt. Anderenfalls wird kommentarlos erneut gespeichert.

- Klicken Sie auf *Nicht speichern*, wenn Sie die Mappe schließen wollen, ohne die Daten zu speichern. Die Eingaben oder Änderungen sind dann verloren.

- Klicken Sie auf *Abbrechen*, wenn Sie die Mappe nicht schließen und die Datei auf dem Bildschirm behalten wollen.

Wenn Sie die Arbeitsmappe lange genug geöffnet hatten, dass Excel Zeit hatte, eine Sicherungskopie der Mappe anzulegen, zeigt sich diese Warnmeldung in einer etwas anderen Form. Hier wird Ihnen zudem mitgeteilt, dass Sie auch dann noch auf die Inhalte der Mappe zugreifen können, wenn Sie sie nicht speichern.

Microsoft Excel

Sollen Ihre Änderungen in 'Mappe1' gespeichert werden?

Wenn Sie auf 'Nicht speichern' klicken, ist eine aktuelle Kopie dieser Datei vorübergehend verfügbar.
Weitere Informationen

Speichern   Nicht speichern   Abbrechen

Arbeitsmappen öffnen

Eine vorher gespeicherte Arbeitsmappe können Sie in einer späteren Sitzung weiterbearbeiten. Dazu müssen Sie sie wieder in Microsoft Excel öffnen.

Übung 4: Arbeiten mit dem Dialogfeld *Öffnen*

Im Allgemeinen können Sie ein Dokument über das Dialogfeld *Öffnen* wieder auf den Bildschirm holen.

1. Klicken Sie auf die Registerkarte *Datei* und dann auf *Öffnen*.

2. Das Dialogfeld *Öffnen* wird mit dem Inhalt des Standardordners angezeigt. Darin werden in der Standardeinstellung alle mit Excel erstellten Dateien aufgelistet.

Hier finden Sie die vorher gespeicherten Dateien

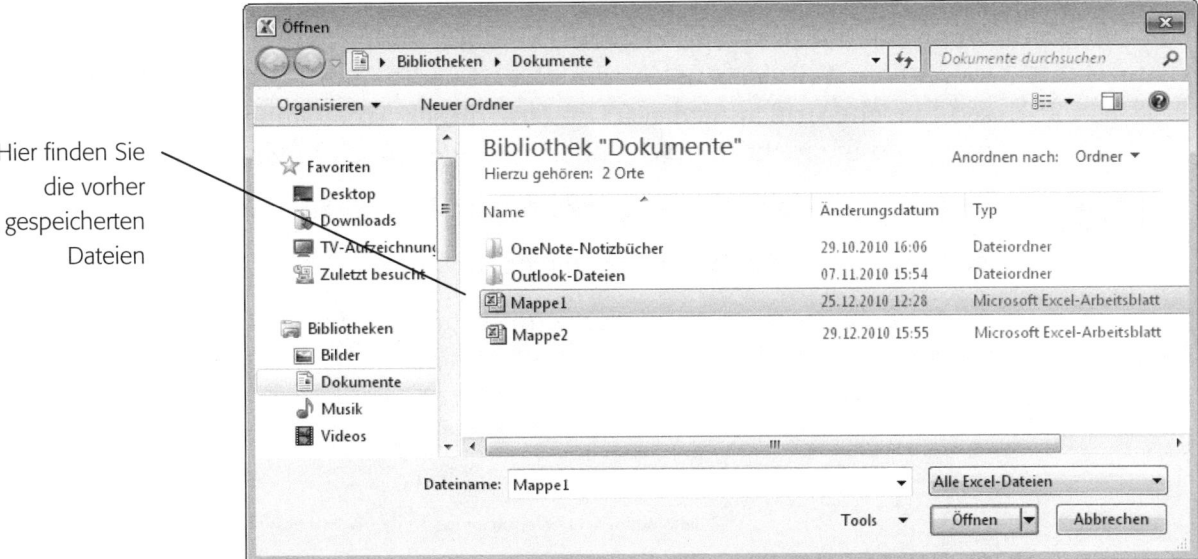

Öffnen ▾

3. Wenn Sie das Dokument vorher in diesem Standardordner gespeichert hatten, finden Sie es hier wieder. Doppelklicken Sie auf den Namen oder markieren Sie ihn und klicken Sie dann auf die Schaltfläche *Öffnen*.

Tipp: Mehrere Dokumente öffnen

Sie können auch mehrere Dokumente in einem Arbeitsgang öffnen. Dazu halten Sie die ⌷Strg⌷-Taste gedrückt und markieren die Namen der zu öffnenden Dokumente, indem Sie sie mit der Maus anklicken.

Der Einfluss des Sicherheitscenters

Wenn Sie beispielsweise eine Datei öffnen, die Sie aus dem Internet heruntergeladen haben, blendet das Sicherheitscenter eine Infoleiste ein, die einige Angaben zur Natur einer möglichen Bedrohung enthält.

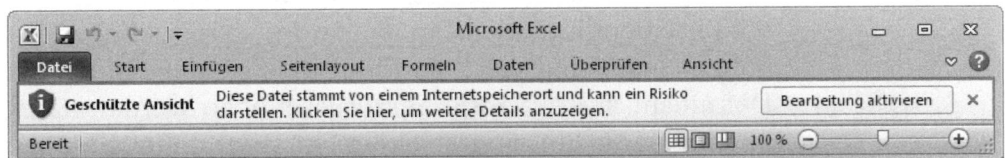

Dann können Sie entscheiden, ob diese Elemente trotzdem ausführbar sein sollen. Klicken Sie dazu auf *Bearbeitung aktivieren*. Sie sollten das aber nur tun, wenn Sie sicher sind, dass die Datei aus einer vertrauenswürdigen Quelle stammt.

Tipp:
Sicherheits-
centereinstellun-
gen kontrollieren

Den Zugriff auf die Einstellungen des Sicherheitscenters erhalten Sie über *Sicherheitscenter* im Dialogfeld *Excel-Optionen*. Die Anwahl dieses Bereichs zeigt zunächst ein Übersichtsfenster an. Details liefert ein Klick auf die darin befindliche Schaltfläche *Einstellungen für das Sicherheitscenter*. Sie öffnen damit ein separates Fenster, das auf seiner linken Seite über mehrere Schaltflächen verfügt, über die Sie einzelne Bereiche anzeigen lassen können.

Die zuletzt bearbeiteten Dokumente

Wenn Sie auf der Registerkarte *Datei* auf *Zuletzt verwendet* klicken, werden im rechten Teil der Ansicht die zuletzt geöffneten Dateien und die zugehörigen Speicherorte aufgelistet. Um eine dieser Arbeitsmappen wieder zu öffnen, brauchen Sie nicht den Weg über das Dialogfeld *Öffnen* zu gehen.

Datei

1. Klicken Sie auf die Registerkarte *Datei*.

2. Wählen Sie den Bereich *Zuletzt verwendet*.

3. Klicken Sie in der Spalte *Zuletzt verwendete Arbeitsmappen* auf den betreffenden Eintrag.

Klicken Sie hier, um die Datei *Mappe2* wieder zu öffnen

Tipp: Die Pin-
Symbole

Rechts neben den Einträgen in diesen Listen finden Sie ein kleines Symbol für einen liegenden Pin. Wenn Sie darauf klicken, wechselt das Symbol zu einem eingesteckten Pin. Ein liegender Pin kennzeichnet, dass das Dokument aus der Liste herausgeschoben werden kann, wenn die Liste zu lang wird. Ein eingesteckter Pin sorgt dafür, dass das Dokument immer in der Liste angezeigt wird.

Auf nicht gespeicherte Arbeitsmappen zugreifen

Lernziel 1.3

Unter Umständen können Sie auch Dateien wieder auf den Bildschirm bringen, bei denen Sie das Speichern vergessen hatten.

1. Klicken Sie auf die Registerkarte *Datei*.

2. Wählen Sie den Bereich *Zuletzt verwendet*.

3. Klicken Sie auf den Link *Nicht gespeicherte Arbeitsmappen wiederherstellen*. Ein Dialogfeld wird angezeigt.

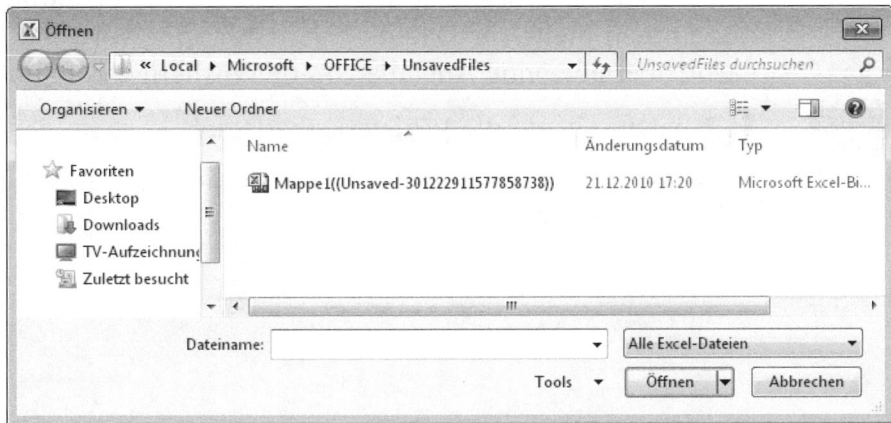

4. Markieren Sie die gewünschte Arbeitsmappe und klicken Sie auf *Öffnen*.

Achtung:
Einstellungen
kontrollieren

> Sie können aber nicht gespeicherte Dateien nur dann wieder öffnen, wenn Excel genügend Zeit hatte, die Daten als *AutoWiederherstellen-Informationen* in einer automatischen Sicherheitskopie zu speichern. Dazu müssen die beiden Optionen *AutoWiederherstellen-Informationen speichern* und *Beim Schließen ohne Speichern die letzte automatisch gespeicherte Version beibehalten* des Bereichs *Speichern* im Dialogfeld *Excel-Optionen* aktiviert sein.

Vorherige Versionen wiederherstellen

Lernziel 1.3

Im Bereich *Informationen* der Registerkarte *Datei* finden Sie unter *Versionen* eine Liste verschiedener Versionen, die während der aktuellen Sitzung mit dem Programm als *AutoWiederherstellen-Informationen* zwischengespeichert wurden. Auch hier gilt, dass Excel genügend Zeit gehabt haben musste, um eine Sicherungskopie anzulegen.

- Wenn Sie eine dieser Versionen öffnen, zeigt eine Warnung an, dass es sich nicht um die zuletzt gespeicherte Version handelt. Beachten Sie, dass diese Datei schreibgeschützt ist.

- Ein Klick auf die Schaltfläche *Versionen verwalten* zeigt die Optionen *Wiederherstellen* und *Nicht gespeicherte Arbeitsmappen wiederherstellen*. Sie können zum Öffnen einer dieser Versionen auch auf einen der rechts daneben angezeigten Einträge in der Liste der Versionen klicken.

- Die meisten Versionen gehen verloren, wenn Sie die Datei speichern und schließen.

Neue Arbeitsmappen erstellen

Wenn Sie während derselben Sitzung mit Excel weitere leere Arbeitsmappen benötigen, müssen Sie diese zuerst erstellen.

Übung 5: Neue, leere Arbeitsmappe anlegen

Bevor Sie eine neue Arbeitsmappe erstellen, sollten Sie sich überlegen, ob Sie wirklich eine neue Arbeitsmappe oder nur ein weiteres Blatt in einer schon vorhandenen Mappe benötigen: Zusammenhängende Aufgaben sollten Sie in einer einzigen Arbeitsmappe organisieren; Sie ersparen sich damit das separate Öffnen mehrerer Dateien. Neue Mappen verwenden Sie dann, wenn die darin zu erledigende Aufgabe von den bisherigen unabhängig ist.

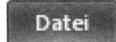

1. Klicken Sie auf die Registerkarte *Datei*.

2. Klicken Sie auf den Bereich *Neu*. Daraufhin werden die verfügbaren Vorlagen angezeigt.

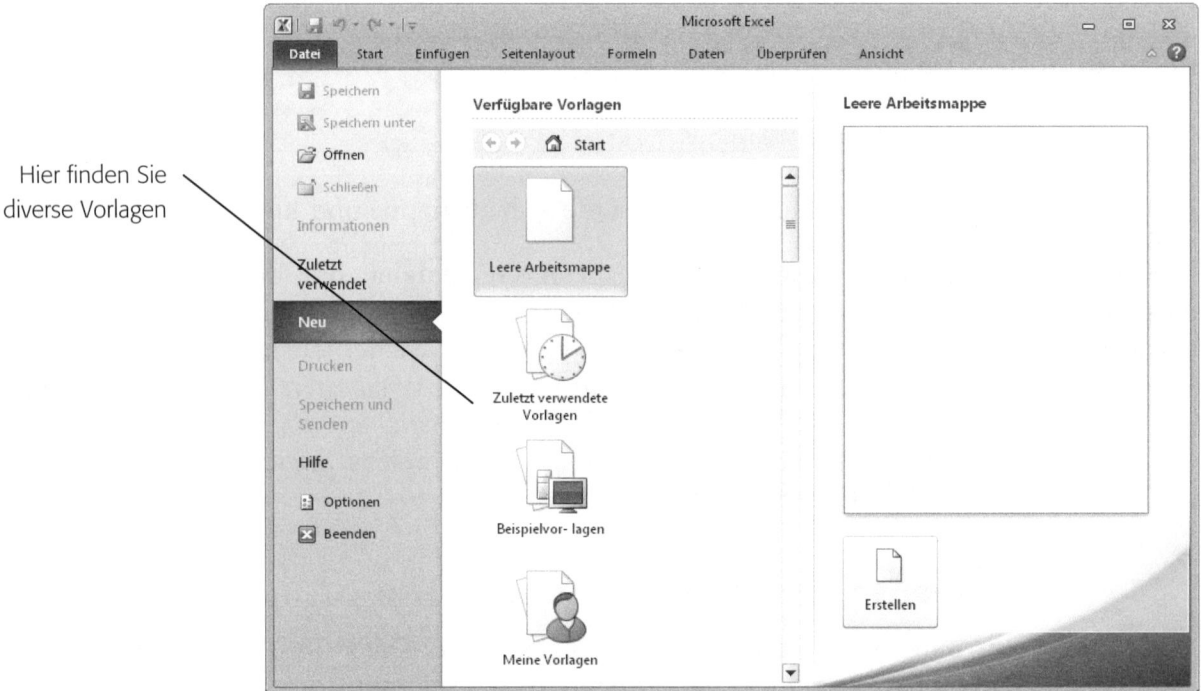

Hier finden Sie diverse Vorlagen

3. Wollen Sie mit dem Erstellen einer Arbeitsmappe von Grund auf beginnen, klicken Sie auf *Leere Arbeitsmappe*. Das Programm legt dann eine neue, leere Mappe an. Diese erhält standardmäßig den Namen *Mappe* mit einer angehängten Zahl. Diese Zahl wird bei jeder neu erstellten Mappe jeweils um 1 erhöht – auf *Mappe1* folgt *Mappe2* usw.

Eine Mappe auf Basis einer Vorlage erstellen

Mit Microsoft Excel werden diverse Vorlagen ausgeliefert, die Ihnen einen Teil der Arbeit beim Erstellen von typischen Geschäftsdokumenten – wie beispielsweise einer Reisekostenabrechnung oder einer Rechnung – abnehmen. Sie können auf Basis einer solchen Vorlage eine neue Mappe erstellen, die dann bereits bestimmte Daten enthält.

1. Öffnen Sie die Registerkarte *Datei*.

2. Klicken Sie auf *Neu*.

3. Klicken Sie auf eine Vorlagengruppe, beispielsweise unter *Office.com-Vorlagen* auf *Abrechnungen*. Die zugehörigen Vorlagen werden dann über das Internet herunter geladen.

4. Wählen Sie eine Vorlage aus. Rechts im Fenster wird die gewählte Vorlage skizziert.

5. Klicken Sie auf *Erstellen* beziehungsweise auf *Download*.

Informationen zu Arbeitsmappen

Im Bereich *Informationen* der Registerkarte *Datei* finden Sie eine Reihe von zusätzlichen Elementen, die Sie kennen sollten. Dazu gehören die Eigenschaften der Mappe und die Möglichkeiten, nicht gespeicherte Versionen der Mappe wieder zu öffnen.

Hier werden die wichtigsten Eigenschaften der Mappe aufgelistet

Ein Klick auf diesen Link zeigt weitere Eigenschaften an

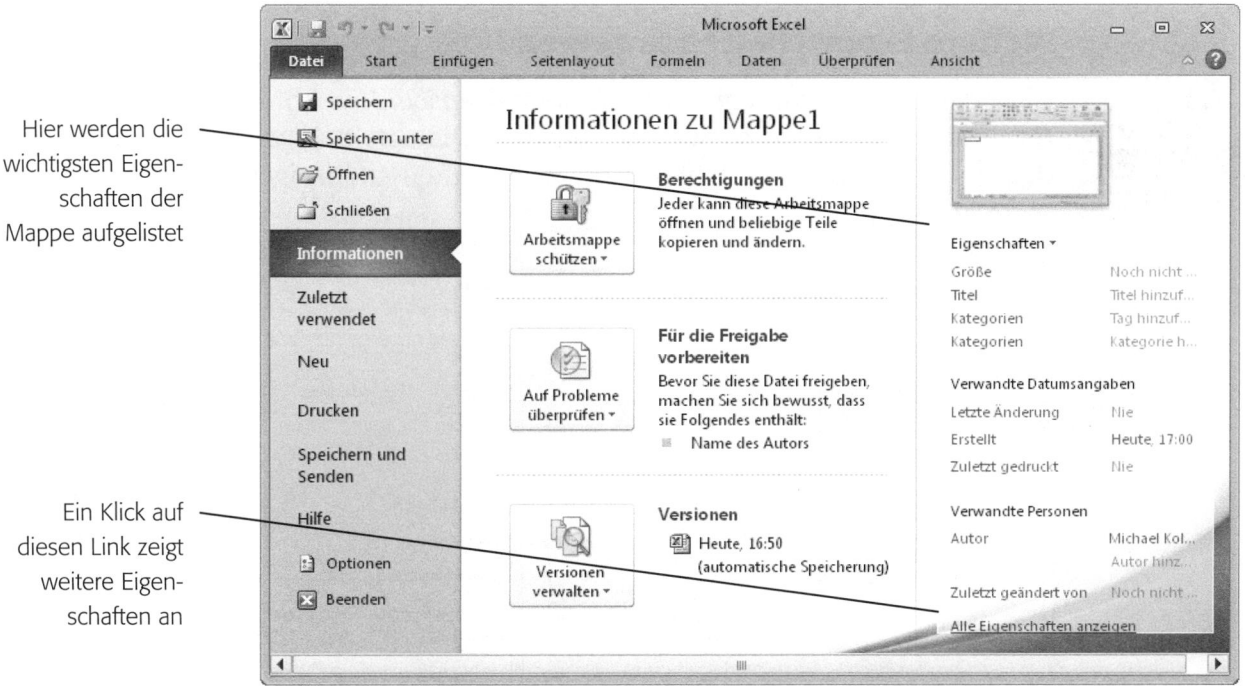

Übung 6: Zusätzliche Eigenschaften festlegen

Lernziel 1.3

Rechts im Fenster finden Sie einen Auszug aus den Eigenschaften der aktuellen Mappe. Einige dieser Eigenschaften werden automatisch vergeben, andere – wie beispielsweise *Titel* und *Autor* – können Sie bearbeiten. Zur Eingabe eignet sich besonders der *Dokumentinformationsbereich*:

Öffnen Sie die Befehlsliste zur Schaltfläche *Eigenschaften* und wählen Sie *Dokumentbereich anzeigen*. Unterhalb des Menübands werden die *Dokumenteigenschaften* angezeigt.

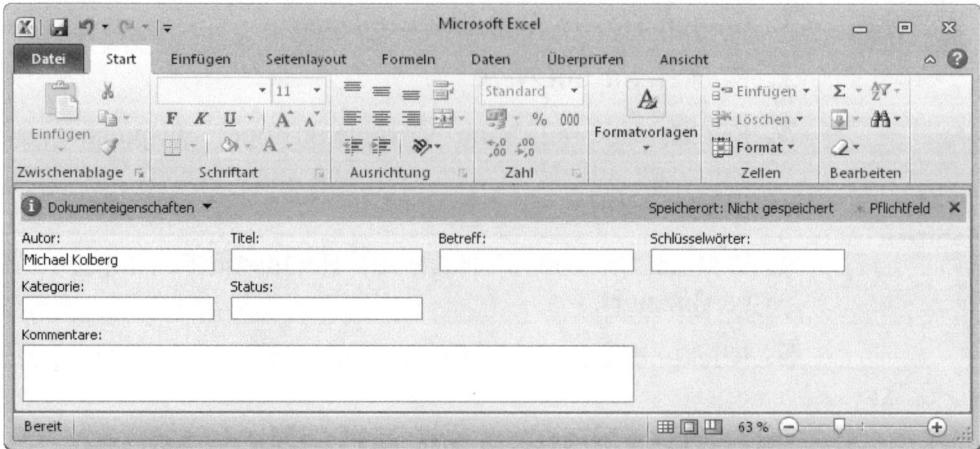

1. Füllen Sie einige der Felder in diesem Bereich aus: Geben Sie beispielsweise Daten für *Titel* und *Betreff* ein.

2. Entfernen Sie den Bereich mit den Dokumenteigenschaften durch einen Klick auf die *Schließen*-Schaltfläche vom Bildschirm.

Weitere Eigenschaften anzeigen

Microsoft Office Specialist
Lernziel 1.3

Über das Dropdownmenü zu *Dokumenteigenschaften* können Sie den Befehl *Erweiterte Eigenschaften* wählen, um das Dialogfeld *Eigenschaften* mit fünf Registerkarten mit allen Dokumenteigenschaften anzuzeigen.

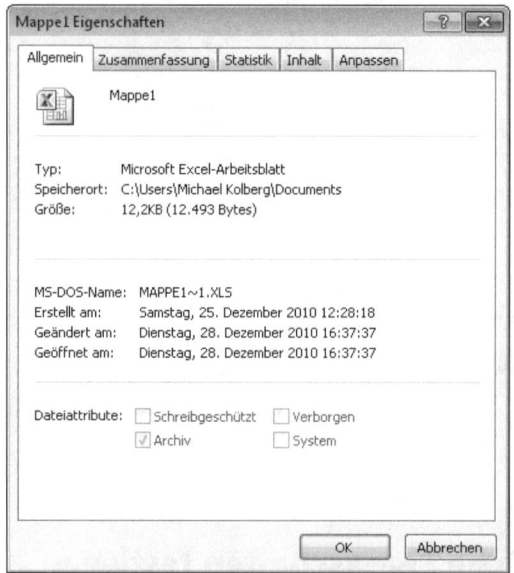

Übung 7: Nicht erwünschte Informationen entfernen

Microsoft Office Specialist
Lernziel 1.3

In manchen Fällen werden Sie bestimmte Informationen vor der Weitergabe der Mappe an andere aus der Datei entfernen wollen, beispielsweise Kommentare oder persönliche Daten. Hierfür steht ein spezielles Werkzeug bereit.

1. Wenn Sie seit dem letzten Speichern noch Änderungen in der Mappe durchgeführt hatten, speichern Sie sie zunächst.

2. Öffnen Sie die Registerkarte *Datei* und wählen Sie den Bereich *Informationen*.

3. Klicken Sie auf *Auf Probleme überprüfen* und wählen Sie *Dokument prüfen*. Das Dialogfeld *Dokumentprüfung* wird angezeigt.

Diese Option beinhaltet beispielsweise Ihren Namen

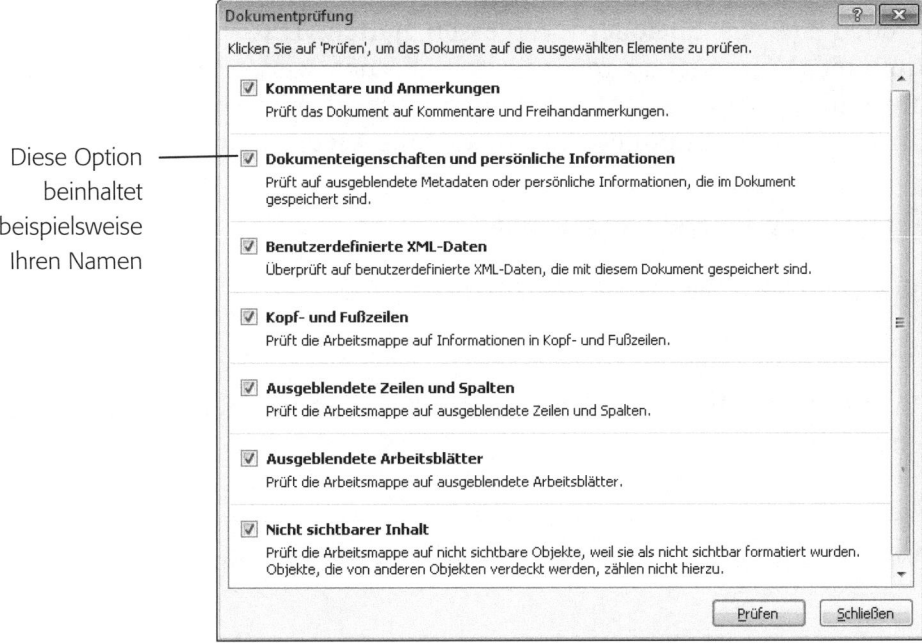

4. Aktivieren Sie die Kontrollkästchen der Elemente, auf deren Vorhandensein die Mappe untersucht werden soll.

5. Klicken Sie dann auf die Schaltfläche *Prüfen*. Wenn die Mappe entsprechende Elemente enthält, wird das angezeigt.

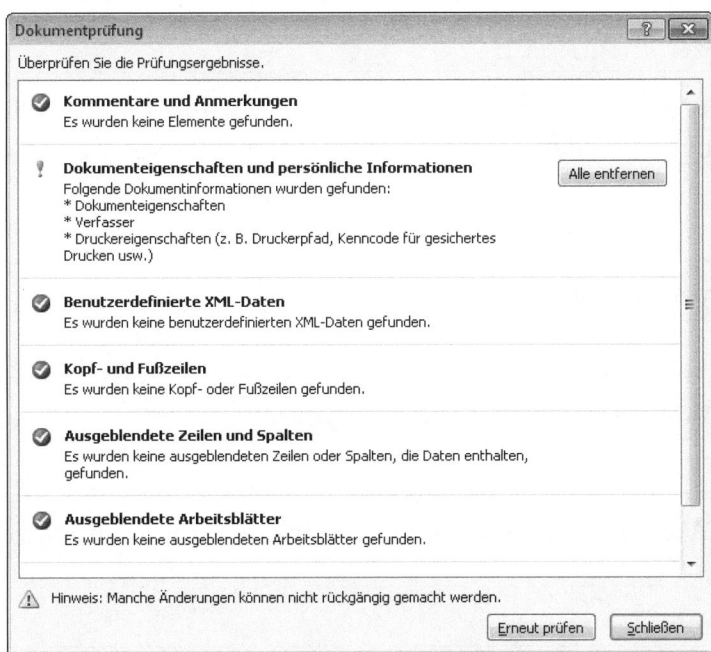

6. Wenn Sie wünschen, dass die Elemente entfernt werden, klicken Sie auf *Alle entfernen*. Schließen Sie dann das Dialogfeld.

Zusammenfassung

In dieser Lektion haben Sie zunächst erfahren, wie Sie Ihre Dokumente speichern und öffnen. Sie können jetzt auch neue Dokumente anlegen – entweder als leere Arbeitsmappe oder unter Verwendung einer Vorlage. Des Weiteren wissen Sie nun, wie Sie im Bedarfsfall auf Dokumente zugreifen können, bei denen Sie das Speichern vergessen hatten. Das ist natürlich nur unter bestimmten Voraussetzungen möglich. Ferner wissen Sie, wie man Dokumente mit zusätzlichen Informationen – den sogenannten Dokumenteigenschaften – versieht und diese gegebenenfalls wieder entfernt.

Wiederholungsfragen

▨ Wie speichern Sie eine Arbeitsmappe?

_____

▨ In welchem Ordner werden solche Dokumente standardmäßig gespeichert?

_____

▨ Wie stellen Sie einen anderen Ordner als Standardspeicherort ein?

_____

▨ Wie gehen Sie vor, wenn Sie die geöffnete Mappe nochmals unter einem anderen Namen oder an einem anderen Ort speichern wollen?

_____

▨ Welche Möglichkeiten kennen Sie, um ein gespeichertes Dokument später wieder zu öffnen?

_____

▨ Welche Voraussetzungen müssen erfüllt sein, damit ein Dokument auch dann wieder geöffnet werden kann, wenn Sie das Speichern vergessen hatten?

_____

▨ Wie erstellen Sie ein Dokument auf Basis einer Vorlage?

_____

▨ Wie legen Sie zusätzliche Eigenschaften für ein Excel-Dokument fest?

_____

▨ Wie entfernen Sie nicht erwünschte Dokumenteigenschaften aus der Datei?

_____

3 Blätter und Fenster

Bevor wir uns in der folgenden Lektion mit der Eingabe von Daten und danach mit der Berechnung von Ergebnissen beschäftigen, sollten wir uns in dieser Lektion mit den Elementen befassen, in denen Sie diese Eingaben vornehmen: den Blättern der Arbeitsmappe und den dafür benutzten Fenstern.

Lernziele

- Blätter in der Arbeitsmappe auswählen

- Blätter in Arbeitsmappen bearbeiten

- Fenstertechniken für Mappen und Blätter benutzen

- Navigation innerhalb von Blättern

Für die Arbeit an dieser Lektion sollten Sie eine neue, leere Arbeitsmappe erstellen. Wie Sie das bewerkstelligen, sollten Sie aus Lektion 2 wissen.

Navigation in Arbeitsmappen

Arbeitsmappen beinhalten Arbeitsblätter (auch Tabellenblätter genannt), in denen Sie Ihre Daten und Berechnungen eingeben können. Eine Arbeitsmappe ist in mehrere – standardmäßig drei – Blätter unterteilt, in denen Sie Ihre Eingaben vornehmen können. Dies erlaubt es, verschiedene – zusammengehörende – Daten in einer gemeinsamen Arbeitsmappe abzulegen.

Die Blattregisterkarten der Arbeitsblätter

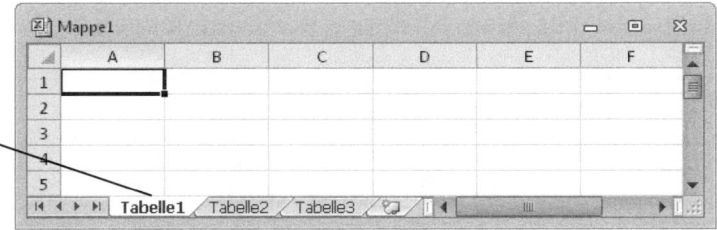

Tipp:
Standardanzahl
ändern

Sie können die Anzahl der Tabellenblätter für neu erstellte Arbeitsmappen über die Kategorie *Allgemein* im Dialogfeld *Excel-Optionen* erhöhen oder verringern.

Übung 1: Zwischen Blättern navigieren

Lernziel 4.1

Von den Blättern einer Arbeitsmappe ist immer nur eines aktiv. Nach dem Erstellen einer neuen Arbeitsmappe ist das beispielsweise immer das Blatt *Tabelle1*. Das erkennen Sie an der hervorgehobenen Darstellung der Registerkarte am unteren Rand des Fensters. Wenn Sie ein anderes Blatt anzeigen wollen, müssen Sie das gewünschte Blatt über die Registerleiste aktivieren.

1. Klicken Sie beispielsweise auf die Blattregisterkarte *Tabelle2*, um dieses Blatt zu aktivieren und anzuzeigen. Die Blattregisterkarte wird hervorgehoben dargestellt (standardmäßig mit fetter Schrift).

2. Klicken Sie auf die Blattregisterkarte *Tabelle1*, um zurückzuwechseln.

Tipp: Tasten-kombinationen zum Wechseln

Einen schnellen Wechsel zwischen benachbarten Blättern können Sie auch mit Tastenkombinationen erreichen. Mit `Strg`+`Bild ↓` wechseln Sie zum nächsten Blatt, mit `Strg`+`Bild ↑` zum vorherigen.

Übung 2: Mehrere Blätter gemeinsam markieren

Lernziel 4.1

Sie können mehrere Blätter einer Mappe gemeinsam markieren, um sie anschließend in einem Arbeitsgang zu bearbeiten.

1. Halten Sie die `Strg`-Taste gedrückt und klicken Sie nacheinander auf die Blattregisterkarten der zu bearbeitenden Blätter – beispielsweise *Tabelle1*, *Tabelle2* und *Tabelle3*. Alle markierten Blattregisterkarten werden dann hervorgehoben angezeigt. In der Titelleiste der Mappe erscheint das Wort *Gruppe*.

2. Wollen Sie ein Blatt aus der gemeinsamen Markierung ausschließen, halten Sie `Strg` gedrückt und klicken dann auf die betreffende Blattregisterkarte.

3. Schalten Sie die gemeinsame Markierung wieder aus, indem Sie die Taste `Strg` loslassen und auf die Blattregisterkarte eines einzelnen Blattes – beispielsweise *Tabelle2* – klicken.

Blätter in der Arbeitsmappe bearbeiten

Die wesentlichen Befehle zum Bearbeiten der Arbeitsblätter als Ganzes sind im Kontextmenü zur Blattregisterkarte zusammengefasst.

Klicken Sie mit der rechten Maustaste auf ein Blatt-register, um das Kontextmenü anzuzeigen

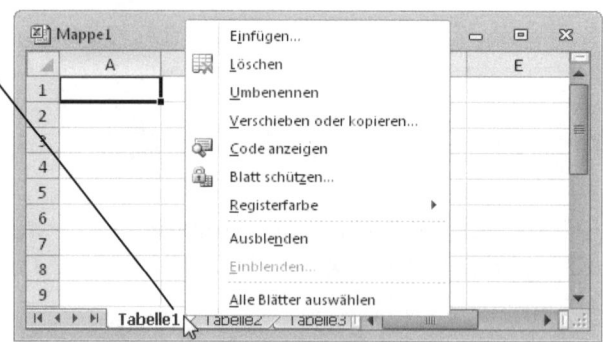

Übung 3: Arbeitsblatt einfügen

Lernziel 4.1

Wenn Sie mehr als drei Blätter in einer Arbeitsmappe benötigen, können Sie weitere hinzufügen. Sie können dazu beispielsweise vor dem gerade aktuellen Blatt ein neues Blatt einfügen.

1. Wollen Sie beispielsweise zwischen *Tabelle1* und *Tabelle2* ein neues Blatt einfügen, markieren Sie *Tabelle2*.

2. Öffnen Sie dann das Kontextmenü zur Blattregisterkarte und wählen Sie *Einfügen*. Im Dialogfeld müssen Sie angeben, was Sie einfügen wollen.

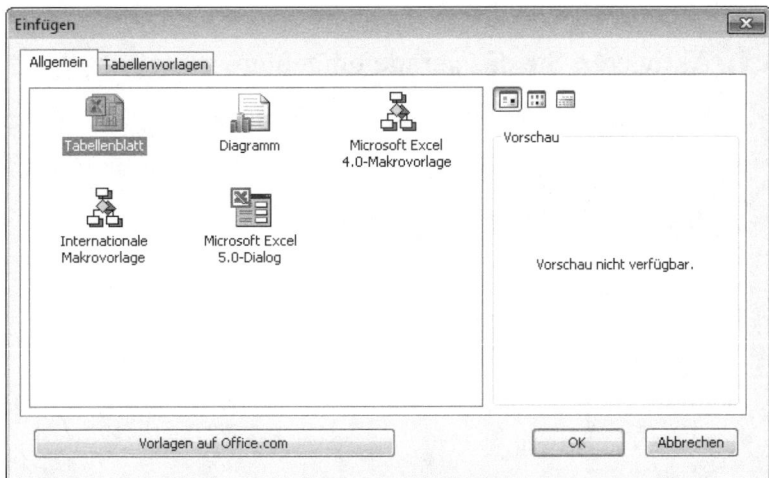

3. Wählen Sie die Option *Tabellenblatt* und bestätigen Sie mit *OK*. Ein neues Blatt mit dem Namen *Tabelle4* wird links vom markierten Blatt eingefügt. Die Namen für neue Blätter werden zunächst automatisch vergeben, können aber jederzeit geändert werden.

Tipp: Neues Blatt am Ende

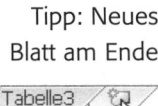

Wenn Sie ein neues Tabellenblatt hinter den bereits vorhandenen einfügen wollen, können Sie es sich einfacher machen: Klicken Sie auf die kleine Schaltfläche *Tabellenblatt einfügen* ganz rechts neben den Blattregisterkarten der Tabellen.

Blattregisterkarten sichtbar machen

Wenn Sie der Mappe mehrere Blätter hinzufügen, sind meist einige Blattregisterkarten verdeckt. Sie können dann die Registerlaufpfeile links neben den Registerkarten benutzen, um nicht angezeigte Registerkarten sichtbar zu machen. Das Klicken auf einen der Registerlaufpfeile verschiebt nur die gerade angezeigten Registerkarten, wechselt aber nicht das aktive Arbeitsblatt. Hier müssen Sie anschließend noch auf die Registerkarte des Blattes klicken, um dieses zu aktivieren.

Symbol	Beschreibung
◄◄	Zeigt die erste Blattregisterkarte
◄	Zeigt die vorherige Blattregisterkarte
►	Zeigt die nächste Blattregisterkarte
►►	Zeigt die letzte Blattregisterkarte

Tipp: Register-teiler verschieben

Sie können aber auch den Registerteiler – der kleine senkrechte Balken vor der horizontalen Bildlaufleiste – weiter nach rechts ziehen, um mehr Blattregisterkarten anzuzeigen. Das empfiehlt sich, wenn Sie beispielsweise mit vielen Blättern arbeiten und oft zwischen dem ersten und dem letzten wechseln müssen.

Übung 4: Blatt in der Mappe verschieben

Lernziel 4.1

Durch Verschieben können Sie die Blätter einer Mappe in die gewünschte Reihenfolge bringen.

1. Aktivieren Sie das gerade eingefügte Blatt *Tabelle4*.

2. Wählen Sie *Verschieben oder kopieren* im Kontextmenü zur Blattregisterkarte. Das Dialogfeld *Verschieben oder kopieren* wird eingeblendet.

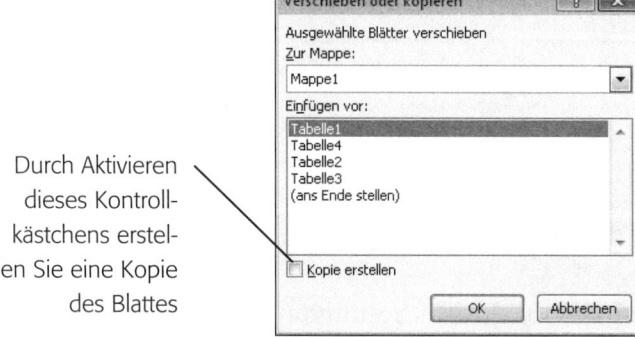

Durch Aktivieren dieses Kontrollkästchens erstellen Sie eine Kopie des Blattes

3. Markieren Sie in der Liste die Stelle, an der das Blatt eingefügt werden soll. Wählen Sie beispielsweise die Option *(ans Ende stellen)*.

4. Nach dem Bestätigen über *OK* wird das Blatt verschoben.

Tipp: In eine andere Mappe

Wenn Sie mehrere Mappen geöffnet haben, können Sie über das Dropdown-Listenfeld *Zur Mappe* die gewünschte Mappe auswählen.

Übung 5: Mithilfe der Maus verschieben

Lernziel 4.1

Zum Verschieben mit der Maus aktivieren Sie das betreffende Blatt und verschieben es dann mittels der Maus an die gewünschte Stelle in der Blattregisterleiste.

1. Platzieren Sie den Mauszeiger auf der Blattregisterkarte des zu verschiebenden Arbeitsblattes – beispielsweise auf die verschobene *Tabelle4*.

2. Drücken Sie die Maustaste und halten Sie sie gedrückt. Ein kleines Blattsymbol und eine dreieckige Marke werden angezeigt. Wollen Sie das Blatt kopieren, halten Sie während des Vorgangs die Taste Strg gedrückt; dabei wird auf dem Blattsymbol ein Pluszeichen angezeigt.

3. Ziehen Sie das Blattsymbol mit gedrückter Maustaste an die Stelle, zu der das Blatt verschoben werden soll. Die dreieckige Marke zeigt dabei den zukünftigen Ort an. Verschieben Sie das Blatt beispielsweise zwischen *Tabelle2* und *Tabelle3*. Lassen Sie dann die Maustaste los.

Die Marke zeigt die Einfügeposition

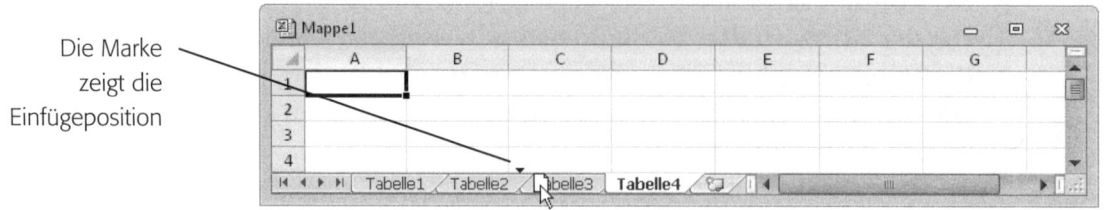

Übung 6: Blatt in der Mappe kopieren

Lernziel 4.1

Das Kopieren eines Blattes bietet sich an, wenn Sie bestimmte Daten in einem Blatt – beispielsweise Tabellenüberschriften – in derselben Form in weiteren Blättern verwenden wollen.

1. Aktivieren Sie das vorher eingefügte Blatt *Tabelle4*.

2. Wählen Sie den Befehl *Verschieben oder kopieren* im Kontextmenü zur Blattregisterkarte. Das schon bekannte Dialogfeld *Verschieben oder kopieren* wird eingeblendet.

3. Schalten Sie darin das Kontrollkästchen *Kopie erstellen* ein.

4. Markieren Sie in der Liste die Stelle, an der die Kopie des Blattes eingefügt werden soll. Wählen Sie beispielsweise die Option *(ans Ende stellen)*.

5. Nach dem Bestätigen über *OK* wird eine Kopie des Blattes erstellt. Diese trägt den Namen des Ausgangsblattes mit einer angehängten Zahl in Klammern – etwa *Tabelle4 (2)*, wenn Sie *Tabelle4* kopiert hatten.

Übung 7: Blatt löschen

Lernziel 4.1

Nicht benötigte Arbeitsblätter können Sie aus der Arbeitsmappe löschen.

1. Aktivieren Sie das zu löschende Blatt – zum Beispiel das gerade durch Kopieren erstellte Blatt *Tabelle4 (2)* – durch einen Klick auf seine Blattregisterkarte.

2. Wählen Sie *Löschen* im Kontextmenü zur Blattregisterkarte. Wenn Sie bereits Daten im Blatt eingegeben haben, müssen Sie einen zusätzlichen Warnhinweis bestätigen. Das Löschen kann nicht rückgängig gemacht werden!

Tipp: Mehrere Blätter löschen

Mehrere Blätter können Sie in einem Arbeitsgang löschen, indem Sie sie zuvor gemeinsam markieren.

Übung 8: Blatt umbenennen

Lernziel 4.1

Sie können jedem Blatt – statt der Standardbezeichnungen *Tabelle1*, *Tabelle2* usw. – einen eigenen Namen geben. Das erleichtert es, den Inhalt eines Arbeitsblattes zu verstehen.

1. Aktivieren Sie dazu das betreffende Blatt durch einen Klick auf seine Blattregisterkarte. Verwenden Sie beispielsweise *Tabelle4*.

2. Wählen Sie dann den Befehl *Umbenennen* im Kontextmenü zur Blattregisterkarte oder doppelklicken Sie in der Blattregisterleiste auf den Namen des betreffenden Blattes. Als Ergebnis wird zunächst der bisher verwendete Name des Blattes – beispielsweise *Tabelle4* – markiert.

3. Geben Sie dann den neuen Namen für das Blatt ein oder editieren Sie den alten, indem Sie die Einfügemarke mithilfe der Maus oder der Pfeiltasten an die gewünschte Stelle im Namen setzen und die entsprechenden Zeichen löschen oder hinzufügen. Geben Sie dem Blatt beispielsweise den Namen *Tabelle0*.

Übung 9: Blatt aus- und wieder einblenden

Lernziel 4.1

Sie können Blätter aus der Arbeitsmappe vorübergehend ausblenden, ohne sie dadurch zu löschen. Auch im ausgeblendeten Zustand kann – beispielsweise über Formeln – auf die Daten im Blatt zugegriffen werden.

1. Aktivieren Sie das betreffende Blatt – beispielsweise das eben umbenannte Arbeitsblatt *Tabelle0*.

2. Wählen Sie den Befehl *Ausblenden* im Kontextmenü zur Blattregisterkarte. Die Blattregisterkarten ausgeblendeter Arbeitsblätter werden nicht mehr in der Blattregisterleiste angezeigt.

3. Wählen Sie den Befehl *Einblenden* im Kontextmenü zur Blattregisterkarte eines beliebigen Blattes. Im Dialogfeld werden die ausgeblendeten Blätter der Arbeitsmappe aufgelistet.

Hier werden die ausgeblendeten Blätter aufgelistet

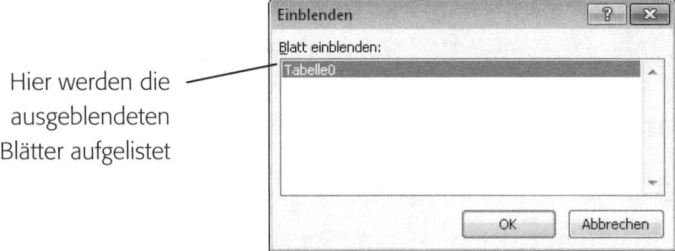

4. Markieren Sie das Blatt, das Sie wieder einblenden wollen, und bestätigen Sie dann mit *OK*.

Übung 10: Blattregisterkarten farbig gestalten

Lernziel 4.1

Sie können die Blattregisterkarten der einzelnen Arbeitsblätter mit unterschiedlichen Farben versehen. Das kann bei umfangreichen Arbeitsmappen die Übersicht erleichtern.

1. Aktivieren Sie das betreffende Blatt in der Arbeitsmappe durch einen Klick auf seine Blattregisterkarte. Markieren Sie beispielsweise das zuvor umbenannte Blatt *Tabelle0*.

2. Wählen Sie den Befehl *Registerfarbe* im Kontextmenü zur Blattregisterkarte.

3. Wählen Sie in der Palette die gewünschte Farbe.

Mit Fenstern arbeiten

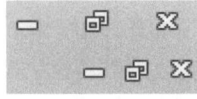

Die Methoden zum Steuern der Fensterdarstellung kennen Sie wahrscheinlich schon: Am rechten Rand der Titelleiste des Fensters finden Sie drei – für Windows-Anwendungen typische – Schaltflächen, über die Sie die Darstellung des Fensters regeln oder auch das Programm schließen können. Excel verhält sich insofern anders als andere Programme, als es die gleichzeitige Darstellung mehrerer Arbeitsmappen als einzelne Dokumentfenster erlaubt. Deswegen finden Sie diese Schaltflächen zum Steuern der Fensterdarstellung nicht nur in der Titelleiste, sondern auch im Bereich darunter.

Übung 11: Mappe als Fenster darstellen

Wählen Sie die Fensterdarstellung für eine Mappe, werden die geöffneten Mappen innerhalb des Excel-Programmfensters als eigene Fenster dargestellt.

1. Wählen Sie ein beliebiges Blatt und klicken Sie auf die Schaltfläche *Fenster wiederherstellen*. Daraufhin wird das Dokument innerhalb des Anwendungsfensters als eigenes Fenster angezeigt.

Das Fenster einer Mappe können Sie innerhalb des Arbeitsbereichs frei bewegen

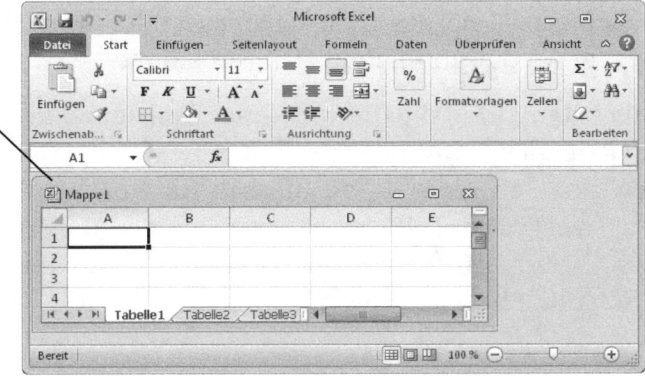

2. Klicken Sie in der Titelleiste des Fensters der Mappe auf die Schaltfläche *Maximieren*. Die Mappe füllt den Arbeitsbereich dann wieder voll aus.

3. Schalten Sie aber für die folgenden Übungen wieder zurück zur Fensterdarstellung.

Übung 12: Fenster teilen

Lernziel 4.2

Sie können ein Fenster in mehrere Ausschnitte teilen und in diesen Ausschnitten unterschiedliche Bereiche des Arbeitsblattes anzeigen. Damit können Sie beispielsweise Eingaben in einem Bereich des Blattes vornehmen, während Sie in einem anderen Bereich die Auswirkungen dieser Eingaben – beispielsweise die Berechnungsergebnisse – kontrollieren.

1. Setzen Sie den Mauszeiger auf eine der beiden Teilungsmarken oberhalb der senkrechten oder rechts von der waagerechten Bildlaufleiste. Der Zeiger verwandelt sich in einen Doppelpfeil.

2. Ziehen Sie dann den Fensterteiler an die gewünschte Stelle. Das Fenster wird geteilt. Beachten Sie auch, dass mehrere Bildlaufleisten eingeblendet werden, über die Sie die in den einzelnen Ausschnitten anzuzeigenden Bereiche individuell regeln können.

3. Wenn Sie sowohl die senkrechte als auch die waagerechte Teilungsmarke verwenden, können Sie vier verschiedene Ausschnitte erstellen.

Hier ist der Teiler verschoben

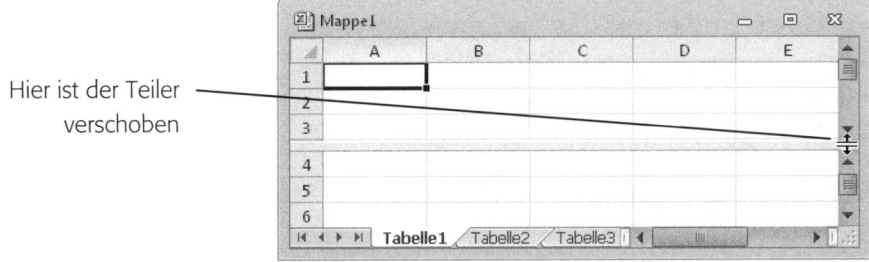

4. Sie wechseln zwischen den Ausschnitten, indem Sie in den entsprechenden Bereich klicken. Auch durch (gegebenenfalls mehrmaliges) Drücken von ⎡F6⎤ wechseln Sie zum nächsten Ausschnitt in einem geteilten Fenster; ⎡⇧⎤+⎡F6⎤ wechselt zum vorhergehenden Ausschnitt.

5. Um die geteilten Ausschnitte anschließend zu verändern, ziehen Sie den Fensterteiler oder die Teilungsmarke an die gewünschte Stelle.

6. Um eine Teilung in einem Fenster aufzuheben, doppelklicken Sie auf einen beliebigen Teil des Fensterteilers oder verschieben die Teilungsmarkierung wieder an ihre Ausgangsposition.

<table>
<tr><td>

Tipp: Über
Menüband

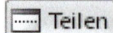
</td><td>

Alternativ können Sie die Teilung eines Fensters auch über die Schaltfläche *Teilen* in der Gruppe *Fenster* der Registerkarte *Ansicht* im Menüband bewirken. In diesem Fall müssen Sie vorher die Spalte oder Zeile beziehungsweise die Zelle markieren, an der die Teilung durchgeführt werden soll. Zum Aufheben der Teilung klicken Sie erneut auf die genannte Schaltfläche.
</td></tr>
</table>

Übung 13: Mehrere Fenster einer Mappe

Lernziel 4.2

Bei größeren Tabellen ist es oft sinnvoll, unterschiedliche Teile der Mappe gleichzeitig auf dem Bildschirm anzeigen zu lassen. Dazu können Sie die Mappe in verschiedenen Fenstern darstellen. Änderungen, die Sie in einem Fenster vornehmen, werden auch im anderen Fenster angezeigt.

1. Wählen Sie *Neues Fenster* in der Gruppe *Fenster* der Registerkarte *Ansicht*. Excel öffnet ein neues Fenster, das die gleichen Informationen wie das andere Arbeitsmappenfenster enthält. Der Name des ursprünglichen Fensters wird durch eine Zahl erweitert. In den verschiedenen Fenstern können Sie unterschiedliche Bereiche der Arbeitsmappe anzeigen lassen.

Das aktive Fenster
wird in stärkeren
Konturen angezeigt

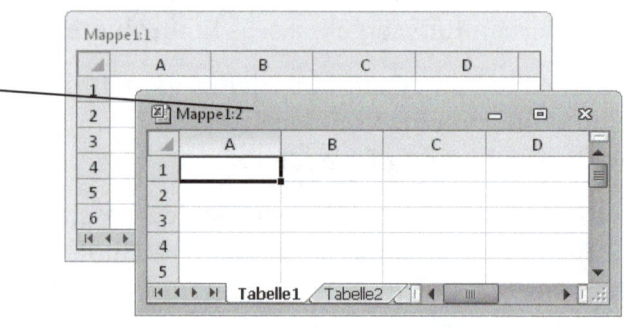

2. Überprüfen Sie, dass Sie sich in beiden Fenstern unabhängig durch das Dokument bewegen können.

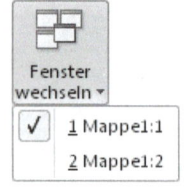

3. Um das aktive Fenster zu wechseln, klicken Sie auf eine Stelle im gewünschten Fenster oder auf das betreffende Symbol in der Taskleiste oder Sie wählen es in der Liste zur Schaltfläche *Fenster wechseln* auf der Registerkarte *Ansicht* aus. Das gerade aktive Fenster wird darin mit einem Häkchen gekennzeichnet.

4. Um wieder zu einem einzigen Fenster für die Mappe zurückzukehren, schließen Sie das andere.

Lernziel 4.2

Wenn Sie mehrere Fenster geöffnet haben, können Sie diese auf dem Bildschirm automatisch übersichtlich anordnen lassen.

1. Stellen Sie sicher, dass mehrere Fenster geöffnet sind. Sie können dazu eine neue Mappe oder ein neues Fenster erstellen.

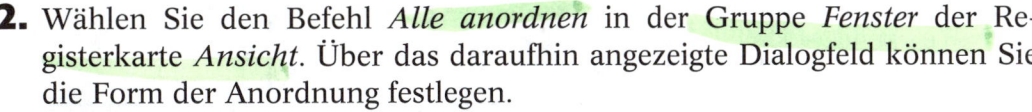

2. Wählen Sie den Befehl *Alle anordnen* in der Gruppe *Fenster* der Registerkarte *Ansicht*. Über das daraufhin angezeigte Dialogfeld können Sie die Form der Anordnung festlegen.

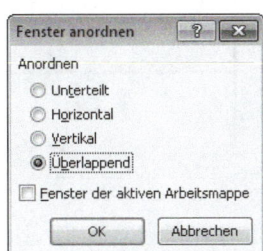

3. Wählen Sie im Dialogfeld die gewünschte Option aus. Die Option *Überlappend* ist besonders gut für Fälle geeignet, in denen Sie größere Bereiche eines Fensters benutzen, aber auch schnell zwischen einzelnen Fenstern wechseln wollen.

Navigation innerhalb von Blättern

Ein Arbeitsblatt selbst besteht aus einem rechteckigen Gitternetz mit *16.384* Spalten und bis zu *1.048.576* Zeilen. Die Spalten sind von links nach rechts mit den Buchstaben *A* bis *Z* beschriftet. Nach *Z* wird die Beschriftung mit *AA* bis *AZ* fortgeführt, dann *BA* bis *BZ* usw. bis *XFD*. Die Zeilen sind von *1* bis *1048576* durchnummeriert.

Die Schnittflächen der Spalten und Zeilen werden als *Zellen* bezeichnet. Darin werden die einzelnen Daten eingegeben. Zellen werden mit den Bezeichnungen der dazugehörenden Spalte und Zeile benannt. So trägt die Zelle in der oberen linken Ecke den Namen *A1*. Diese Angabe wird auch als *Zelladresse* bezeichnet.

Mindestens eine der Zellen im Arbeitsblatt ist immer markiert. Diese erkennen Sie an der stärkeren Umrandung. Beim Öffnen von Excel mit einer leeren Arbeitsmappe ist das beispielsweise die Zelle *A1*. Eingaben über die Tastatur und auch viele Befehle beziehen sich immer auf die gerade markierte Zelle oder einen Bereich von Zellen. Ein solches Markieren können Sie auf verschiedene Arten durchführen.

Übung 15: Markieren von Zellen und Bereichen mit der Maus

**Lernziele
1.1, 2.1**

Durch das vorherige Markieren stellen Sie sicher, dass Sie genau die gewünschte Stelle im Arbeitsblatt bearbeiten. Am schnellsten markieren Sie eine Zelle oder einen Zellbereich mithilfe der Maus. Der Mauszeiger hat die Form eines Kreuzes, solange er sich innerhalb des Arbeitsblattes befindet.

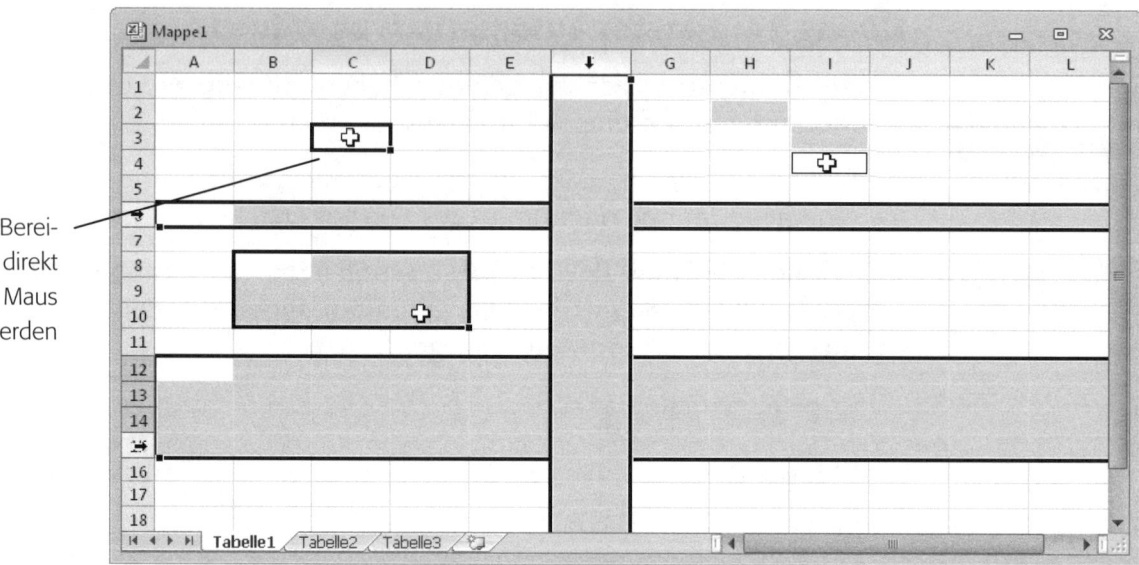

Zellen und Bereiche können direkt über die Maus markiert werden

1. Um eine einzelne Zelle zu markieren, bewegen Sie den Mauszeiger auf die Zelle und klicken sie dann mit der linken Maustaste an. Markieren Sie die Zelle *C3*.

2. Wenn Sie mehrere Zellen, die in Form eines rechteckigen Bereichs zusammenhängen, gemeinsam markieren wollen, setzen Sie den Mauszeiger auf eine Ecke des zu markierenden Zellbereichs und ziehen mit gedrückter Maustaste über den Bereich. Markieren Sie auf diese Weise den Bereich *B8:D10*.

3. Zum Markieren einer ganzen Zeile klicken Sie auf den Zeilenkopf – das ist das Feld, in dem die Zeilennummer angezeigt wird. Markieren Sie die Zeile *6*.

4. Wollen Sie mehrere aufeinanderfolgende Zeilen markieren, halten Sie die Maustaste gedrückt und verschieben dann den Mauszeiger über die Köpfe der zu markierenden Zeilen. Markieren Sie die Zeilen *12* bis *15*.

5. Zum Markieren von Spalten gehen Sie entsprechend vor: Klicken Sie auf den Spaltenkopf – also das Feld, in dem der oder die Buchstaben zur Spaltenkennung angezeigt werden. Markieren Sie die Spalte *F*.

6. Mehrere nebeneinander liegende Spalten markieren Sie, indem Sie die Maustaste gedrückt halten und den Mauszeiger über die Köpfe der zu markierenden Spalten verschieben.

7. Sie können auch Zellen, die nicht in Form eines rechteckigen Blocks zusammenhängen, gemeinsam markieren. Markieren Sie dazu die erste Zelle oder den ersten Bereich und drücken Sie dann `Strg`. Halten Sie `Strg` gedrückt und wählen Sie die nächste Zelle oder den nächsten Bereich. Markieren Sie die Zellen *H2*, *I3* und *I4* gemeinsam.

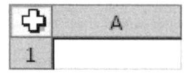

8. Um das gesamte Arbeitsblatt zu markieren, klicken Sie in das Feld, in dem sich Zeilen- und Spaltenköpfe treffen.

9. Klicken Sie auf eine beliebige Zelle – beispielsweise die Zelle *A1* –, um die vorhandene Markierung wieder abzuschalten.

Navigieren über die Tastatur

Lernziel 1.1

Sie können zum Markieren natürlich auch die Tastatur benutzen. Das geht meist schneller, wenn Sie sowieso Daten eingeben wollen.

Tasten	Wirkung
↑, ↓, ←, →	Bewegen um eine Zelle nach oben, unten, links oder rechts
Strg + ←, Strg + →, Strg + ↑, Strg + ↓	Bewegen an den Rand des aktuellen Datenblocks
Pos1	Bewegt an den Anfang der Zeile
Strg + Pos1	Bewegen an den Anfang des Arbeitsblattes
Strg + Ende	Bewegen zur letzten im Arbeitsblatt verwendeten Zelle
Bild ↓	Bewegen um eine Bildschirmseite nach unten
Bild ↑	Bewegen um eine Bildschirmseite nach oben
Alt + Bild ↓	Bewegen um eine Bildschirmseite nach rechts
Alt + Bild ↑	Bewegen um eine Bildschirmseite nach links

Tipp: Mehrere Zellen über die Tastatur markieren

Wenn Sie mehrere zusammenhängende Zellen gemeinsam markieren wollen, halten Sie die ⇧-Taste gedrückt und verwenden dieselben Tastenkombinationen wie beim Markieren einzelner Zellen. Beispielsweise markiert ⇧ + → eine Zelle zusammen mit ihrem rechten Nachbarn.

Markieren über das Namenfeld

Lernziel 1.1

Links unterhalb des Menübands finden Sie das Namenfeld, in dem die Adresse der gerade markierten Zelle angezeigt wird. Sie können darin auch direkt die gewünschte Adresse eingeben und damit zu dieser Zelle navigieren.

Das ist das Namenfeld

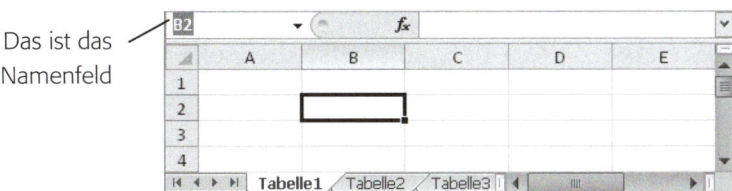

1. Klicken Sie in das Namenfeld. Die bereits darin vorhandene Zelladresse wird damit markiert.

2. Tippen Sie die Adresse einer Zelle ein, die markiert werden soll.

3. Bestätigen Sie mit der Taste ↵. Die Zelle mit der eingegebenen Adresse wird markiert.

Tipp: Mehrere Zellen markieren

Sie können auf diese Weise auch mehrere Zellen markieren. Wenn Sie beispielsweise den Zellbereich *A1:B3* markieren wollen, geben Sie **A1:B3** im Namenfeld ein und bestätigen mit ↵. Die Eingabe **A:A** markiert die ganze Spalte *A*, **2:2** markiert die gesamte Zeile *2*.

Zusammenfassung

In dieser Lektion haben Sie die wichtigsten Techniken der Arbeit mit Arbeitsblättern und Fenstern kennengelernt.

Wiederholungsfragen

▩ Wie viele Blätter beinhaltet eine Arbeitsmappe standardmäßig?

_____

▩ Wie markieren Sie mehrere Blätter gemeinsam?

_____

▩ Wie fügen Sie ein zusätzliches Blatt in eine Arbeitsmappe ein?

_____

▩ Wie löschen Sie ein Blatt aus einer Arbeitsmappe?

_____

▩ Welche Möglichkeiten kennen Sie, um die Reihenfolge der Blätter in der Arbeitsmappe zu ändern?

_____

▩ Mit welchen Schaltflächen wechseln Sie im Dokumentbereich zur Fensterdarstellung und zurück?

_____

▩ Wie können Sie ein Arbeitsblatt teilen?

_____

▩ Was versteht man unter einer Zelladresse?

_____

▩ Wie markieren Sie eine Zelle – beispielsweise die Zelle _C2_?

_____

▩ Wie markieren Sie einen Zellbereich?

_____

▩ Wie markieren Sie eine Spalte oder eine Zeile im Blatt?

_____

▩ Welche Tasten verwenden Sie, um die unter der aktuellen Zelle liegende Zelle zu markieren?

_____

▩ Wo befindet sich das Namenfeld und wozu dient es?

_____

4 Daten eingeben

In die Zellen eines Arbeitsblattes können Sie Texte und Zahlenwerte eingeben. Texteingaben dienen meist als Titel für Bereiche, Zeilen oder Spalten. Zahlen können als einzelne Daten eingegeben werden und ermöglichen dann – und darin liegt die wesentlichste Aufgabe von Excel – das Durchführen von Berechnungen, auf das wir in der nachfolgenden Lektion eingehen.

Lernziele

- Das Grundprinzip von Eingabe und Korrektur
- Zahlenwerte eingeben
- Texteingaben vornehmen
- Zell- und Bereichsnamen definieren

Für die Arbeit an dieser Lektion sollten Sie die Datei **Mappe4** öffnen. Da wir uns zunächst mit den Grundtechniken der Eingabe beschäftigen, enthält diese Mappe nur auf einigen Blättern Daten. Die anderen Blätter sind leer.

Grundprinzip von Eingabe und Korrektur

Die Grundprinzipien der Eingabe sind bei allen Datentypen identisch. In der Regel – aber nicht immer – wird jede Eingabe in einer anderen Zelle des Arbeitsblattes vorgenommen. Das gilt auch umgekehrt: Jede Zelle kann im Prinzip nur eine Eingabe aufnehmen.

Übung 1: Daten eingeben

Lernziel 2.1

In die Zellen eines Blattes können Sie Textelemente, Zahlenwerte in diversen Formaten, Datums- und Uhrzeitangaben sowie logische Werte eingeben.

1. Markieren Sie immer zuerst die Zelle, in der Sie die Eingabe vornehmen wollen. Markieren Sie die Zelle *B2* im Blatt *Tabelle1*.

2. Geben Sie dann die Daten über die Tastatur ein. Verwenden Sie zum ersten Test die Zahl **123**. Die aktuellen Eingaben werden während der Eingabe sowohl in der Bearbeitungsleiste unterhalb des Menübands als auch in der gerade aktiven Zelle angezeigt.

Das ist die
Bearbeitungsleiste

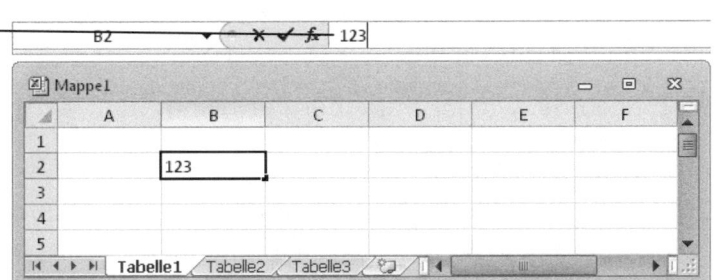

3. Jede Eingabe müssen Sie durch eine Bestätigung abschließen. Klicken Sie hierzu auf die Schaltfläche *Eingeben* in der Bearbeitungsleiste. Als Ergebnis erscheint die Eingabe in der zuvor markierten Zelle.

Zum Bestätigen einer Eingabe können Sie auch Tasten verwenden. Standardmäßig wird nach einem Bestätigen mit der Taste ⏎ automatisch die darunter liegende Zelle markiert. Wenn Sie ⇥ benutzen, wird die Zelle rechts neben der aktuellen markiert.

Übung 2: Eingabe verwerfen

Lernziel 2.1

Wenn Sie sich während der Eingabe dazu entschließen sollten, die Eingabe doch nicht vorzunehmen, können Sie die Eingabe abbrechen.

1. Markieren Sie die Zelle *C3* im Blatt *Tabelle1*.

2. Geben Sie über die Tastatur den Zahlenwert **456** ein.

3. Brechen Sie die Eingabe ab, indem Sie auf die Schaltfläche *Abbrechen* in der Bearbeitungsleiste klicken oder die Taste ⌊Esc⌋ drücken.

Die bereits vorgenommenen Teile der Eingabe verschwinden aus der Bearbeitungsleiste und der zuvor markierten Zelle.

Übung 3: Eingabe korrigieren

Lernziel 2.1

Zur Fehlerkorrektur können Sie die Zelle mit dem Fehler markieren und eine richtige Eingabe wiederholen. Bei längeren oder komplizierten Eingaben empfiehlt sich aber ein Korrigieren der vorhandenen fehlerhaften Eingabe.

1. Markieren Sie die Zelle mit den zu korrigierenden Daten – beispielsweise die Zelle *B2* im Blatt *Tabelle1*.

2. Klicken Sie dann in der Bearbeitungsleiste die zu bearbeitende Stelle an. Die Einfügemarke erscheint in Form eines senkrechten Strichs.

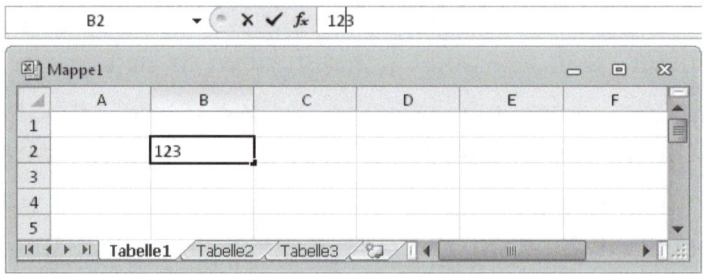

3. Korrigieren Sie dann den Zellinhalt: Ersetzen Sie die Eingabe *123* durch *124*, indem Sie die Ziffer *3* durch Drücken von ⌊Entf⌋ löschen und anschließend **4** eintippen.

4. Bestätigen Sie wieder mit einer der bekannten Methoden. Die korrigierten Daten erscheinen in der Zelle.

Statt in der Bearbeitungsleiste können Sie Eingaben standardmäßig auch in der Zelle selbst korrigieren. Dazu doppelklicken Sie in der Zelle, führen die Korrektur durch und bestätigen.

Übung 4: Eingaben rückgängig machen

Die Mehrzahl der Eingaben und auch der Befehle können Sie rückgängig machen und danach auch einfach wiederherstellen.

1. Um die eben durchgeführte Änderung von *123* in *124* in der Zelle *B2* rückgängig zu machen, klicken Sie auf die Schaltfläche *Rückgängig* in der Symbolleiste für den Schnellzugriff.

2. Um die eben rückgängig gemachte Eingabe wieder gültig zu machen, klicken Sie auf die Schaltfläche *Wiederholen* in der Symbolleiste für den Schnellzugriff.

Über die Listenfelder zu diesen Schaltflächen können Sie mehrere nacheinander ausgeführte Befehle oder Eingaben in einem Arbeitsschritt widerrufen beziehungsweise rückgängig gemachte Befehle wiederherstellen.

Tipp: Achtung beim Speichern

> Der Speicher, in dem die Informationen zum Rückgängigmachen abgelegt werden, wird gelöscht, wenn Sie das Dokument speichern, schließen und wieder öffnen. Danach können Sie also keine der zuvor durchgeführten Aktionen mehr rückgängig machen!

Übung 5: Eingaben löschen

Das Löschen von Zellinhalten ist ebenfalls sehr einfach.

Lernziel 2.1

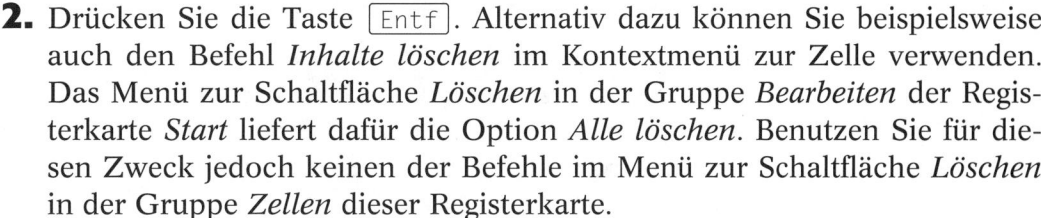

1. Markieren Sie die Zelle oder den Zellbereich, dessen Inhalt Sie löschen wollen – beispielsweise die Zelle *B2*.

2. Drücken Sie die Taste `Entf`. Alternativ dazu können Sie beispielsweise auch den Befehl *Inhalte löschen* im Kontextmenü zur Zelle verwenden. Das Menü zur Schaltfläche *Löschen* in der Gruppe *Bearbeiten* der Registerkarte *Start* liefert dafür die Option *Alle löschen*. Benutzen Sie für diesen Zweck jedoch keinen der Befehle im Menü zur Schaltfläche *Löschen* in der Gruppe *Zellen* dieser Registerkarte.

Der Zellinhalt wird sowohl aus der Bearbeitungsleiste als auch aus der Zelle entfernt.

Tipp: Löschen mit der Maus

> Sie können Zellbereiche auch direkt mithilfe der Maus löschen: Positionieren Sie den Mauszeiger auf dem Ausfüllkästchen in der unteren rechten Ecke der Auswahl. Der Zeiger wird daraufhin als Kreuz dargestellt. Ziehen Sie das Ausfüllkästchen in die obere linke Ecke des zuvor markierten Bereichs. Die ganze Auswahl wird grau angezeigt. Lassen Sie die Maustaste los. Die Eingaben im Bereich werden daraufhin gelöscht.

Eingaben in Bereiche

Meist werden Sie in die einzelnen Zellen eines Arbeitsblattes unterschiedliche Zahlenwerte oder Texte eingeben wollen. Wollen Sie aber einmal denselben Wert in mehrere Zellen eintragen, können Sie diese Eingabe wie folgt erledigen: Markieren Sie den gesamten Bereich, der die Eingaben aufnehmen soll, tippen Sie den Wert ein und bestätigen Sie mit `Strg`+`↵`.

Zahlenwerte eingeben

Sie können in ein Arbeitsblatt Zahlen in unterschiedlichen Formaten eingeben, ohne dass Sie spezielle Formatanweisungen geben müssen. Dazu gehören sowohl normale Zahlenwerte als auch Datums- und Uhrzeitangaben und logische Konstante. Sollten Sie das Format nachträglich ändern wollen, benutzen Sie die entsprechenden Formatierungsbefehle.

Übung 6: Normale Zahlenwerte eingeben

Lernziel 2.1

Im Prinzip geben Sie einen Zahlenwert so über die Tastatur ein, wie er anschließend im Arbeitsblatt dargestellt werden soll. Einige Dinge sollten Sie dabei jedoch beachten.

1. *Positive ganze Zahlen* geben Sie direkt ein. Geben Sie in der Zelle *A1* des Blattes *Tabelle1* den Wert **1** ein.

2. Bei *negativen Zahlen* setzen Sie ein Minuszeichen davor. Geben Sie in der Zelle *B1* den Wert **-2** ein.

3. *Dezimalzahlen* können mit maximal 15 Stellen hinter dem Dezimalzeichen eingegeben werden. Geben Sie in der Zelle *A2* den Wert **3,140** ein. Excel zeigt im Format *Standard* die Stellen hinter dem Komma nur so weit wie notwendig an. Nach dem Bestätigen erscheint also der Wert *3,14*.

4. Durch Anfügen oder Voranstellen des Währungszeichens € schalten Sie das *Währungsformat* ein. Das Leerzeichen zwischen der Zahl und dem Währungszeichen können Sie bei der Eingabe weglassen. Geben Sie in der Zelle *A3* den Wert **4000 €** ein. Automatisch werden bei mehr als dreistelligen Zahlenwerten Tausendertrennzeichen eingefügt. Benutzen Sie aber bei der Eingabe keine anderen Währungskennzeichen.

5. Negative Werte im Währungsformat werden in der Grundeinstellung automatisch rot dargestellt. Geben Sie in der Zelle *B3* den Wert **-5000 €** ein.

6. Brüche können ebenfalls direkt eingegeben werden. Geben Sie in der Zelle *A4* den Wert **6 1/3** ein. Wichtig ist, dass Sie die Eingabe mit einer ganzen Zahl beginnen und zwischen dieser und dem Bruch ein Leerzeichen einfügen. Bei Brüchen, die kleiner sind als *1*, müssen Sie mit der Zahl *0* beginnen – beispielsweise **0 1/3**.

7. Durch Anfügen des Prozentzeichens schalten Sie das Prozentformat für diese Eingabe ein. Geben Sie in der Zelle *A5* den Wert **70%** ein. Ein Wert von **100%** entspricht dem Zahlenwert 1,00.

8. Auch das Format für die wissenschaftliche Darstellung – das die Eingabe von Zehnerpotenzen benutzt – können Sie direkt zur Eingabe verwenden. Um beispielsweise den Wert 8120 in der Zelle *A6* in diesem Format einzugeben, schreiben Sie **8,12E3** – für $8,12*10^3$. Auch kleine Zahlen können Sie in diesem Format eingeben. Um den Wert 0,001234 in diesem Format einzugeben, schreiben Sie **1,234E-3** – für $1,234*10^{-3}$.

Übung 7: Datums- und Uhrzeitangaben eingeben

Lernziel 2.1

Auch Datumswerte und Uhrzeitangaben können mit unterschiedlichen Formaten direkt in die Zellen eines Arbeitsblattes eingegeben werden. Solche Werte werden intern als normale Zahlen verarbeitet, aber mit einem besonderen Format angezeigt.

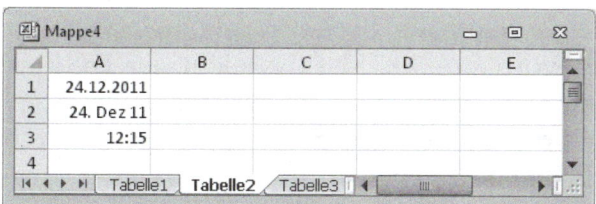

1. Wechseln Sie zum Blatt *Tabelle2*, nehmen Sie in der Zelle *A1* die Eingabe **24.12.2011** vor und bestätigen Sie. Tag und Monat können dabei als ein- oder zweistellige Zahl, das Jahr als zwei- oder vierstellige Zahl eingegeben werden. Sie können auch eines der Formate *Tag-Monat-Jahr* oder *Tag/Monat/Jahr* verwenden. Alle drei Formen werden standardmäßig nach dem Bestätigen im Arbeitsblatt im Format *Tag.Monat.Jahr* angezeigt.

2. Im Fall von Datumsangaben können auch Abkürzungen für den Monatsnamen eingegeben werden. Wenn Sie den Monat ausschreiben, wird die Eingabe nach dem Bestätigen automatisch durch die Abkürzung ersetzt. Geben Sie in der Zelle *A2* den Ausdruck **24. Dezember 2011** ein.

3. Auch die Uhrzeit können Sie direkt eingeben. Verwenden Sie eines der Eingabeformate *Stunde:Minute* oder *Stunde:Minute:Sekunde*. Stunde, Minute und Sekunde können als ein- oder zweistellige Zahl eingegeben werden. Geben Sie in die Zelle *A3* die Angabe **12:15** ein und bestätigen Sie. Die Anzeige erfolgt immer zweistellig.

Logische Konstante eingeben

Lernziel 2.1

Auch die beiden logischen Konstanten *WAHR* und *FALSCH* können Sie direkt in eine Zelle eingeben. Beachten Sie, dass es sich hierbei nicht um Texteingaben, sondern um die Zahlenwerte 1 und 0 handelt, die in einem besonderen Format angezeigt werden. Um das auch optisch zu verdeutlichen, werden die logischen Konstanten zentriert und in Großbuchstaben – auch wenn Sie Kleinbuchstaben zur Eingabe verwenden – angezeigt.

»Falsche« Anzeige?

In einigen Fällen werden Sie bemerken, dass der in der Zelle angezeigte Wert zumindest optisch nicht dem entspricht, was Sie über die Tastatur eingegeben haben. Das kann mehrere Gründe haben:

- Haben Sie für eine Zelle einmal eine Eingabe gewählt, die das Format der Zelle ändert, wird die Zelle auf dieses Format gesetzt. Haben Sie die Zelle beispielsweise durch Eingabe von **65%** auf das Prozentformat gesetzt, führt eine nachfolgende Eingabe in derselben Zelle als Dezimalzahl wieder zur Anzeige im Prozentformat. Eine Eingabe von **5** wird dann als *500%* angezeigt. Um das zu vermeiden, müssen Sie das Zahlenformat der Zelle auf das Standardformat zurücksetzen – beispielsweise indem Sie die Zelle markieren und dann [Strg]+[&] drücken.

- Wesentlich für die Anzeige einer eingegebenen Zahl ist auch die Breite der Zelle beziehungsweise der Spalte, zu der diese Zelle gehört. Ist diese zu klein, erfolgt die Anzeige möglicherweise in einer anderen Form als gewünscht. Wenn Sie beispielsweise in eine Zelle eine etwas längere Zahl – etwa *1000000* – eingegeben haben, wird diese Eingabe nur in dieser Form angezeigt, wenn die Breite ausreicht – also Raum für mindestens sieben Stellen vorhanden ist. Ist das nicht der Fall, wird automatisch zur wissenschaftlichen Darstellung umgeschaltet: Der Zahlenwert erscheint als *1E+06*. Ist die Breite auch zur Anzeige in dieser Form zu gering, erscheinen lediglich #-Zeichen in der Zelle. Das ist aber keine Fehlermeldung, Berechnungen auf der Basis eines in dieser Form angezeigten Zahlenwertes funktionieren wie gewünscht. Zum Ändern der Anzeige müssen Sie lediglich die Spaltenbreite vergrößern. Darüber werden wir in Lektion 7 noch sprechen.

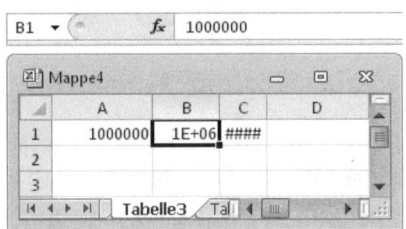 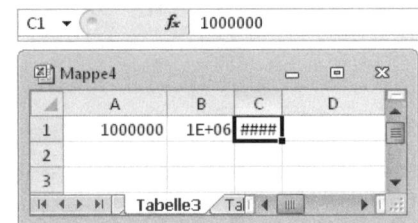

Texteingaben

Natürlich können Sie in den Zellen eines Arbeitsblattes auch Texteingaben vornehmen. Auch hier gelten die eben genannten Methoden zur Eingabe und Korrektur: Markieren Sie zuerst die gewünschte Zelle und geben Sie dann den Text ein. Für Texteingaben stehen Ihnen außerdem mehrere Methoden der AutoKorrektur und die Rechtschreibprüfung zur Verfügung.

Übung 8: Texte eingeben

Lernziel 2.1

Texte werden in Arbeitsblättern im Allgemeinen als Überschriften für die einzelnen Spalten und Zeilen verwendet.

Beachten Sie eine Besonderheit von Texteingaben: Texte, die für die eingestellte Spaltenbreite zu lang sind, werden abgeschnitten, wenn sich in der Zelle rechts daneben eine Eingabe befindet. Für eine vollständige Anzeige müssen Sie in diesem Fall die Spaltenbreite vergrößern. Darüber reden wir in Lektion 7.

1. Wechseln Sie zum Blatt *Tabelle4*, markieren Sie die Zelle *A1*, geben Sie **Gewinn-und-Verlust-Rechnung** ein und bestätigen Sie.

2. Markieren Sie die Zelle *B1*, geben Sie **2011** ein und bestätigen Sie.

Automatische Korrekturen

Microsoft Excel verfügt für Texteingaben über mehrere Korrekturmechanismen, die Sie vielleicht schon von Microsoft Word her kennen:

- Wie bei der Textverarbeitung können Sie auch in einem Excel-Arbeitsblatt eine Rechtschreibprüfung durchführen. Klicken Sie im Menüband auf der Registerkarte *Überprüfen* in der Gruppe *Dokumentprüfung* auf die Schaltfläche *Rechtschreibung*. Daraufhin wird der Text überprüft. Wird ein Wort nicht im Wörterbuch gefunden, wird das Dialogfeld *Rechtschreibung* angezeigt. Wählen Sie darin die gewünschte Korrektur aus.

- Typische Tippfehler können Sie auch automatisch korrigieren lassen. Klicken Sie auf die Registerkarte *Datei* und dann auf *Optionen*. Wählen Sie die Kategorie *Dokumentprüfung* und klicken Sie auf die Schaltfläche *AutoKorrektur-Optionen*. Sie können dann auf der Registerkarte *AutoKorrektur* einige allgemeine Grundeinstellungen vornehmen und auch in den beiden Feldern unterhalb von *Während der Eingabe ersetzen* für Sie typische Tippfehler und die richtige Schreibweise eingeben.

Zell- und Bereichsnamen

Einzelne Zellen oder zusammenhängende Zellbereiche können mit Eigennamen versehen werden. Die verwendeten Namen erleichtern die Navigation und können statt der Bezugsadressen in Formeln und Funktionen verwendet werden. Die in einem Blatt definierten Namen sind standardmäßig in jedem Blatt der Mappe verfügbar – das heißt aber auch, dass Sie in den verschiedenen Blättern einer Mappe nicht dieselben Namen vergeben dürfen. Sie können aber auch dafür sorgen, dass Namen nur innerhalb eines Blattes gelten.

Übung 9: Namen definieren

Lernziel 5.5

Sie können Namen für Zellbereiche selbst definieren oder automatisch aus in dem Arbeitsblatt vorhandenen Zeilen- oder Spaltenbeschriftungen ableiten lassen. Letzteres ist meist bequemer und auch sinnvoller, dass Sie anhand der Beschriftungen auch immer schnell auf den Namen schließen können.

Einblenden: Doppelklick
vorher markieren

1. Wechseln Sie zum Blatt *Tabelle5*. Darin sind bereits einige Text- und Zahleneingaben vorhanden.

2. Markieren Sie den Bereich in dem Arbeitsblatt, den Sie mit einem Namen versehen wollen. Markieren Sie zunächst den Bereich *B2:H2*.

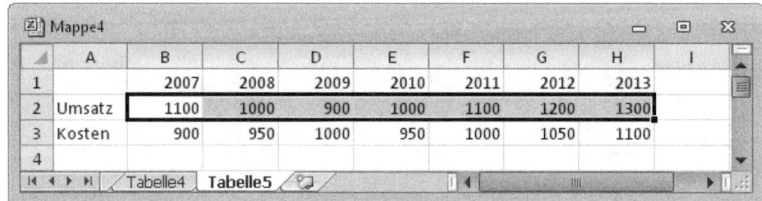

3. Lassen Sie dann die Registerkarte *Formeln* im Menüband anzeigen und klicken Sie in der Gruppe *Definierte Namen* auf *Namen definieren*. Der von Ihnen markierte Bereich wird im Dialogfeld *Neuer Name* im Feld *Bezieht sich auf* angezeigt und kann dort gegebenenfalls editiert werden.

Geben Sie hier an, für welchen Bereich der Name gelten soll

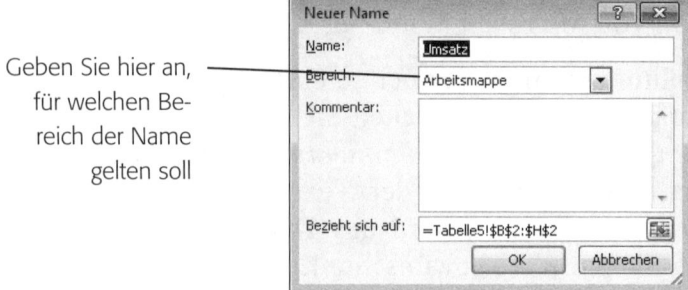

4. Den gewünschten Namen legen Sie im Feld *Name* fest. Wenn neben der Markierung Beschriftungen vorhanden sind, schlägt Microsoft Excel für den markierten Bereich einen Namen vor. Bei der Markierung von *B2:H2* lautet dieser *Umsatz*. Sie können diesen Namensvorschlag auch editieren.

5. Mit *OK* werden die Angaben übernommen.

6. Fügen Sie noch einen weiteren Namen hinzu. Benutzen Sie für den Bereich *B3:H3* den Namen *Kosten*.

Übung 10: Namen zur Navigation verwenden

Lernziel 5.5

Nachdem Sie Namen in der Mappe definiert haben, können Sie diese zur Navigation verwenden. Definierte Namen werden im *Namenfeld* links in der Bearbeitungsleiste angezeigt. Klappen Sie hierfür die Liste des Namenfeldes auf und wählen Sie dann einen Namen aus. Der benannte Bereich wird daraufhin markiert.

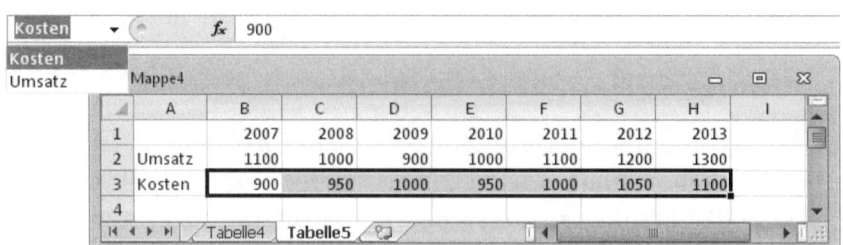

↑ drücken +Spalte markieren => Verschieben

Tipp: *Gehe zu* benutzen

Die Namen in der Tabelle werden ebenfalls als mögliche Sprungadressen im Dialogfeld *Gehe zu* aufgelistet. Dieses Dialogfeld können Sie über den gleichnamigen Befehl auf der Registerkarte *Start* in der Gruppe *Bearbeiten* im Menü zur Schaltfläche *Suchen und Auswählen* auf den Bildschirm bringen.

Übung 11: Namen verwalten

Lernziel 5.5

In vielen Fällen bedeutet es eine Arbeitserleichterung, wenn Sie die verwendeten Namen – zusammen mit den dafür festgelegten Bereichen – anzeigen lassen und verwalten können. Dazu dient der mit Version 2007 eingeführte *Namens-Manager*.

1. Klicken Sie zur Anzeige dieses Werkzeugs auf der Registerkarte *Formeln* in der Gruppe *Definierte Namen* auf die Schaltfläche *Namens-Manager*. Die von Ihnen für die aktuelle Mappe festgelegten Namen werden aufgelistet. Um einen davon zu bearbeiten, markieren Sie ihn.

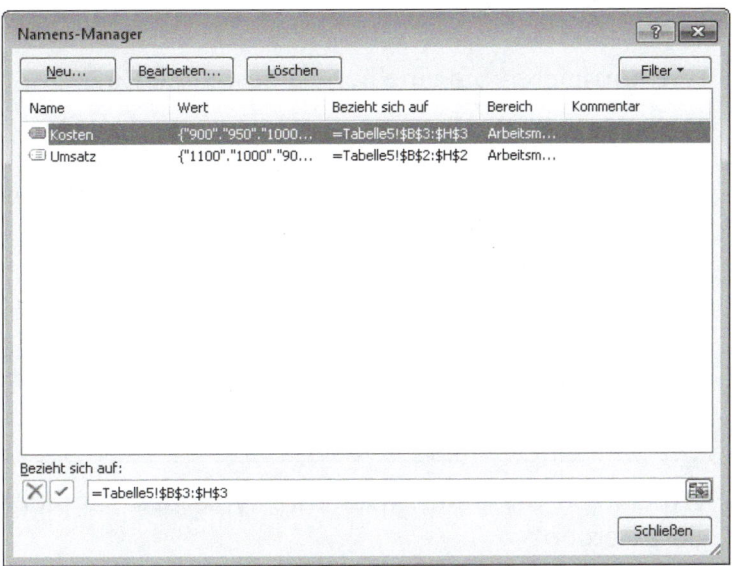

2. Wenn Sie den zu dem markierten Namen gehörenden Bereich ändern wollen, klicken Sie auf *Bearbeiten*. Das dann angezeigte Dialogfeld entspricht dem Dialogfeld *Neuer Name*. Sie können darin den zugeordneten Zellbereich ändern.

3. Zum Entfernen des markierten Namens klicken Sie auf *Löschen*.

4. Beenden Sie die Arbeit mit dem *Namens-Manager* durch einen Klick auf *Schließen*.

Tipp: Namen mehrfach vergeben

Beachten Sie, dass ein Name standardmäßig für die gesamte Arbeitsmappe definiert wird. Ein bestimmter Name kann damit immer nur einmal innerhalb der Mappe benutzt werden. Sie finden aber im Dialogfeld *Neuer Name* in der Dropdownliste *Bereich* auch die einzelnen Blätter der Mappe. Wenn Sie diese als *Bereich* verwenden, können Sie einen Namen auch mehrfach verwenden. Der Name gilt dann aber nur in dem jeweiligen Arbeitsblatt.

Zusammenfassung

Wie Sie in dieser Lektion gesehen haben, ist die Eingabe von Zahlenwerten und Texten in ein Arbeitsblatt eine einfache Angelegenheit. Diese Dateneingaben bilden die Grundlage für Berechnungen mittels Formeln und Funktionen, mit denen wir uns in der folgenden Lektion beschäftigen werden.

Wiederholungsfragen

- Welche Arbeitsschritte müssen Sie beachten, um eine Eingabe in einer bestimmten Zelle vorzunehmen?

- Welche Typen von Eingaben können Sie in einer Zelle durchführen?

- Wie brechen Sie eine bereits begonnene Eingabe ab?

- Wie korrigieren Sie eine bereits bestätigte Eingabe?

- Mit welchen Schritten sorgen Sie dafür, dass eine Zelle nur bestimmte Typen von Eingaben akzeptiert?

- Was passiert, wenn ein eingegebener Text länger ist als die vorhandene Spaltenbreite?

- Wie sorgen Sie dafür, dass Ihre typischen Tippfehler automatisch korrigiert werden?

- Welche Möglichkeiten kennen Sie, um eine vorhandene Eingabe in einer Zelle zu löschen?

- Wie definieren Sie Namen für Zellen und Zellbereiche?

- Wozu dient der *Namens-Manager*?

5 Berechnungen durchführen

Microsoft Excel kann Berechnungen auf der Basis von eingegebenen Werten mithilfe von Formeln oder Funktionen durchführen und das ist der eigentliche Sinn eines solchen Programms wie Excel. Für einfachere Berechnungen verwenden Sie Formeln, in denen Werte miteinander verknüpft werden. Funktionen sind ein Spezialfall von Formeln. Sie erleichtern die Eingabe und ermöglichen komplexere Formen der Berechnung.

Lernziele

- Formeln eingeben
- Funktionen einsetzen
- Die Funktionsbibliothek benutzen

Eine Arbeitsmappe mit den für diese Lektion notwendigen Grunddaten finden Sie in der Datei **Mappe5**. Öffnen Sie diese für die Arbeit mit dieser Lektion.

Formeln

Formeln sind Gleichungen, die Berechnungen für Werte im Arbeitsblatt durchführen. Zur Eingabe müssen Sie zuerst – wie bei der einfachen Eingabe von Werten – eine vorerst noch leere Zelle markieren, in der die Berechnung durchgeführt und das Ergebnis angezeigt werden soll.

Operatoren und Reihenfolge der Berechnung

**Lernziele
5.1, 5.2**

Formeln beginnen immer mit einem Gleichheitszeichen. Dann folgt der Formelausdruck. Dieser setzt sich aus Zahlenwerten oder Zelladressen zusammen, die mit den allgemein üblichen mathematischen Operatoren – wie +, –, * usw. – miteinander verbunden sind. Wenn Sie also beispielsweise nur die beiden Zahlenwerte *1* und *2* in einer Formel addieren wollen, geben Sie den Ausdruck **=1+2** ein. Im Allgemeinen wird man aber statt solcher Zahlenwerte die Adressen von Zellen verwenden. Beispielsweise addiert die Formel *=A1+A2* die Inhalte der Zellen *A1* und *A2*. Diese Adressen werden dann auch als die *Bezüge* der Formel bezeichnet.

*Zum Fortschreiben bei
Zahlen Strg drücken
und ziehen*

Operator	Funktion	Beispiel
+	Addieren	*=A1+A2*
–	Subtrahieren	*=A1-A2*
*	Multiplizieren	*=A1*C2*
/	Dividieren	*=A1/D3*
^	Potenzieren	*=A1^E1*
&	Texte verknüpfen	*=A2&B1*

Wenn die Formel mehrere Glieder enthält, die durch Operatoren miteinander verbunden sind, gilt die Regel *Punktrechnung geht vor Strichrechnung*: Zuerst werden Exponenten – also die Operatoren * – berechnet. Dann folgen die Teile der Formel, die mit den Operatoren / oder ^ verbunden sind. Abschließend folgt die Berechnung der mit + oder – verbundenen Teile. Die Formel *=1+2*3^2+4* liefert also das Ergebnis *23*.

Wenn Sie eine andere Reihenfolge wünschen, müssen Sie Klammern verwenden: Zuerst werden die Inhalte von Ausdrücken in Klammern berechnet, dann werden Exponenten berechnet, es folgen die Berechnungen von Multiplikationen und Divisionen. Additionen und Subtraktionen werden abschließend durchgeführt. Das Beispiel *=(1+2)*3+4* wird also in folgender Reihenfolge berechnet: *(1+2)* ergibt *3*, diese *3*3* ergibt *9*, diese *9+4* ergibt *13*.

Übung 1: Formel eintippen

Ein schneller Weg zur Eingabe einer Formel besteht darin, diese in die Zelle einfach einzutippen.

1. Aktivieren Sie das Blatt *Tabelle1* und markieren Sie die Zelle *B4*.

2. Geben Sie dort den Ausdruck **=B2-B3** ein und bestätigen Sie. In der Zelle des Arbeitsblattes wird das Ergebnis der Berechnung angezeigt. Die Formel selbst sehen Sie in der Bearbeitungsleiste.

Der Formelausdruck wird in der Bearbeitungsleiste angezeigt

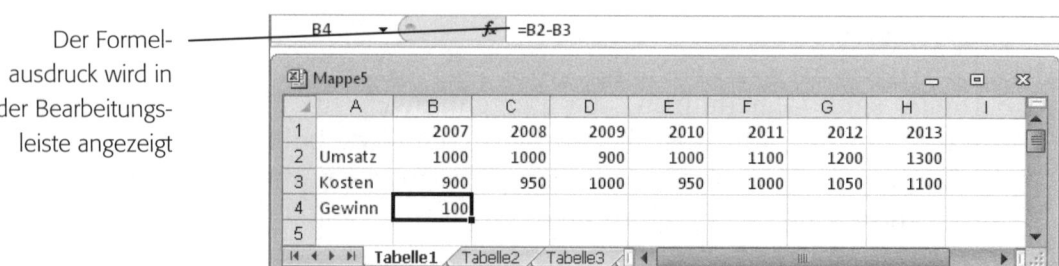

3. Der Vorteil der Verwendung von Zelladressen in der Formel wird klar, wenn Sie die Werte in den Bezugszellen ändern. Markieren Sie die Zelle *B2*, ändern Sie den Wert darin in **1100** und bestätigen Sie. Die Zelle *B4* mit der Formel zeigt weiterhin das richtige Berechnungsergebnis, da sich die Formel auf die Adressen der Zellen bezieht.

Standardmäßig wird eine Arbeitsmappe nach jedem Bestätigen einer Eingabe oder Änderung neu berechnet. Das können Sie über die Kategorie *Formeln* im Dialogfeld *Excel-Optionen* ändern.

Übung 2: Formel durch Zeigen erstellen

Alternativ können Sie bei der Formeleingabe die miteinander zu verknüpfenden Zelladressen nacheinander mit der Maus auswählen.

1. Aktivieren Sie das Blatt *Tabelle2* und markieren Sie die Zelle *B4*.

2. Geben Sie ein Gleichheitszeichen ein.

3. Klicken Sie dann – ohne vorher zu bestätigen – auf die Zelle *B2*. In der Bearbeitungsleiste steht nun *=B2* und die Bezugszelle wird markiert.

4. Fügen Sie über die Tastatur ein Minuszeichen hinzu und klicken Sie anschließend auf die Zelle *B3*.

Bereits markierte
Zellen werden
farbig umrandet

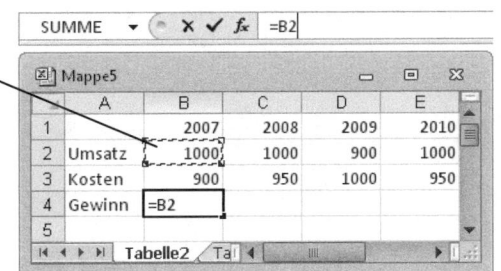 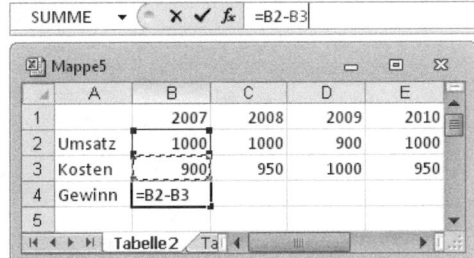

5. In der Bearbeitungsleiste steht jetzt die vollständige Formel *=B2-B3*. Bestätigen Sie die Eingabe. Die farbige Markierung verschwindet dann und wird auch nicht angezeigt, wenn Sie die Zelle mit der Formel markieren.

Übung 3: Formel korrigieren

**Lernziele
5.1, 5.5**

Wenn Sie sich bei der Eingabe der Berechnungsvorschrift geirrt haben sollten, können Sie diese durch eine Neueingabe überschreiben. Bei längeren Formeln ist es aber einfacher, die vorhandenen Eingaben zu editieren.

1. Aktivieren Sie das Blatt *Tabelle3* und markieren Sie zunächst die Zelle *B4*, in der irrtümlich die Formel *=B2-C3* eingegeben wurde.

2. Drücken Sie ⌈F2⌉. Die einzelnen Bezugsadressen in der Formel werden daraufhin wieder verschiedenfarbig dargestellt. Im Arbeitsblatt werden die Zellen mit denselben Farben markiert. Auf diese Weise sehen Sie schnell, auf welche Zellen sich die Formel bezieht.

3. Doppelklicken Sie entweder in der Zelle *B4* selbst oder in die Bearbeitungsleiste auf den Eintrag *C3*.

4. Ersetzen Sie diese Adresse über die Tastatur durch *B3* und bestätigen Sie.

Tipp: Mit der
Maus korrigieren

Sie können auch die farbig markierten Bezugszellen mit der Maus an andere Stellen im Arbeitsblatt verschieben. Beispielsweise können Sie im Blatt *Tabelle4* die Formel *=B2-C3* in Zelle *B4* in *=B2-B3* ändern, indem Sie die farbige Markierung der Zelle *C3* auf die Zelle *B3* verschieben.

Übung 4: Bereichsnamen verwenden

**Lernziele
5.1, 5.5**

Wenn Sie für die in der Formel zu verwendenden Bezüge bereits Namen definiert haben, können Sie auch einfach diese Namen zum Aufbau der Formel einsetzen. Das erleichtert sehr oft anderen Benutzern der Mappe das Verständnis der Formel.

1. Aktivieren Sie das Blatt *Tabelle5*. Hierin wurden bereits die Namen *Umsatz* und *Kosten* für die Zellbereiche *A2:H2* und *A3:H3* definiert.

2. Markieren Sie die Zelle *B4* und definieren Sie die Formel durch Eintippen des Ausdrucks **=Umsatz-Kosten**. Sie können auch gleich einen Bereich aus mehreren Zellen markieren und dann die Formel eingeben.

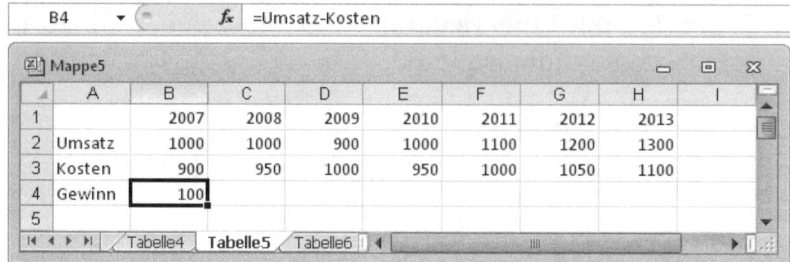

Übung 5: Bezüge zu anderen Blättern der Mappe

Lernziel 5.1

Formeln können sich auch auf andere Blätter derselben Arbeitsmappe beziehen. Dazu müssen Sie als Bezug vor der eigentlichen Zelladresse den Namen des Blattes – gefolgt von einem Ausrufezeichen – angeben.

1. Aktivieren Sie das Blatt *Tabelle6* und markieren Sie die Zelle *B2*.

2. Übernehmen Sie dort den Wert in der Zelle *B2* des Blattes *Tabelle5*. Geben Sie dazu den Ausdruck **=Tabelle5!B2** ein. Diese Formel übernimmt nur den Wert aus der Zelle *B2* des Arbeitsblattes *Tabelle5*.

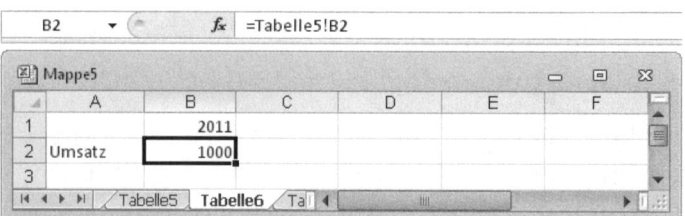

Übung 6: Bezüge zu Blättern anderer Arbeitsmappen

Lernziel 5.1

Auch die Übernahme von Daten aus den Blättern anderer Arbeitsmappen ist möglich. Hierbei müssen Sie zusätzlich zur eigentlichen Zelladresse den Namen der Arbeitsmappe und den Namen des Arbeitsblattes, gefolgt von einem Ausrufezeichen voranstellen.

1. Öffnen Sie zusätzlich die Arbeitsmappe *Mappe4*.

2. Wechseln Sie zu *Mappe5* und markieren Sie die Zelle *B2* in *Tabelle7*.

3. Geben Sie ein Gleichheitszeichen ein und markieren Sie dann die Zelle *B2* im Blatt *Tabelle5* von *Mappe4*. Nach dem Bestätigen wird die Adresse in der anderen Mappe vermerkt.

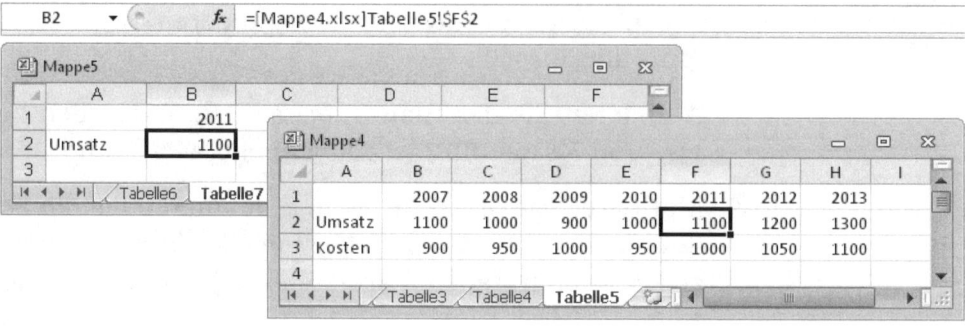

4. Schließen Sie *Mappe4* wieder. Anschließend wird in *Mappe5* der Adresse der Pfad zur *Mappe4* hinzugefügt.

Funktionen

Funktionen sind ein Spezialfall von Formeln. Sie erleichtern die Eingabe und ermöglichen komplexere Formen der Berechnung. Microsoft Excel 2010 hält für solche Aufgaben im Menüband die Registerkarte *Formeln* bereit.

Zwischenberechnungen

Wenn Sie nur einfache Zwischenberechnungen durchführen müssen, können Sie dazu die Funktion *AutoBerechnen* benutzen und das Ergebnis in der Statusleiste anzeigen lassen. Markieren Sie beispielsweise den Bereich *B2:E2* in *Tabelle8*. Standardmäßig werden Mittelwert, Anzahl und Summe der Werte in den markierten Zellen in der Statusleiste des Programms angezeigt.

Hier werden die Ergebnisse angezeigt

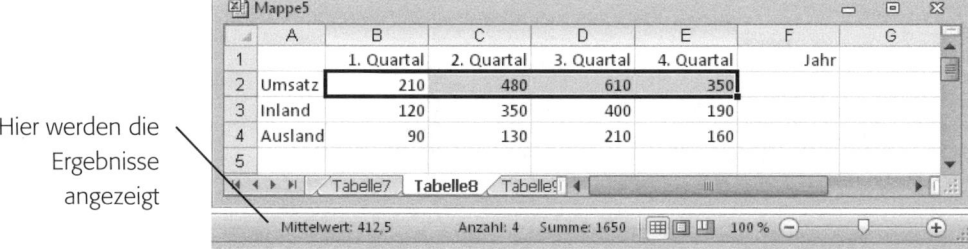

Übung 7: Arbeiten mit dem Funktions-Assistenten

Lernziel 5.6

Funktionen können Sie wie normale Formeln direkt eintippen. Auch eine Funktion beginnt mit einem Gleichheitszeichen, das von dem Funktionsnamen – beispielsweise *SUMME* oder *MITTELWERT* – gefolgt wird. Anschließend folgen die Argumente der Funktion, die durch Semikola getrennt und zusammen in einer Klammer eingeschlossen werden müssen. Während Sie die Funktion eintippen, wird eine *QuickInfo* eingeblendet, die Sie hinsichtlich Syntax und Argumenten unterstützt. Einfacher ist es aber, wenn Sie den Funktions-Assistenten benutzen:

1. Markieren Sie zunächst die Zelle, in die Sie die Funktion eingeben wollen. Benutzen Sie beispielsweise die Zelle *F2* im Blatt *Tabelle8*.

 2. Klicken Sie dann in der Bearbeitungsleiste oder auf der Registerkarte *Formeln* auf die Schaltfläche *Funktion einfügen*. Das Dialogfeld *Funktion einfügen* wird angezeigt.

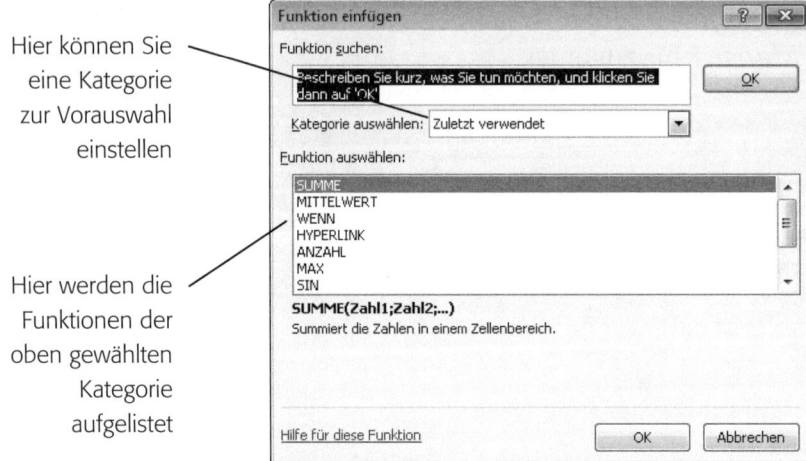

Hier können Sie eine Kategorie zur Vorauswahl einstellen

Hier werden die Funktionen der oben gewählten Kategorie aufgelistet

3. Wählen Sie im Dialogfeld die Funktion *MITTELWERT* aus. Durch vorherige Wahl einer Kategorie können Sie eine Vorauswahl treffen.

4. Nach dem Bestätigen der Wahl der Funktion geben Sie im folgenden Dialogfeld des Assistenten die für die Funktion erforderlichen Argumente ein. Je nach Art der Funktion finden Sie hier im oberen Bereich ein oder mehrere Felder für diese Argumente. Sie können darin Zahlenwerte, Bezüge, Formeln oder weitere Funktionen in die Bearbeitungsfelder für die Argumente eingeben. Im unteren Bereich finden Sie Hinweise zur Natur der Funktion und der Argumente.

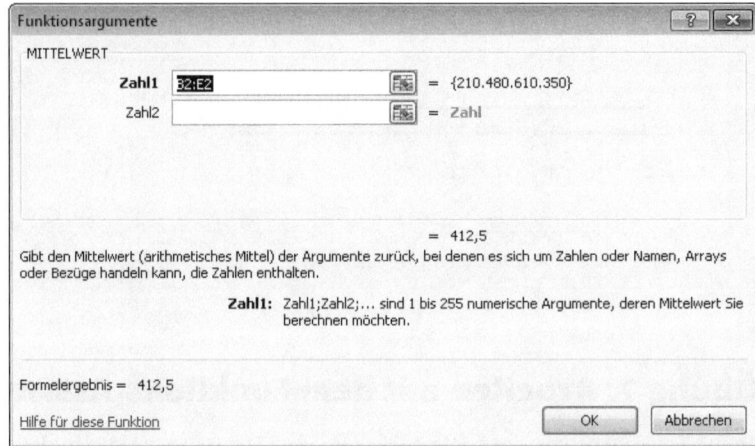

5. In manchen Fällen liefert der Assistent bereits die richtigen Bezüge. Ist das nicht der Fall, tippen Sie die Adressen ein oder klicken Sie auf die Schaltfläche am rechten Rand des betreffenden Eingabefeldes. Das Dialogfeld wird daraufhin verkleinert, sodass Sie die Bezugszellen durch Zeigen in der Tabelle markieren können. Markieren Sie den Bereich *B2:E2*.

6. Klicken Sie anschließend auf die Schaltfläche am rechten Rand der Zeile zum Festlegen der Argumente, um das Dialogfeld wieder komplett anzeigen zu lassen.

7. Ein Klick auf die Schaltfläche *OK* schließt die Arbeit mit dem Assistenten ab. In der Bearbeitungsleiste wird das Ergebnis der Arbeit angezeigt. Nach dem Bestätigen wird die Funktion dann in die aktive Zelle eingefügt und das Ergebnis dort angezeigt.

Den Funktions-
ausdruck finden
Sie wieder in der
Bearbeitungs-
leiste

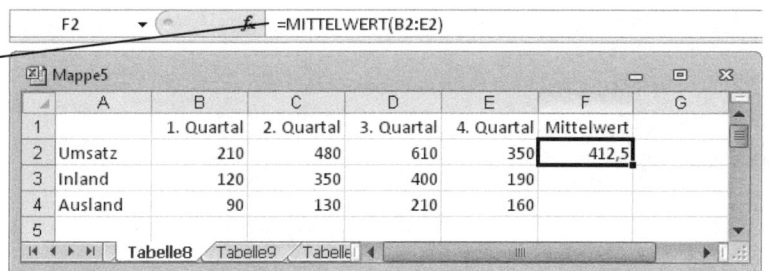

Formeln editieren

Lernziel 5.6

Zum Ändern der Bezüge können Sie die bereits vorhandenen überschreiben. Oft ist es aber einfacher, die neuen Bezüge mithilfe der Maus zu markieren.

1. Aktivieren Sie das Blatt *Tabelle9* und darin die Zelle *F3* mit der Formel.

2. Markieren Sie in der Bearbeitungsleiste den Bezug, den Sie korrigieren wollen. Wollen Sie beispielsweise die Formel *=MITTELWERT(B2:E2)* korrigieren, markieren Sie *B2:E2*.

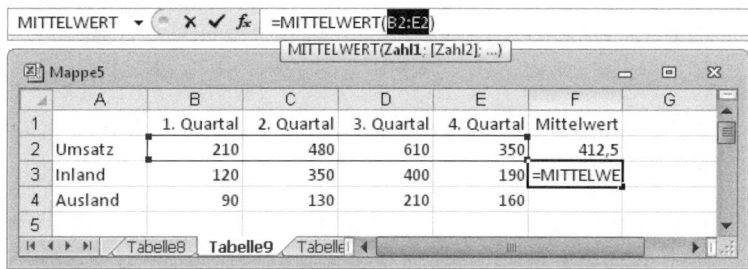

3. Markieren Sie dann mit der Maus den Bereich in der Tabelle, den Sie stattdessen verwenden wollen – beispielsweise den Bereich *B3:E3*.

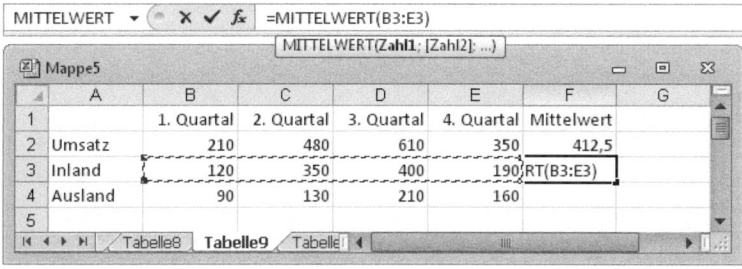

4. Bestätigen Sie. Der vorher markierte Bereich wird in die Formel übernommen.

Die Funktionsbibliothek

Wie Sie eben gesehen haben, können Sie die Summenfunktion über den Funktions-Assistenten oder durch einfaches Eintippen des Funktionsausdrucks definieren. Die Registerkarte *Formeln* im Menüband stellt Ihnen darüber hinaus in der Gruppe *Funktionsbibliothek* mehrere Befehlsschaltflächen bereit, über die Sie die gerade benötigte Funktion auswählen können.

Berechnungen durchführen

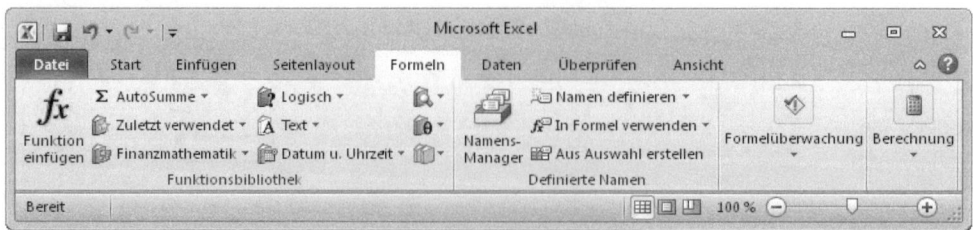

Jeder Anwender wird aufgrund seines Aufgabenspektrums vordringlich mit bestimmten Funktionen oder Funktionskategorien arbeiten. Viele Funktionen werden Sie vielleicht nie anwenden, einige sind von allgemeinem Interesse.

Übung 8: Daten summieren

Lernziel 5.6

Eine Funktion, die Sie wahrscheinlich öfter benutzen werden, ist die Funktion *SUMME*. Damit werden Werte in Zellbereichen addiert. Die Funktion =*SUMME(B2:E2)* hat dieselbe Wirkung wie die Formel =*B2+C2+D2+E2*. Wegen der herausragenden Bedeutung dieser Funktion können Sie sie von mehreren Stellen aus direkt über das Menüband abrufen.

1. Aktivieren Sie das Blatt *Tabelle10*. Markieren Sie darin die Zelle *F2*, in der die Summenformel eingegeben werden soll.

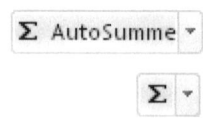

2. Klicken Sie in der Registerkarte *Formeln* in der Gruppe *Funktionsbibliothek* auf *AutoSumme* oder in der Registerkarte *Start* in der Gruppe *Bearbeiten* auf die Schaltfläche *Summe*.

3. Wenn sich – wie hier – die markierte Zelle unmittelbar neben einer Zeile mit Zahlen oder unterhalb einer Spalte mit Zahlen befindet, werden automatisch die Adressen dieser Zellen als Argumente für die Funktion eingefügt. Der gewählte Bereich wird durch einen Laufrahmen angezeigt. Sie können ihn durch Markieren der gewünschten Zellen mit der Maus ändern. Sie können auch einen anderen Bereich eintippen.

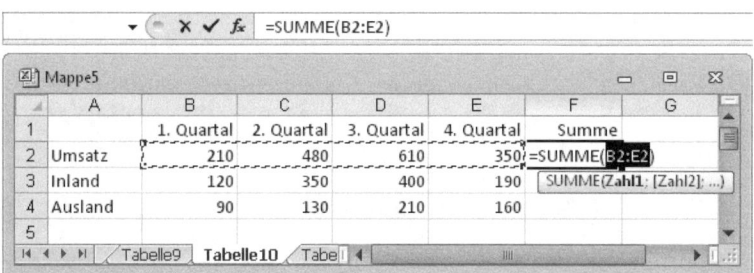

4. Nach dem Bestätigen wird die Funktion übernommen.

Tipp: Andere
Funktionen

Die Schaltflächen *Summe* auf der Registerkarte *Start* und *AutoSumme* auf der Registerkarte *Formeln* verfügen über eine kleine Liste, in der in der Grundeinstellung wichtige statistische Funktionen – wie *Mittelwert*, *Anzahl*, *Min* (für Minimum) oder *Max* (für Maximum) – vorhanden sind. Sie können darüber also auch eine andere Funktion als *Summe* wählen. Gehen Sie zum Verwenden wie eben für die *Summe* beschrieben vor. Über die Option *Weitere Funktionen* starten Sie den oben bereits angesprochenen Funktions-Assistenten.

Lernziel 5.4

Übung 9: Bedingungen aufstellen

Die Funktionen im Bereich *Logik* liefern zum großen Teil Ergebnisse in der Form *WAHR* oder *FALSCH*. Eine Ausnahme in dieser Gruppe ist die Funktion *WENN*. Diese ermöglicht die Berechnung eines Wertes in Abhängigkeit davon, ob eine bestimmte Bedingung zutrifft. Beispielsweise können Sie die *WENN*-Funktion dazu verwenden, zu bestimmen, ob und in welcher Höhe Steuern zu zahlen sind.

1. Markieren Sie die Zelle *B2* im Blatt *Tabelle11*.

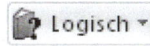

2. Geben Sie darin den Ausdruck =**WENN(B1>0;0,5*B1;0)** ein. Anstatt die Formel direkt einzutippen, können Sie in der Gruppe *Funktionsbibliothek* aus dem Katalog zur Schaltfläche *Logisch* auch die Funktion *WENN* auswählen. Das startet den schon bekannten Funktions-Assistenten.

3. Markieren Sie die Zelle *B1* und überschreiben Sie den dort vorhandenen Wert mit **-50**. Da der Gewinn vor Steuern negativ ist, fallen keine Steuern an, was in der Zelle *B2* mit der *WENN*-Funktion angezeigt wird.

Steuern werden nur gezahlt, wenn der Gewinn positiv ist

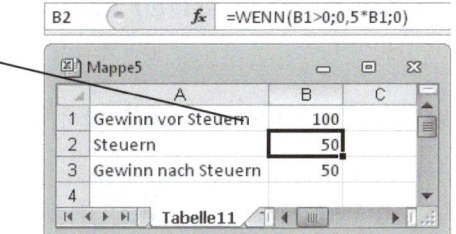
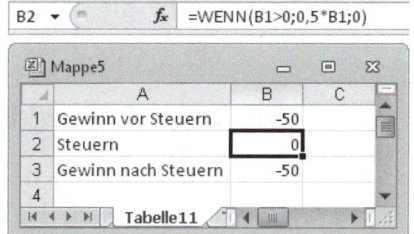

Die *WENN*-Funktion besitzt drei Parameter.

- Im ersten Parameter wird meist ein Vergleich zweier Werte mittels eines logischen Operators formuliert. Das Ergebnis eines solchen Vergleichs ist entweder *true* (wahr) oder *false* (falsch). Beispielsweise hatte im obigen Beispiel der Vergleich des Ausdrucks *B1>0* vor der Korrektur den Wert *true*, da der Wert in der Zelle *B1* größer als *0* ist. Nach der Korrektur ist der Ausdruck *B1>0* aus ersichtlichen Gründen *false*.

- Im zweiten Parameter der *WENN*-Funktion – der vom ersten durch ein Semikolon getrennt ist – wird angegeben, welchen Wert die Funktion liefern soll, falls der erste Parameter den Wert *true* annimmt. Im gezeigten Beispiel heißt das: Ist *Gewinn vor Steuern* positiv, werden Steuern in Höhe von 50% dieses Wertes fällig.

- Der dritte Parameter – vom zweiten wiederum durch ein Semikolon getrennt – gibt an, welcher Wert geliefert werden soll, falls der erste Parameter den Wert *false* annimmt. Ist in unserem Beispiel *Gewinn vor Steuern* negativ, sind keine Steuern zu zahlen.

Übung 10: Komplexe Bedingungen verwenden

Lernziel 5.4

Funktionen können ineinander verschachtelt werden. Das heißt, dass innerhalb der Argumente einer Funktion auch wieder eine Funktion auftauchen kann. Das ist beispielsweise interessant, wenn Sie mehrere Bedingungen einsetzen wollen.

1. Markieren Sie die Zelle *B3* im Blatt *Tabelle12*.

2. Geben Sie den Ausdruck **=WENN(B2="nein";0;WENN(B1>0;0,5*B1;0))** ein und bestätigen Sie die Eingabe. Diese Formel prüft zunächst, ob in der Zelle *B2* der Ausdruck *nein* steht. Ist das der Fall, ist das Ergebnis *0*. Steht in *B2* nicht *nein*, wird zusätzlich geprüft, ob der Wert in *B1* größer ist als *0*. Bei einem positiven Ergebnis wird die Steuer mit *0,5*B1* berechnet, anderenfalls ist das Ergebnis wieder *0*.

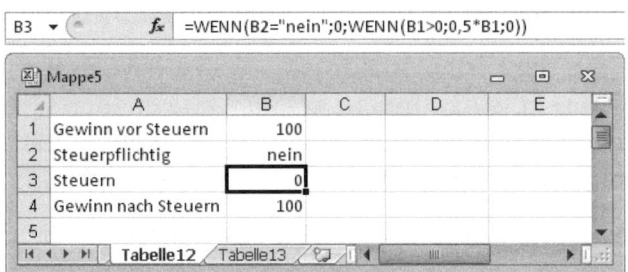

3. Sie können die Wirkung der Formel kontrollieren, indem Sie nacheinander in die Zelle *B2* den Ausdruck *ja* setzen und dann in der Zelle *B1* einen negativen Wert eintragen.

Übung 11: Funktionen für Datum und Uhrzeit

Mithilfe der Funktionen im Bereich *Datum und Uhrzeit* der Funktionsbibliothek lassen sich Kalkulationen mit Datums- und Uhrzeitangaben durchführen. Beispielsweise können Sie das aktuelle Datum ausgeben lassen. Einige Datumsberechnungen lassen sich aber auch ganz ohne Funktionen durchführen. Beispielsweise können Sie Ihr Alter in Tagen ganz schnell durch Subtraktion zweier Datumsangaben bestimmen.

1. Markieren Sie die Zelle *B1* im Blatt *Tabelle13*.

2. Geben Sie in dieser Zelle das Datum Ihres Geburtstags ein.

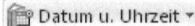

3. Markieren Sie die Zelle *B2* und geben Sie darin die Formel **=HEUTE()** ein. Sie können zur Eingabe auch in der Gruppe *Funktionsbibliothek* aus dem Katalog zur Schaltfläche *Datum und Uhrzeit* die Funktion *HEUTE* auswählen. Das startet den schon bekannten Funktions-Assistenten für diese Funktion. Nach dem Bestätigen wird das aktuelle Datum angezeigt.

4. Geben Sie abschließend in der Zelle *B3* die Formel **=B2-B1** ein.

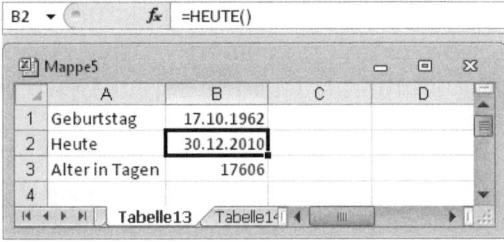

Tipp: Klammern nicht vergessen

Die Funktion *HEUTE()* benutzt keine Argumente, Klammern müssen aber trotzdem gesetzt werden, um anzugeben, dass es sich um eine Funktion und nicht um eine Texteingabe handelt.

Übung 12: Fehlermeldungen vermeiden

Lernziel 5.4

Der Katalog zur Schaltfläche *Mehr Funktionen* in der Gruppe *Funktionsbibliothek* beinhaltet weitere Untergruppen. Zum Beispiel finden Sie in der Untergruppe *Informationen* Funktionen, die Aussagen über den Typ eines Wertes in einer Zelle machen. Damit können Sie beispielsweise verhindern, dass im Arbeitsblatt Fehlermeldungen angezeigt werden, und so unnötige Verwirrungen bei Betrachtern vermeiden, die mit Excel nicht so vertraut sind.

1. Aktivieren Sie das Blatt *Tabelle14*.

2. Die Formel in der Zelle *D3* liefert eine Fehlermeldung, da darin durch den Wert *0* in der Zelle *C2* dividiert wird.

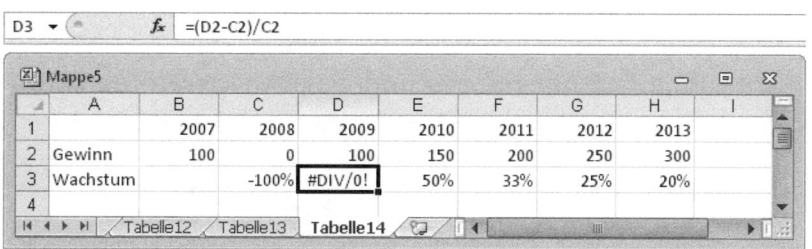

3. Sie können die Fehleranzeige verhindern, indem Sie den Ausdruck **=WENN(ISTFEHLER((D2-C2)/C2);"";(D2-C2)/C2)** benutzen.

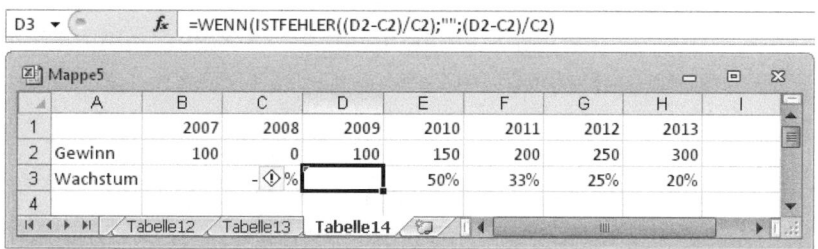

- Wenn *(D2-C2)/C2* einen Fehler erzeugt, dann liefert *ISTFEHLER((D2-C2)/C2)* den Wert *WAHR*.

- Die umgebende *WENN*-Funktion sorgt dann mit " " dafür, dass nichts in die Zelle geschrieben wird, wenn das Ergebnis von *ISTFEHLER* den Wert *WAHR* hat. Anderenfalls wird das Ergebnis von *(D2-C2)/C2* in die Zelle geschrieben.

Tipp: Fehlerindikator beachten

Beachten Sie auch, dass nach dem Ersetzen des Formelausdrucks ein kleiner Fehlerindikator links oben in der Zelle erscheint. Der Grund dafür ist hier, dass sich die Formel in der Zelle *D3* von den Formeln in den Nachbarzellen unterscheidet. Sie können die Anzeige abschalten, indem Sie *Fehler ignorieren* in der Liste wählen, die Sie durch einen Klick auf den Dropdownpfeil der Optionsschaltfläche neben dem Fehlerindikator anzeigen lassen.

Zusammenfassung

Durch den Einsatz von Formeln und Funktionen werden aus Arbeitsblättern interaktive Berechnungsinstrumente. Die für die korrekte Arbeit einer Funktion notwendige Syntax mag manchmal zunächst etwas kompliziert erscheinen. Die für Sie wichtigsten Funktionen werden Sie aber nach einer kurzen Zeit des Gebrauchs schnell beherrschen. Außerdem bietet Ihnen der Funktions-Assistent gute Hilfestellung.

Wiederholungsfragen

■ Welche Methoden kennen Sie, um eine Formel einzugeben?

■ Was sind Operatoren und welche Operatoren kennen Sie?

■ Was ist das Ergebnis von *=(1+2)*3+4*?

■ Wie korrigieren Sie einen Fehler in einer Formel?

■ Wie definieren Sie einen Bezug zu Zellinhalten eines anderen Blattes derselben Mappe?

■ Was versteht man unter *AutoBerechnen*?

■ Was versteht man unter Funktionen?

■ Welche Funktion dient zum Berechnen einer Summe?

■ Wie ist die *WENN*-Funktion aufgebaut und was bewirkt sie?

■ Wie verknüpfen Sie mehrere Funktionen miteinander – beispielsweise um komplexe Bedingungen auszudrücken?

■ Was bewirkt die Funktion *HEUTE()*?

■ Wie unterdrücken Sie die Anzeige von Fehlermeldungen?

6 Tabellen editieren

Besonders beim Aufbauen größerer Tabellen werden Sie während der Arbeit feststellen, dass Sie bestimmte Bereiche anders organisieren, Daten verschieben oder kopieren oder zusätzliche Bereiche einfügen oder andere löschen möchten. Für die effiziente Abwicklung solcher Aufgaben stellt Excel eine Reihe von Werkzeugen zur Verfügung. Viele der hier angesprochenen Techniken können Sie auch bereits beim Aufbau einer Tabelle verwenden und so eine Menge Zeit sparen.

Lernziele

- Daten verschieben und kopieren

- Bereiche mit Daten ausfüllen

- Zellbereiche einfügen und löschen

Eine Arbeitsmappe mit den notwendigen Grunddaten finden Sie in der Datei **Mappe6**. Öffnen Sie diese für die Arbeit mit dieser Lektion.

Daten verschieben und kopieren

Einträge in Zellen können Sie an andere Stellen in der Tabelle kopieren oder verschieben. Dazu können Sie verschiedene Methoden verwenden.

Übung 1: Verschieben über Drag & Drop

Lernziel 2.1

Am schnellsten funktioniert das Verschieben von Datenbereichen mittels Maus und Drag & Drop.

1. Markieren Sie zuerst die entsprechende(n) Zelle(n) – im Blatt *Tabelle1* beispielsweise den Bereich *B1:B4*.

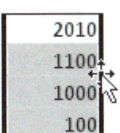

2. Positionieren Sie den Zeiger auf einem Rand des Auswahlrahmens. Dass Sie die richtige Stelle getroffen haben, erkennen Sie daran, dass sich der Zeiger in einen Vierfachpfeil ändert.

3. Ziehen Sie die Auswahl zu dem Bereich, in den Sie die Daten verschieben wollen – beispielsweise zum Bereich *F1:F4*. Während des Ziehens zeigt ein Rahmen die neue Position an. Die aktuelle Einfügeadresse wird in einer QuickInfo angezeigt.

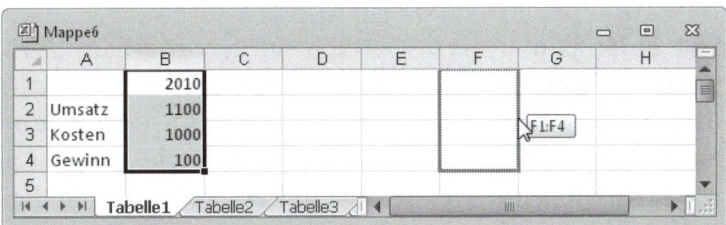

4. Wenn Sie sich an der gewünschten Stelle befinden, lassen Sie die Maustaste los. Der vorher markierte Bereich wird verschoben.

Einige zusätzliche Hinweise sollten Sie hierbei beachten:

▪ Wenn Sie die Auswahl kopieren – nicht verschieben – wollen, drücken Sie zusätzlich die [Strg]-Taste und halten sie gedrückt. Ein zusätzliches Pluszeichen wird in diesem Fall neben dem Mauszeiger eingeblendet. Gehen Sie ansonsten wie beim Verschieben vor.

▪ Ist das Ziel ein anderes Blatt in derselben Arbeitsmappe, arbeiten Sie am einfachsten über die Zwischenablage (siehe nächste Übung).

▪ Ist das Ziel eine andere geöffnete Arbeitsmappe, ziehen Sie die markierten Zellen einfach vom einen in das andere Dokumentfenster (ordnen Sie vorher die Fenster entsprechend an) oder arbeiten Sie ebenfalls über die Zwischenablage.

▪ Ist das Kontrollkästchen *Vor dem Überschreiben von Zellen warnen* in der Kategorie *Erweitert* im Dialogfeld *Excel-Optionen* aktiviert, werden Sie in einer entsprechenden Meldung vor den Auswirkungen informiert.

Übung 2: Verschieben und Kopieren über die Zwischenablage

Lernziel 2.1

Zum Verschieben oder Kopieren von Zellbereichen können Sie ebenso die wahrscheinlich allgemein bekannte Zwischenablage verwenden. Das funktioniert bei Excel genauso wie bei anderen Programmen.

1. Markieren Sie auch in diesem Fall zunächst die Zelle(n), die verschoben oder kopiert werden soll(en). Markieren Sie beispielsweise die Zelle *B2* im Blatt *Tabelle2*.

2. Um den Zellbereich zu kopieren, wählen Sie auf der Registerkarte *Start* in der Gruppe *Zwischenablage* oder im Kontextmenü zur Zelle den Befehl *Kopieren*. Um den Zellbereich zu verschieben, wählen Sie auf der Registerkarte *Start* in der Gruppe *Zwischenablage* oder im Kontextmenü zur Zelle den Befehl *Ausschneiden*.

3. In der Regel werden Sie die Daten in bereits vorhandene Zellen einfügen. Markieren Sie dazu die linke obere Zelle im Einfügebereich oder den ganzen Einfügebereich. Ausschneide- und Einfügebereich dürfen sich überschneiden.

4. Markieren Sie die Zelle *C2*. Wählen Sie dann auf der Registerkarte *Start* in der Gruppe *Zwischenablage* den Befehl *Einfügen* oder drücken Sie einfach die [↵]-Taste. Klicken Sie dabei zunächst einmal auf den oberen Teil der Befehlsschaltfläche *Einfügen*. Der Inhalt der vorher ausgeschnittenen oder kopierten Zelle wird dann eingefügt.

Tipp: Mehrfaches Kopieren

Der anfangs markierte Bereich wird von einem blinkenden Laufrahmen umgeben. Das ist das Zeichen dafür, dass sich eine Kopie dieses Bereichs in der Zwischenablage befindet. Er kann jetzt noch an weiteren Stellen eingefügt werden – aber nur so lange, wie dieser Laufrahmen angezeigt wird. Um den Rahmen abzuschalten, drücken Sie die Taste [Esc].

Die Inhalte beim Einfügen kontrollieren

Neu bei der Programmversion 2010 ist, dass Sie bereits beim Einfügen festlegen können, wie eingefügt werden soll. Öffnen Sie dazu die Liste der Optionen zur Schaltfläche *Einfügen* durch einen Klick auf die Pfeilspitze. Sie finden darin dieselben Optionen, die Ihnen auch in der Optionsschaltfläche zum Einfügen zur Verfügung stehen.

Die Optionsschaltfläche zum Einfügen

Lernziel 2.1

Nach dem Kopieren über die Zwischenablage wird eine Optionsschaltfläche eingeblendet. Über diese öffnen Sie eine Optionsliste, in der Sie auswählen können, wie die Informationen eingefügt werden sollen. Die Verfügbarkeit der Optionen hängt von der Art des einzufügenden Inhalts, vom Programm, aus dem die einzufügenden Daten stammen, sowie vom Format der Inhalte, in die Sie einfügen möchten, ab.

Das ist die Options-schaltfläche zum Einfügen

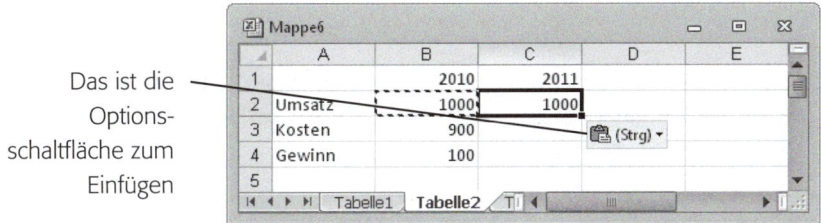

Je nach Art der Daten in der Zwischenablage können hier aber auch andere Einstellmöglichkeiten angeboten werden. Wenn sich beispielsweise darin eine Grafik befindet, können Sie diese nur als Grafik einfügen.

Symbol   Name und Bedeutung

 Einfügen: Ist die Standardeinstellung. Die Werte, Formeln und alle Formate werden übernommen.

 Formeln: Fügt nur die Daten und Formeln – aber keine Formate – ein.

 Formeln und Zahlenformat: Übernimmt neben den Formeln auch ein eingestelltes Zahlenformat. Andere Formate werden nicht übernommen

 Ursprüngliche Formatierung beibehalten: Übernimmt beim Einfügen die Formate der Quelldaten.

 Breite der Ursprungsspalte beibehalten: Übernimmt beim Einfügen die Breite der Spalte der Quelldaten.

 Transponieren: Vertauscht beim Einfügen Zeilen und Spalten. Dazu muss sich ein Bereich aus mehreren Zeilen und Spalten in der Zwischenablage befindet.

 Werte: Fügt nur die in den Zellen angezeigten Werte der kopierten Daten ein. Formeln werden nicht übernommen.

 Formatierung: Übernimmt nur das für den Quellbereich eingestellte Format. Daten werden dabei nicht eingefügt.

 Verknüpfung einfügen: Erzeugt eine Formel mit einem Bezug zum Quellbereich. Der Inhalt ändert sich, sobald der Inhalt des Quellbereichs geändert wird.

Übung 3: Eine Formel kopieren

Lernziel 2.1

Besonderheiten beim Kopieren treten auf, wenn Sie eine Formel oder eine Funktion an eine andere Stelle in der Tabelle kopieren.

1. Aktivieren Sie das Blatt *Tabelle3* und markieren Sie die Zelle *B4*. Sie finden hier die Formel =*B2-B3*.

2. Kopieren Sie die Formel in die Zelle *C4*. Sie können hierfür Drag & Drop oder die Zwischenablage benutzen. Als Ergebnis finden Sie in dieser Zelle die Formel =*C2-C3*.

Hier wurde eine Formel eingefügt, die im Original =*B2-B3* lautete

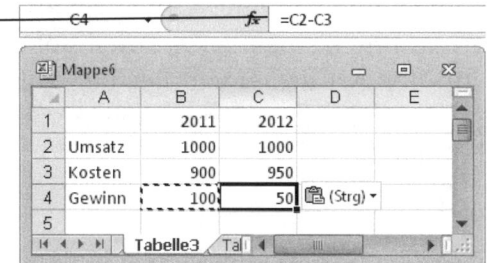

Die Formel wird beim Kopieren also an ihre neue Position angepasst. Ein derartiges Verhalten ist typisch, wenn Sie bei der Eingabe der Formel normale – sogenannte *relative* – Zellbezüge verwendet haben.

Übung 4: Absolute Bezüge

Lernziel 5.3

Microsoft Excel kennt neben dieser relativen Form der Bezüge noch die sogenannten *absoluten* Bezüge, die sich beim Kopieren einer Formel nicht an die neue Position anpassen. Solche Bezüge formulieren Sie, indem Sie zusätzliche $-Zeichen in der Zelladresse verwenden.

1. Aktivieren Sie das Blatt *Tabelle4* und geben Sie in der Zelle *B4* den Ausdruck =*B2-B3* ein. Die Berechnung funktioniert wie gewohnt.

2. Kopieren Sie mit einer der vorher genannten Methoden den Inhalt der Zelle *B4* in die Zelle *C4*. Diesmal findet keine Anpassung statt.

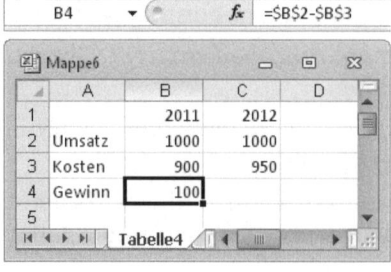
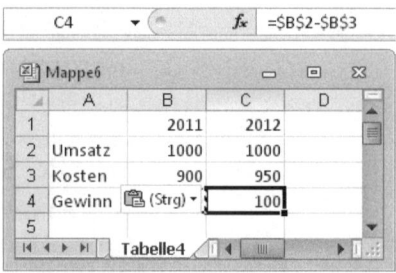

Tipp: Adressen eingeben

Absolute Bezugsadressen können Sie natürlich einfach über die Tastatur eingeben. Außerdem können Sie einen eingegebenen relativen Bezug vor dem Bestätigen in einen absoluten oder einen gemischten Bezug umwandeln, indem Sie direkt nach der Eingabe oder dem Markieren der Zelle die Taste F4 drücken. Haben Sie beispielsweise den relativen Bezug *B2* eingegeben, bewirkt ein erstes Drücken von F4 die Umwandlung in den absoluten Bezug *B2*.

Übung 5: Gemischte Bezüge

Lernziel 5.3

Gemischte Bezüge kombinieren relative und absolute Elemente. Zwei Typen von gemischten Bezügen sind möglich: ein absoluter Spaltenbezug mit einem relativen Zeilenbezug, beispielsweise in der Form *$B2*, und ein relativer Spaltenbezug mit einem absoluten Zeilenbezug, beispielsweise in der Form *B$2*. Beim Kopieren von gemischten Bezügen wird der relative Teil der Adresse an die neue Position angepasst, der absolute Teil bleibt konstant.

1. Aktivieren Sie das Blatt *Tabelle5* und markieren Sie den Bereich *C3:C5*.

2. Kopieren Sie diesen Bereich mit einer der vorher genannten Methoden in den Bereich *E3:E5*. Diesmal findet die Anpassung nur bei den relativen Anteilen der Bezüge statt, die absoluten bleiben in ihrer ursprünglichen Form erhalten.

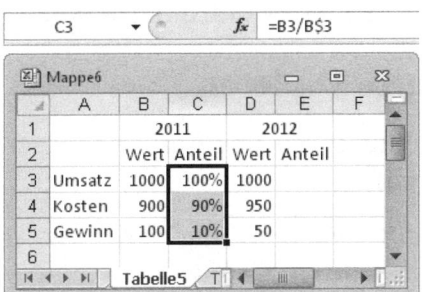
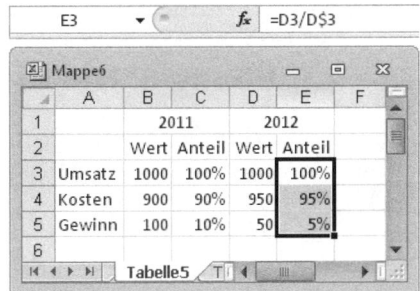

Wollen Sie beispielsweise den relativen Bezug *B2* in einen gemischten Bezug mit relativer Spaltenadresse und absoluter Zeilenadresse umwandeln, drücken Sie nach der Eingabe zweimal ⌊F4⌋. Damit erhalten Sie *B$2*. Wollen Sie die Form des gemischten Bezugs umkehren, drücken Sie nochmals ⌊F4⌋. Das erzeugt *$B2*. Ein weiteres Drücken von ⌊F4⌋ schaltet wieder um zu einem relativen Bezug.

Inhalte einfügen

Lernziel 2.1

Noch mehr Möglichkeiten stehen Ihnen zur Verfügung, wenn Sie auf der Registerkarte *Start* in der Gruppe *Zwischenablage* den Befehl *Inhalte einfügen* in der Liste zur Schaltfläche *Einfügen* benutzen. So können Sie bestimmte Attribute der kopierten Daten verwenden oder eine mathematische Operation auf die kopierten Daten anwenden.

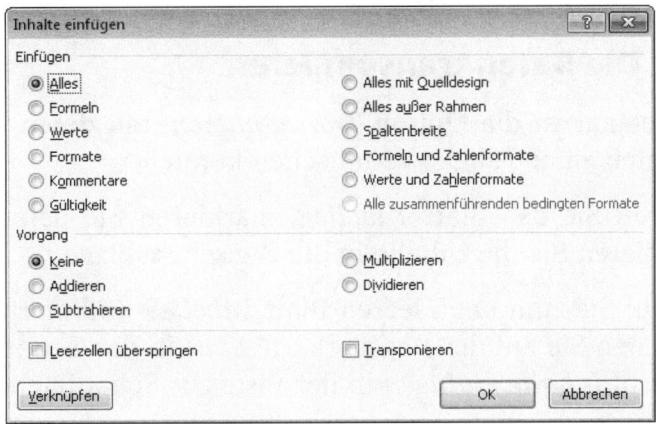

■ Im oberen Bereich des Dialogfeldes können Sie festlegen, was von den kopierten oder ausgeschnittenen Daten eingefügt werden soll. Sie können hier beispielsweise wählen, ob Sie aus der Zwischenablage alle Inhalte, nur die Text-, Zahlen- und Formeleingaben oder bestimmte *Formate* übernehmen wollen.

■ Die zweite Optionsgruppe unter der Überschrift *Vorgang* ermöglicht zusätzliche Operationen der kopierten oder ausgeschnittenen Zahlenwerte mit anderen Werten. Wenn sich in dem Bereich, in dem die Daten eingefügt werden sollen, bereits Zahlenwerte befinden, können Sie die einzufügenden zu den bereits vorhandenen addieren, von ihnen subtrahieren, damit multiplizieren oder dividieren.

■ In allen Fällen können Sie zusätzlich leere Zeilen eliminieren lassen und/oder Spalten und Zeilen vertauschen. Aktivieren Sie hierzu das beziehungsweise die entsprechenden Kontrollkästchen.

Übung 6: Nur die Werte kopieren

Lernziel 2.1

Statt Formeln können Sie auch nur das Berechnungsergebnis einer Formel – nicht die Formel selbst – einfügen.

1. Aktivieren Sie das Blatt *Tabelle6*, markieren Sie den Zellbereich *B4:C4* und kopieren Sie die Inhalte in die Zwischenablage.

2. Wechseln Sie zum Blatt *Tabelle7*, markieren Sie die Zelle *B2* und wählen Sie auf der Registerkarte *Start* in der Gruppe *Zwischenablage* den Befehl *Inhalte einfügen* in der Liste zur Schaltfläche *Einfügen*.

3. Wählen Sie die Option *Werte* und bestätigen Sie über *OK*. An der Zielstelle wird das Berechnungsergebnis der Formel aus der Zwischenablage eingefügt.

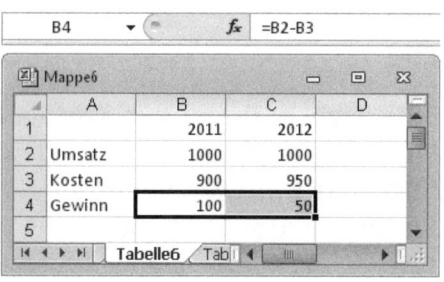
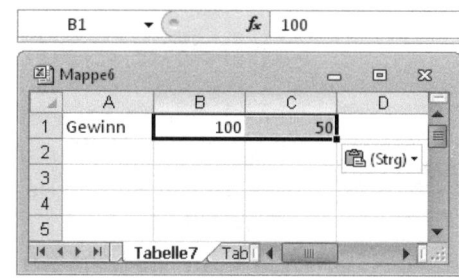

Übung 7: Die Daten transponieren

Lernziel 2.1

Auch interessant ist die Option *Transponieren*, mit deren Hilfe Sie die Spalten und Zeilen einer Tabelle vertauschen können.

1. Aktivieren Sie das Blatt *Tabelle8*, markieren Sie den Zellbereich *A1:C4* und kopieren Sie die Inhalte in die Zwischenablage.

2. Wechseln Sie zum noch leeren Blatt *Tabelle9* und markieren Sie die Zelle *A1*. Wählen Sie auf der Registerkarte *Start* in der Gruppe *Zwischenablage* den Befehl *Inhalte einfügen* in der Liste zur Schaltfläche *Einfügen*.

3. Aktivieren Sie das Kontrollkästchen *Transponieren* und bestätigen Sie mit *OK*. Die Spalten der kopierten Daten werden in Zeilen geändert und umgekehrt.

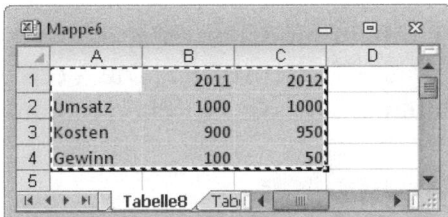
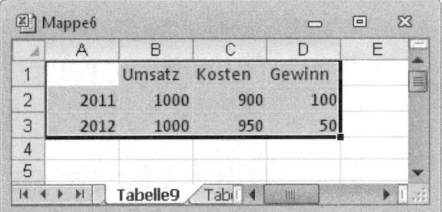

Bereiche mit Daten ausfüllen

Wenn die Zellen, in die kopiert werden soll, direkt neben, unter oder über den Zellen liegen, die kopiert werden sollen, können Sie den Kopierprozess einfacher gestalten, indem Sie die automatische Ausfüllfunktion nutzen.

Übung 8: Bereichsformel einfügen

Lernziel 2.2

Besonders dann, wenn benachbarte Zellen eine identische Formelstruktur aufweisen sollen, spart der Einsatz der Funktion *AutoAusfüllen* einige Arbeit. Diese Funktion ermöglicht das Ausfüllen von Zellen allein durch Ziehen mit der Maus.

1. Aktivieren Sie das Blatt *Tabelle10* und markieren Sie die Zelle *B4*, deren Formelinhalt in den Bereich *C4:H4* übertragen werden soll.

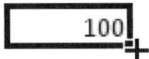

2. Positionieren Sie den Zeiger auf dem Ausfüllkästchen – das schwarze Quadrat in der rechten unteren Ecke der Auswahl. Der Zeiger wechselt zur Form eines Kreuzes.

3. Ziehen Sie mit gedrückter Maustaste über den Bereich, der mit Daten ausgefüllt werden soll. Lassen Sie abschließend die Maustaste los.

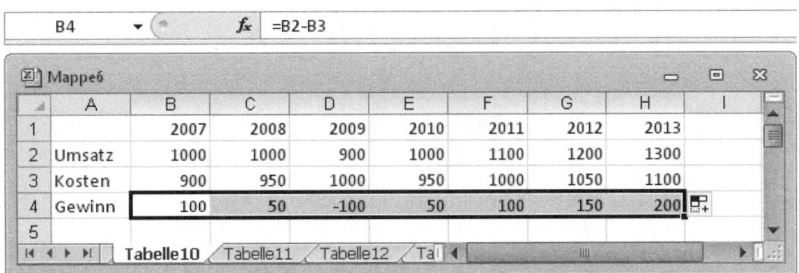

Auto-Ausfülloptionen

Lernziel 2.2

Die Schaltfläche *Auto-Ausfülloptionen* wird danach unmittelbar unterhalb der Füllauswahl angezeigt. Wenn Sie auf die Schaltfläche klicken, wird eine Optionsliste angezeigt, die Optionen für den Umgang mit dem Text oder den Daten beim Ausfüllen enthält:

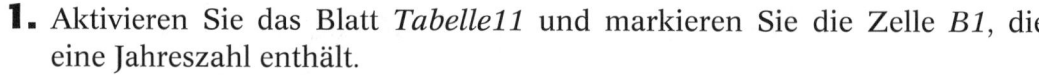

Zellen kopieren benutzt Inhalte und Formate; alternativ können Sie nur die Formate oder nur die Inhalte fortschreiben. Die Verfügbarkeit der Optionen hängt vom Inhalt der Daten ab, die Sie einfüllen möchten.

Übung 9: Daten fortschreiben

Lernziel 2.2

Sie können mit dieser Methode auch Werte fortschreiben – beispielsweise können Sie damit eine Zeile schnell mit Jahreszahlen füllen.

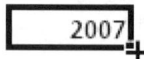

1. Aktivieren Sie das Blatt *Tabelle11* und markieren Sie die Zelle *B1*, die eine Jahreszahl enthält.

2. Positionieren Sie den Zeiger auf dem Ausfüllkästchen – das schwarze Quadrat in der rechten unteren Ecke der Auswahl. Der Zeiger wechselt zur Form eines Kreuzes.

3. Halten Sie die Taste ⌈Strg⌋ gedrückt, drücken Sie die Maustaste und ziehen Sie dann über den Bereich, der mit Daten ausgefüllt werden soll. Ein zusätzliches Pluszeichen wird dabei neben dem Ausfüllen-Mauszeiger angezeigt und eine *QuickInfo* zeigt den Wert an, der in die aktuell markierte Zelle eingegeben wird.

Hier zeigt die QuickInfo an, welcher Wert in der Zelle *H1* erscheinen wird

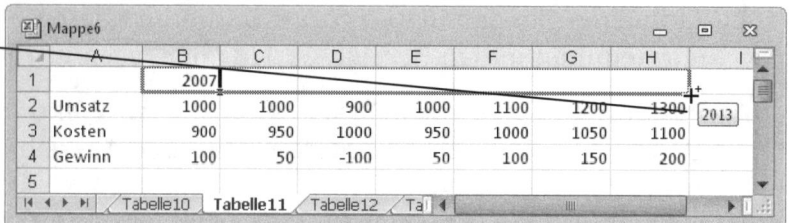

4. Lassen Sie abschließend die Maustaste los. Der Bereich wird mit fortlaufenden Jahreszahlen gefüllt.

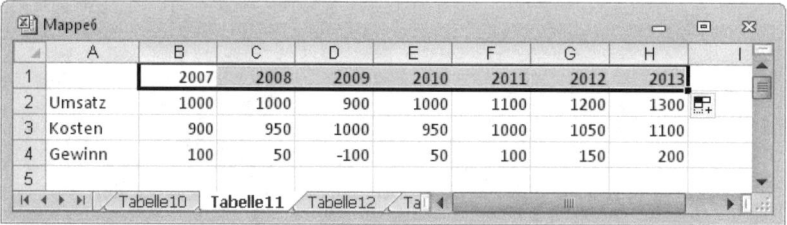

Beachten Sie bei dieser Form der Dateneingabe folgende Punkte:

- Wenn Sie auf diese Weise Texteingaben fortschreiben, werden diese nur kopiert, sofern sie nicht als *Benutzerdefinierte Listen* in der Kategorie *Erweitert* im Dialogfeld *Excel-Optionen* als Element einer Reihe aufgelistet sind. Beispielsweise sind darin Textangaben für Monate und Wochentage bereits notiert; wenn Sie beispielsweise die Zelleingabe *Montag* auf diese Weise fortschreiben, werden automatisch die Namen der folgenden Wochentage – *Dienstag, Mittwoch* usw. – erzeugt.

- Zahlenwerte, Datums- und kombinierte Angaben werden fortgeschrieben. Zahlenwerte werden um den Wert 1 erhöht. Datumsangaben werden jeweils um einen Tag erhöht. Uhrzeitangaben werden um eine Stunde erhöht. Bei aus Texten und Zahlenwerten kombinierten Angaben wird der Zahlenteil um jeweils 1 erhöht.

Ausfüllen über Befehlsschaltfläche

Lernziel 2.2

Alternativ können Sie zum Ausfüllen mit der Liste zur Schaltfläche *Füllbereich* in der Gruppe *Bearbeiten* der Registerkarte *Start* arbeiten, die zusätzliche Optionen bereithält. Wenn Sie darin beispielsweise die Option *Reihe* wählen, können Sie in dem dann angezeigten Dialogfeld die Parameter für die Fortschreibung einer Zahlenreihe angeben.

Unter *Typ* geben Sie die Art der Fortschreibung an. Sie legen damit fest, um welchen Wert die Daten von Feld zu Feld verändert werden sollen:

- *Linear* bedeutet, dass der Wert von Zelle zu Zelle um einen konstanten Wert geändert wird. Die Reihe 1, 2, 3, 4, 5 usw. ist eine lineare Reihe. Den Wert, um den die Reihe geändert werden soll, legen Sie im Feld *Inkrement* fest. Alternativ können Sie hier auch den Wert für das letzte Feld der Reihe im Feld *Endwert* eingeben. Das *Inkrement* wird dann automatisch errechnet.

- Mit *Geometrisch* geben Sie an, dass die Reihe einer geometrischen Struktur *folgen* soll. Solche Reihen vervielfachen den Wert von einem Element zum nächsten – beispielsweise ist 1, 2, 4, 8, 16 usw. eine geometrische Reihe.

- Wenn Sie die Option *Datum* aktivieren, müssen Sie im Gruppenfeld *Zeiteinheit* eine Einheit wählen. Auf diese Weise können Sie einen Datumswert tageweise, monatsweise oder jahresweise fortschreiben. Die Option *Wochentag* bedeutet hier, dass nur die Tage von Montag bis Freitag benutzt werden. Auch hier können Sie ein Inkrement angeben – beispielsweise 3, wenn nur jeder dritte Monat in der Reihe verwendet werden soll.

Zellbereiche einfügen und löschen

Falls Sie zwischen Zellen, in die Sie bereits Daten eingegeben haben, zusätzliche Eingaben vornehmen wollen, brauchen Sie die vorhandenen Eingaben nicht zu verschieben. Sie können stattdessen Spalten, Zeilen, einzelne Zellen oder Zellbereiche in die Tabelle einfügen. Nicht benötigte Bereiche können Sie auch löschen.

Übung 10: Spalten oder Zeilen löschen

Wie Sie Eingaben in Zellen löschen, wissen Sie schon. Anstatt nur die Inhalte von Zellbereichen zu löschen, können Sie Zellbereiche – beispielsweise ganze Spalten oder Zeilen – auch vollständig entfernen.

1. Aktivieren Sie das Blatt *Tabelle12* und markieren Sie zunächst den Zellbereich, den Sie löschen wollen – beispielsweise die Spalte *B*.

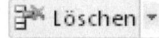

2. Wählen Sie auf der Registerkarte *Start* in der Gruppe *Zellen* in der Liste zur Schaltfläche *Löschen* oder im Kontextmenü den Befehl *Zellen löschen*. Da Sie vorher die ganze Spalte markiert hatten, wird diese ohne weitere Nachfrage entfernt. Die rechts von der Spalte vorhandenen Daten werden nach links verschoben.

Die Werte aus der Spalte *C* stehen nach dem Löschen in Spalte *B*, Formeln werden angepasst

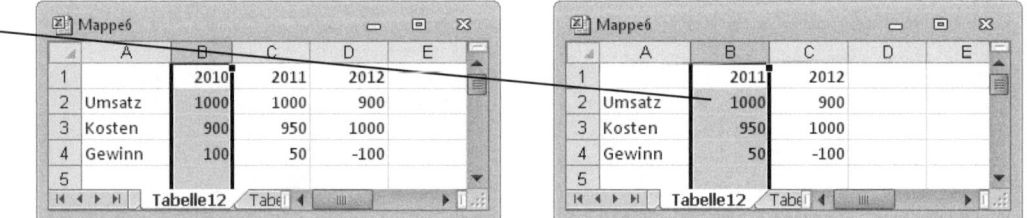

Denken Sie daran, dass Formeln und Funktionen mit Bezügen, die sich auf eine gelöschte Zelle beziehen, nach dem Löschen andere – häufig falsche – Werte oder Fehlermeldungen aufweisen.

Übung 11: Zeilen und Spalten einfügen

Falls Sie zwischen vorhandenen Eingaben weitere Zellen benötigen, können Sie leere Bereiche zwischen diesen erzeugen. Relativ einfach ist es, für diese Zwecke Spalten oder Zeilen einzufügen. Damit werden die rechts beziehungsweise darunter vorhandenen Eingaben verschoben. Die Bezüge von eventuell darin vorhandenen Formeln werden aber automatisch angepasst. Das gilt für absolute und auch für relative Bezüge.

1. Aktivieren Sie das Blatt *Tabelle13* und markieren Sie die Spalte(n) oder Zeile(n), vor der/denen die neue(n) Spalte(n) beziehungsweise Zeile(n) eingefügt werden soll(en) – beispielsweise die Spalte *B*, um hier eine neue Spalte zu erstellen.

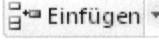

2. Wählen Sie dann auf der Registerkarte *Start* in der Gruppe *Zellen* in der Liste zur Schaltfläche *Einfügen* den Befehl *Blattspalten einfügen*. Eine neue Spalte wird links von der Markierung eingefügt. Wollen Sie eine Zeile einfügen, verwenden Sie *Blattzeilen einfügen*.

Die Daten aus Spalte *B* stehen jetzt in der Spalte *C*

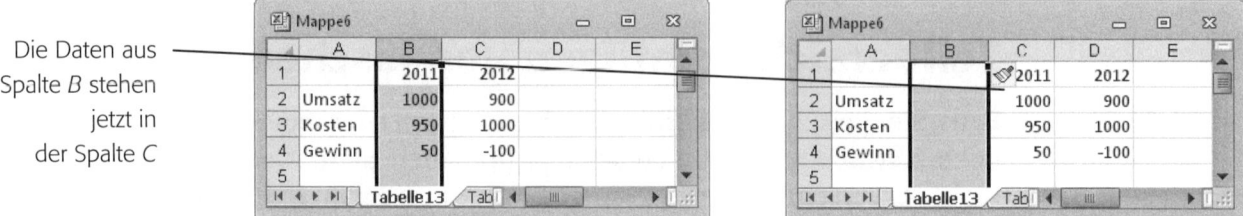

Tipp: Einfügen über die Maus

Bei der Arbeit über die Maus markieren Sie die Spalte oder Zeile, nach der die neue(n) Spalten(n) oder Zeile(n) eingefügt werden soll(en) und platzieren dann den Mauszeiger auf dem entsprechenden Ausfüllkästchen. Halten Sie die Taste ⟨⇧⟩ gedrückt und verschieben Sie die Markierung so weit, wie Sie Spalten oder Zeilen einfügen wollen. Lassen Sie dann die Maustaste los. Daraufhin werden entsprechend viel leere Spalten beziehungsweise Zeilen eingefügt.

Einzelne Zellbereiche löschen oder einfügen

Wenn Sie keine ganzen Spalten oder Zeilen löschen oder einfügen wollen, können Sie einzelne Zellen oder Zellbereiche entfernen oder hinzufügen.

- Wenn Sie Zellen löschen wollen, markieren Sie zuerst den zu löschenden Zellbereich. Wählen Sie dann auf der Registerkarte *Start* in der Gruppe *Zellen* in der Liste zur Schaltfläche *Löschen* den Befehl *Zellen löschen*. Das Dialogfeld *Löschen* wird angezeigt, in dem Sie angeben müssen, wie die verbleibenden Zellen verschoben werden sollen. Nach dem Bestätigen über *OK* wird der vorher markierte Bereich entfernt. Die Zellen werden in die gewählte Richtung verschoben. Andere Bereiche der Tabelle werden durch diesen Vorgang nicht beeinflusst.

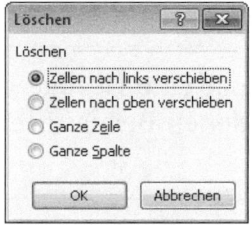 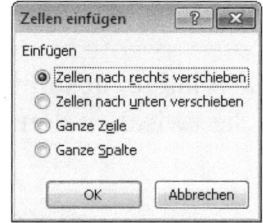

- Wenn Sie Zellen einfügen wollen, markieren Sie einen Zellbereich links oder unterhalb der Stelle, an der die neuen Zellen erscheinen sollen. Wählen Sie dann in der Liste zur Schaltfläche *Einfügen* in der Gruppe *Zellen* der Registerkarte *Start* den Befehl *Zellen einfügen*. Legen Sie fest, wie die bereits vorhandenen Zellen verschoben werden sollen. Nach dem Bestätigen über *OK* werden neue Zellen eingefügt und die anderen werden in die gewählte Richtung verschoben. Auch hier werden andere Bereiche der Tabelle durch diesen Vorgang nicht beeinflusst.

Die Ergebnisse eines solchen Vorgangs entsprechen nicht immer den Erwartungen. Überlegen Sie vorher genau, welche Verschiebung Sie wünschen. Formeln in Zellen, die sich auf die gelöschten Bereiche beziehen, zeigen nach dem Löschen eine Fehlermeldung.

Tipp: Löschen über die Maus

Sie können Zellen auch direkt mithilfe der Maus löschen. Dazu markieren Sie den Bereich und positionieren den Mauszeiger unten rechts auf dem Ausfüllkästchen. Der Zeiger wird daraufhin als Kreuz dargestellt. Drücken Sie ⟨⇧⟩ und ziehen Sie das Ausfüllkästchen nach oben. Der Mauszeiger nimmt daraufhin die Form eines Doppelpfeils an. Lassen Sie dann die Maustaste und die ⟨⇧⟩-Taste los. Die Zellen werden gelöscht und die unterhalb des markierten Bereichs liegenden Zellen werden nach oben verschoben.

Zusammenfassung

Wie Sie gesehen haben, können die in ein Arbeitsblatt eingegebenen Daten auf vielfältige Weise editiert werden: Am häufigsten werden Sie dabei die verschiedenen Formen des Kopierens und Ausschneidens verwenden. Zeilen, Spalten und individuelle Zellbereiche können eingefügt und gelöscht werden.

Wiederholungsfragen

▪ Mit welchen Methoden können Sie Zellbereiche verschieben und kopieren?

▪ Was versteht man unter der Zwischenablage?

▪ Wozu dient die Optionsschaltfläche zum Einfügen?

▪ Was passiert, wenn Sie die Formel =B2-B3 von der Zelle B4 in die Zelle C4 kopieren?

▪ Was sind relative, absolute und gemischte Bezüge und mit welcher Taste können Sie zwischen den verschiedenen Bezugsarten wechseln?

▪ Wie fügen Sie Berechnungsergebnisse ohne Formeln als Zahlenwert ein?

▪ Welche Methoden kennen Sie, um Zellbereich mit Daten oder Formeln zu füllen?

▪ Was versteht man unter einer *Reihe*?

▪ Welche Texteingaben können automatisch fortgeschrieben werden?

▪ Wie löscht man Zellbereiche?

▪ Wie fügt man zusätzliche Zellbereiche ein?

7 Formatieren

Unter dem Begriff *Formatieren* eines Arbeitsblattes versteht man alle Tätigkeiten, die die optische Gestaltung der Tabelle betreffen. Dazu gehören sowohl Angaben für die Form der Anzeige – beispielsweise die Darstellung mit einem Prozent- oder Währungszeichen – als auch solche zu grafischen Fragen – wie beispielsweise die Wahl der Schriftart. Die Zeilenhöhe kann – ebenso wie die Spaltenbreite – geändert werden. Die Einträge in den Zellen können unterschiedlich ausgerichtet oder auch über mehrere Zellen hinweg positioniert werden. Zellbereiche können mit Rahmen und Linien sowie mit Farben und Mustern für den Hintergrund versehen werden. Nicht gewünschte Zeilen und/oder Spalten lassen sich ausblenden.

Lernziele

- Arbeiten mit Designs

- Spalten und Zeilen formatieren

- Individuelle Zellformate einstellen

- Bedingte Formatierung

Eine Arbeitsmappe mit den für diese Lektion notwendigen Grunddaten finden Sie in der Datei **Mappe7**. Öffnen Sie sie für die Arbeit mit dieser Lektion.

Dokumentdesign

Mithilfe eines Dokumentdesigns können Sie eine ganze Tabelle schnell und variabel formatieren. Ein solches Dokumentdesign ist eine Gruppe von Formatierungsoptionen, bestehend aus einer Gruppe von Designfarben, einer Gruppe von Designschriftarten und einer Gruppe von Designeffekten.

Übung 1: Zellenformatvorlage zuweisen

Lernziel 3.6

Damit eine Tabelle auf ein bestimmtes Dokumentdesign reagieren kann, müssen Sie einzelnen Elementen darin unterschiedliche Zellenformatvorlagen zuweisen. Bei Tabellen, auf deren Elemente noch keine Formatvorlagen angewendet wurden, haben verschiedene Designs nur die Auswirkung, dass die verwendete Schrift im gesamten Blatt geändert wird. Das gilt auch für die Bezeichnung in den Spalten- und Zeilenköpfen des Blattes.

1. Aktivieren Sie das Blatt *Tabelle1* und markieren Sie die erste Spalte und erste Zeile. Halten Sie die Taste ⌨Strg gedrückt, während Sie zuerst auf den Zeilenkopf *1* und dann auf den Spaltenkopf *A* klicken.

2. Klicken Sie auf der Registerkarte *Start* in der Gruppe *Formatvorlagen* auf die Schaltfläche *Zellenformatvorlagen*. Die Liste der auf Ihrem Rechner verfügbaren Zellenformatvorlagen wird angezeigt.

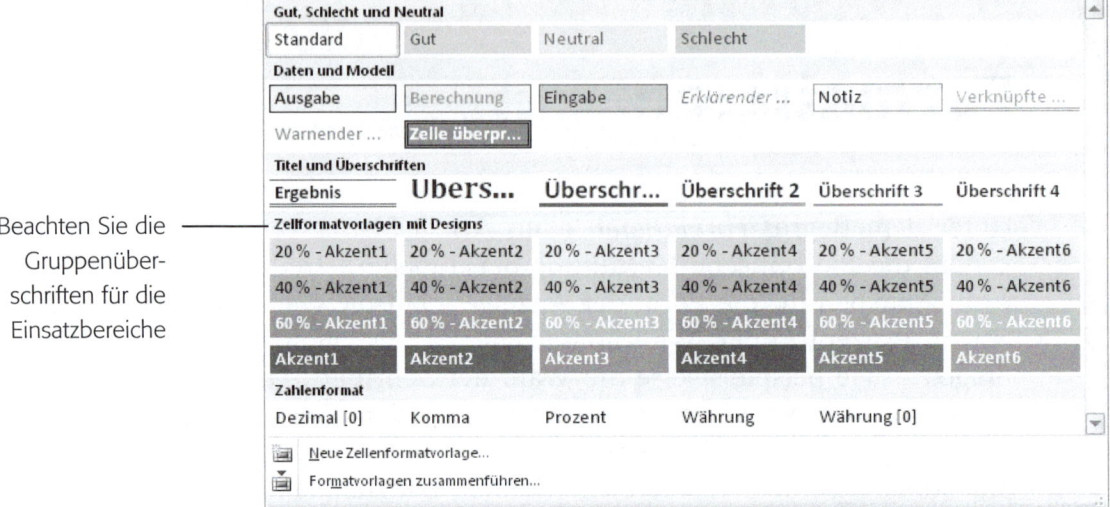

Beachten Sie die Gruppenüberschriften für die Einsatzbereiche

3. Wählen Sie hierin die Option *20% - Akzent1* in der Gruppe *Zellformatvorlagen mit Designs*. Die erste Spalte und die erste Zeile der Tabelle werden entsprechend unterlegt.

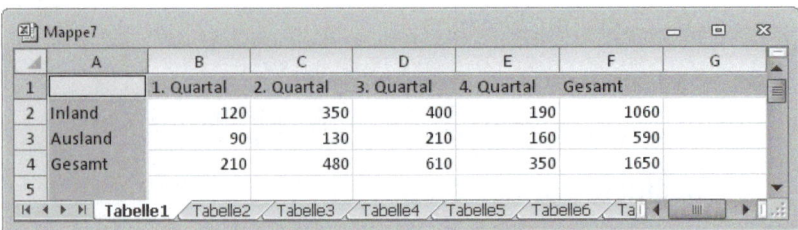

Übung 2: Verschiedene Designs benutzen

Lernziel 3.6

Nachdem Sie bestimmte Elemente einer Tabelle – wie eben gezeigt – durch Zellenformatvorlagen gekennzeichnet haben, können Sie ihr Aussehen schnell ändern, indem Sie ein anderes Design darauf anwenden. Damit können Sie die Darstellung der durch eine Vorlage gekennzeichneten Elemente verändern. Diese Einstellungen betreffen immer die gesamte Arbeitsmappe!

1. Aktivieren Sie *Tabelle2*. Hierin sind bereits die erste Zeile, die erste Spalte und die Elemente der Gewinnzeile mit einer Zellenformatvorlage versehen. Einen besonderen Bereich müssen Sie nicht mehr markieren.

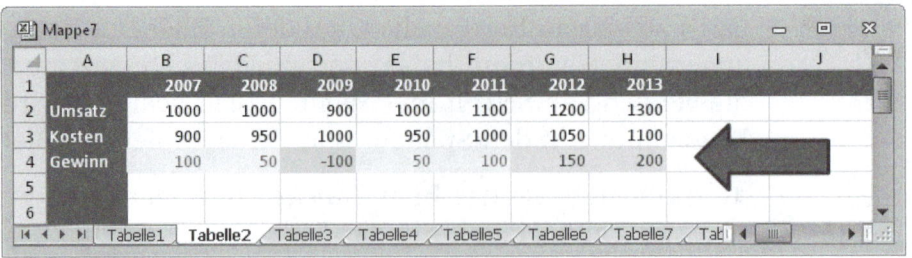

Designs

2. Lassen Sie die Registerkarte *Seitenlayout* im Menüband anzeigen und klicken Sie auf die Schaltfläche *Designs*. Die Liste der auf Ihrem Rechner verfügbaren Designs wird angezeigt.

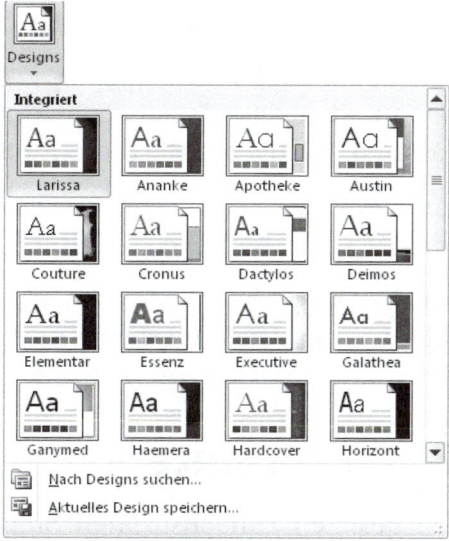

3. Wählen Sie beispielsweise das Design *Papier*. Danach wird das Format für den markierten Bereich übernommen. Beachten Sie die Wahl der anderen Schriftarten, Farben und die geänderte Darstellung des Pfeilsymbols.

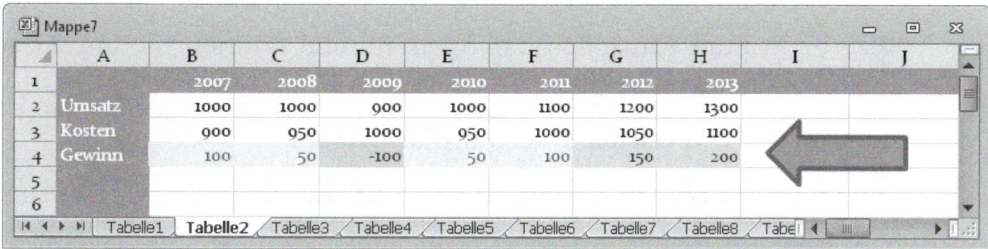

4. Kehren Sie auf dieselbe Weise zum Standarddesign *Larissa* zurück.

Eigene Zellenformatvorlagen erstellen

Lernziel 3.6

Die können auch schnell eigene Zellenformatvorlagen erstellen.

1. Klicken Sie auf der Registerkarte *Start* in der Gruppe *Formatvorlagen* auf die Schaltfläche *Zellenformatvorlagen*.

2. Klicken Sie im Katalog auf *Neue Zellenformatvorlage*. Das zeigt das Dialogfeld *Formatvorlage* an. Stellen Sie darin die gewünschten Formate ein.

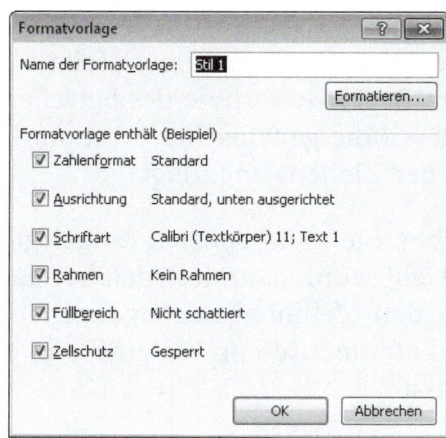

Formatieren

- Geben Sie der Vorlage einen geeigneten Namen.

- Klicken Sie auf die Schaltfläche *Formatieren*. Das zeigt das Dialogfeld *Zellen formatieren* an, über das Sie auf sechs Registerkarten sämtliche Formate regeln können. Bestätigen Sie diese Einstellungen über *OK*.

- Im Dialogfeld *Formatvorlage* können Sie auch bestimmen, welche der eingestellten Elemente in der Vorlage enthalten sein sollen.

3. Bestätigen Sie über *OK*. Die gerade erstellte Vorlage ist dann über den Katalog zur Schaltfläche *Zellenformatvorlagen* in der Gruppe *Formatvorlagen* der Registerkarte *Start* unter *Benutzerdefiniert* verfügbar.

Zeilen- und Spaltenformate

Microsoft Excel-Tabellen besitzen zunächst einen Standardwert für die Zeilenhöhe und die Spaltenbreite. Sie können diese Standardwerte direkt über die Maus oder mithilfe von Befehlen an die speziellen Erfordernisse der Spalten und Zeilen anpassen.

Übung 3: Spaltenbreite und Spaltenhöhe einstellen

Zum Einstellen der Spaltenbreite können Sie am einfachsten direkt mit der Maus arbeiten.

1. Wechseln Sie zum Blatt *Tabelle3*.

2. Setzen Sie den Mauszeiger auf die rechte Begrenzungslinie des Kopfes der Spalte, deren Breite Sie verändern wollen – beispielsweise Spalte *A*.

3. Halten Sie die Maustaste gedrückt und ziehen Sie dann waagerecht in die gewünschte Richtung. Der neue Wert für die Breite wird während des Ziehens angezeigt. Sie können mit diesem Verfahren auch Spalten und Zeilen ausblenden, indem Sie eine Breite bzw. Höhe von *0* einstellen.

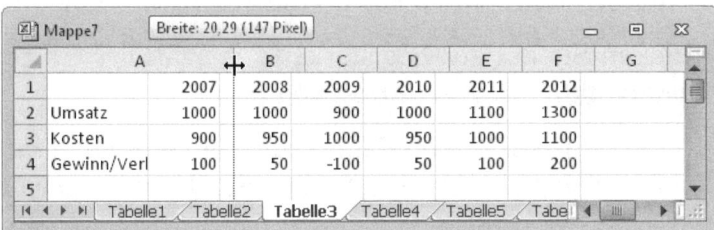

4. Entsprechend können Sie die Höhe einer Zeile über die Maus ändern: Ziehen Sie die untere Begrenzungslinie des betreffenden Zeilenkopfes bei gedrückter Maustaste an die gewünschte Position. Der neue Wert für die Höhe wird während des Ziehens angezeigt.

Tipp:
Die Schriftgröße
ändert die
Zeilenhöhe

Bei Spalten, deren Höhe Sie nicht speziell festgelegt haben oder die auf optimale Höhe eingestellt wurden, ändert sich bei der Wahl eines größeren Schriftgrades für den Zellinhalt automatisch die Zeilenhöhe. Die Höhe einer Zeile wird automatisch an die größte in dieser Zeile verwendete Schriftart angepasst.

Übung 4: Optimale Maße einstellen

Eine Tabelle nimmt den kleinsten Raum ein, wenn Sie die optimalen Einstellungen verwenden. Dabei wird die Zeilenhöhe so geändert, dass der Zellinhalt mit dem größten Schriftgrad vollständig angezeigt wird. Noch wichtiger ist, dass die Spaltenbreite an der Zelle mit dem längsten Eintrag ausgerichtet wird. Sie können diese Werte direkt über die Maus einstellen.

1. Doppelklicken Sie auf die rechte Begrenzungslinie des betreffenden Spaltenkopfes – beispielsweise auf die Linie zwischen den Spalten *A* und *B*.

Doppelklicken Sie hier, um die Breite der Spalte *A* optimal einzustellen

	A	B	C	D	E	F	G	H
1		2007	2008	2009	2010	2011	2012	
2	Umsatz	1000	1000	900	1000	1100	1300	
3	Kosten	900	950	1000	950	1000	1100	
4	Gewinn/Verlust	100	50	-100	50	100	200	
5								

2. Entsprechend können Sie auch eine Zeilenhöhe optimal einstellen: Doppelklicken Sie auf die Linie unterhalb des Zeilenkopfes der Zeile, für die Sie die Einstellung vornehmen wollen.

Tipp: Mehrere Spalten/Zeilen ändern

Um die Höhe oder Breite benachbarter Zeilen oder Spalten zu ändern, markieren Sie diese vorher gemeinsam. Ziehen Sie dann die rechte Begrenzungslinie des Spaltenkopfes, um die Breite zu ändern, oder die untere Begrenzungslinie des Zeilenkopfes, um die Höhe zu ändern.

Befehle im Menüband verwenden

Sie können diese Einstellungen auch über Dialogfelder regeln. Markieren Sie zuerst die zu formatierende Spalte oder Zeile. Öffnen Sie dann auf der Registerkarte *Start* in der Gruppe *Zellen* die Liste zur Schaltfläche *Format*.

■ Über die Befehle *Zeilenhöhe* und *Spaltenbreite* können Sie die Maße für den markierten Bereich über zwei kleine Dialogfelder einstellen. Die Zeilenhöhe wird in Punkt angegeben. Ein Punkt entspricht 0,35 mm. Bei einer Eingabe von *0* wird die Spalte ausgeblendet. Die Spaltenbreite wird in Zeichen gemessen. Zugelassen sind Spaltenbreiten zwischen 0 und 255. Bei einer Breite von *0* wird die Spalte ausgeblendet.

■ Der Befehl *Zeilenhöhe automatisch anpassen* stellt die Höhe so ein, dass die größte in dieser Zeile verwendete Schrift vollständig dargestellt wird. Bei einem Schriftgrad von 10 Punkt wird beispielsweise eine Zeilenhöhe von 12,75 Punkt gewählt: 12 Punkt für die Zeile selbst und 0,75 Punkt für das Gitternetz.

■ *Spaltenbreite automatisch anpassen* sorgt dafür, dass die Breite der Spalte so angepasst wird, dass der längste Eintrag in der Spalte vollständig angezeigt wird.

■ Mit dem Befehl *Standardbreite* setzen Sie alle Spalten des Arbeitsblattes, deren Breite Sie nicht vorher manuell festgelegt hatten, auf einen bestimmten Wert, den Sie in einem Dialogfeld angeben müssen.

Übung 5: Spalten und Zeilen ausblenden

Lernziel 3.4

Wenn die Anzeige der Inhalte von bestimmten Zeilen oder Spalten nicht notwendig ist, können Sie diese ausblenden (und bei Bedarf wieder einblenden). Der Inhalt ausgeblendeter Zeilen oder Spalten bleibt aber weiterhin vorhanden und wird bei entsprechenden Berechnungen mit berücksichtigt.

1. Markieren Sie die entsprechende Zeile(n) oder Spalte(n) – beispielsweise die Spalte *F* im Blatt *Tabelle4*.

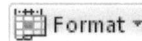

2. Zum Ausblenden einer Spalte wählen Sie den Befehl *Spalten ausblenden* im Untermenü zu *Ausblenden & Einblenden* in der Liste zur Schaltfläche *Format* (Registerkarte *Start*, Gruppe *Zellen*). Dass eine Spalte ausgeblendet ist, erkennen Sie an dem fehlenden Buchstaben und dem etwas dickeren Trennstrich zwischen den benachbarten Spaltenköpfen.

Diese Trennlinie verschwindet, sobald Sie eine andere Stelle markieren

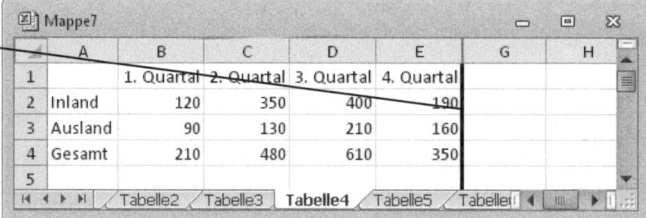

3. Entsprechend wählen Sie zum Ausblenden einer Zeile den Befehl *Zeilen ausblenden* im Untermenü zu *Ausblenden & Einblenden* in der Liste zur Schaltfläche *Format*. Dass eine Zeile ausgeblendet ist, erkennen Sie an der fehlenden Zeilennummer und dem etwas dickeren Trennstrich zwischen den benachbarten Zeilenköpfen.

Tipp:
Mit der Maus

Sie können Zeilen und Spalten auch ausblenden, indem Sie die Höhe beziehungsweise Breite mit der Maus auf den Wert *0* einstellen. Positionieren Sie den Mauszeiger auf die breite Markierung im Spalten- oder Zeilenkopf und ziehen Sie diese dann nach rechts beziehungsweise unten, um das Element wieder einzublenden.

Spalten und Zeilen wieder einblenden

Lernziel 3.4

Um eine ausgeblendete Zeile oder Spalte wieder einzublenden, markieren zuerst Sie die beiden Nachbarzeilen beziehungsweise -spalten.

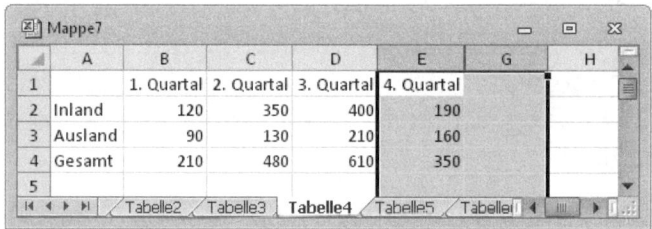

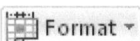

Wählen Sie dann *Zeilen einblenden* oder *Spalten einblenden* im Untermenü zum Befehl *Ausblenden & Einblenden* in der Liste zur Schaltfläche *Format*. Blenden Sie auf diese Weise die in der vorherigen Übung ausgeblendeten Spalten/Zeilen wieder ein.

Zellenformate

Sie können immer für einzelne Zellen oder Bereiche auch individuelle Formate einstellen. Für eine individuelle Formatierung einzelner Zellen oder Zellbereiche benutzen Sie auf der Registerkarte *Start* die Gruppen *Schriftart*, *Ausrichtung* und *Zahl*. Alternativ können Sie das gewünschte Format auch in der Minisymbolleiste wählen, die angezeigt wird, wenn Sie mit der rechten Maustaste auf einen Bereich klicken. In dieser Minisymbolleiste finden Sie Schaltflächen für die wichtigsten Formateinstellungen.

Formate übertragen

Lernziel 3.1

Gleich zu Beginn sollten Sie wissen, dass Sie die für eine Zelle eingestellten Formate schnell auf andere Zellen oder Zellbereiche übertragen können. Das erspart eine Menge Eingabearbeit, wenn Sie mehrere Formatbefehle auf eine Zelle angewendet haben.

- Markieren Sie die Zelle mit dem gewünschten Format und klicken Sie dann auf die Schaltfläche *Format übertragen* in der Gruppe *Zwischenablage* der Registerkarte *Start* oder in der Minisymbolleiste.

- Klicken Sie anschließend mit dem Pinselmauszeiger auf die Zelle oder markieren Sie den Bereich, auf den Sie das Format übertragen wollen.

Übung 6: Schriftart und -größe einstellen

Lernziel 3.1

Die wesentlichsten Schriftparameter können Sie über die entsprechenden Schaltflächen auf der Registerkarte *Start* in der Gruppe *Schriftart* einstellen.

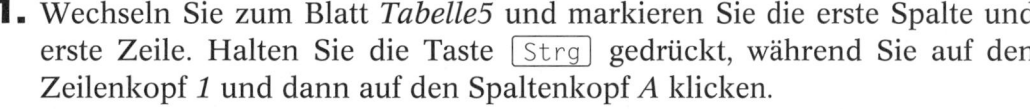

1. Wechseln Sie zum Blatt *Tabelle5* und markieren Sie die erste Spalte und erste Zeile. Halten Sie die Taste [Strg] gedrückt, während Sie auf den Zeilenkopf *1* und dann auf den Spaltenkopf *A* klicken.

2. Stellen Sie über das Listenfeld *Schriftart* in der Gruppe *Schriftart* die Schrift *Arial Black* ein. Klicken Sie dazu auf die Schaltfläche mit der nach unten gerichteten Pfeilspitze und wählen Sie die Schriftart durch einen Klick auf den betreffenden Eintrag in der Liste aus.

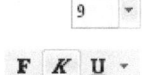

3. Stellen Sie über das Listenfeld *Schriftgrad* die Größe *9* ein.

4. Stellen Sie für den markierten Bereich durch einen Klick auf die Schaltfläche *Kursiv* den entsprechenden Schriftschnitt ein.

Die gewählten Einstellungen werden im Arbeitsblatt angezeigt.

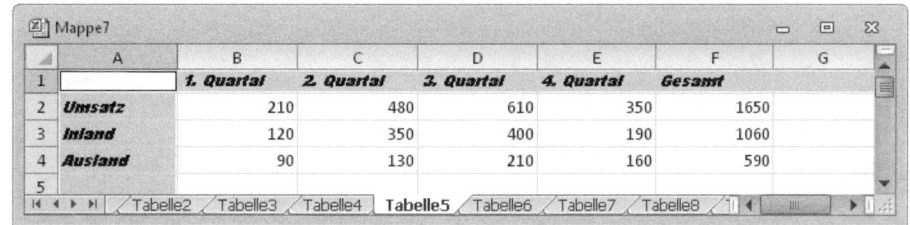

Eine Vielzahl von zusätzlichen Schriftparametern können Sie über die Registerkarte *Schrift* im Dialogfeld *Zellen formatieren* einstellen. Klicken Sie zur Anzeige auf die kleine Schaltfläche mit dem Pfeil rechts unten in der Gruppe *Schriftart*. Die Registerkarte *Schrift* im Dialogfeld *Zellen formatieren* wird angezeigt. Beachten Sie, dass Sie hier auch spezielle Formate finden, die Sie nicht über die Schaltflächen im Menüband oder der Minisymbolleiste ansprechen können. Hier wird die Wirkung der Einstellungen im Feld *Vorschau* angezeigt.

Übung 7: Ausrichtung in der Zelle festlegen

Lernziel 3.1

Standardmäßig werden in einer Zelle Textwerte linksbündig, Zahlenwerte rechtsbündig und Wahrheitswerte zentriert ausgerichtet. Sie können diese Voreinstellungen über drei Schaltflächen auf der Registerkarte *Start* in der Gruppe *Ausrichtung* ändern.

1. Bleiben Sie bei *Tabelle5* und markieren Sie zunächst den zu formatierenden Zellbereich – beispielsweise die Zeile *1*.

 **2.** Klicken Sie auf die Schaltfläche *Rechtsbündig*, um die Texteintragungen in dieser Zeile entsprechend auszurichten.

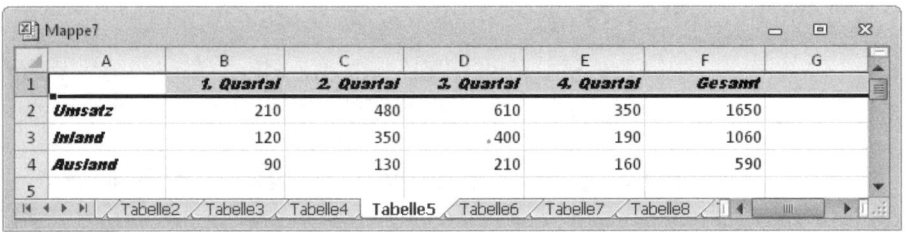

Übung 8: Einzug erstellen

Lernziel 3.1

Neben der grundsätzlichen Ausrichtung können Sie Zellen auch mit einem Einzug versehen. Das empfiehlt sich beispielsweise, wenn Sie Zeilenbezeichnungen als Unterelemente kennzeichnen wollen.

1. Markieren Sie den Bereich *A3:A4* in *Tabelle5*.

 2. Klicken Sie in der Gruppe *Ausrichtung* auf die Schaltfläche *Einzug vergrößern*. Die Eintragungen werden nun vom linken Rand eingerückt. Ein zusätzlicher Klick auf diese Schaltfläche vergrößert den Einzug weiter.

Ein Einzug kann Unterpunkte kennzeichnen

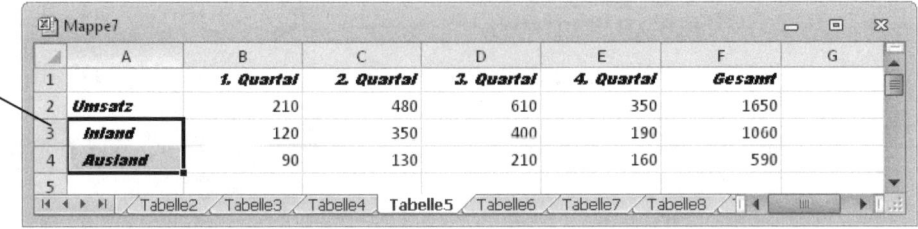

 Durch Klicken auf die Schaltfläche *Einzug verkleinern* können Sie einen vorhandenen Einzug wieder reduzieren beziehungsweise aufheben.

Übung 9: Texteintragungen spaltenförmig darstellen

Lernziel 3.1

Wenn Sie die Spalten einer Tabelle möglichst schmal halten wollen, können Sie breite Spaltenüberschriften auch vertikal anzeigen lassen.

1. Bleiben Sie bei *Tabelle5* und markieren Sie darin den Bereich *B1:F1* mit den Spaltenüberschriften.

2. Klicken Sie in der Gruppe *Ausrichtung* auf die Schaltfläche *Ausrichtung*. Das öffnet eine Liste, über deren Optionen Sie die Anordnung der Eintragungen festlegen können.

3. Wählen Sie die Option *Gegen den Uhrzeiger drehen*. Die Spaltenüberschriften werden schräg dargestellt. Das erlaubt eine etwas geringere Spaltenbreite.

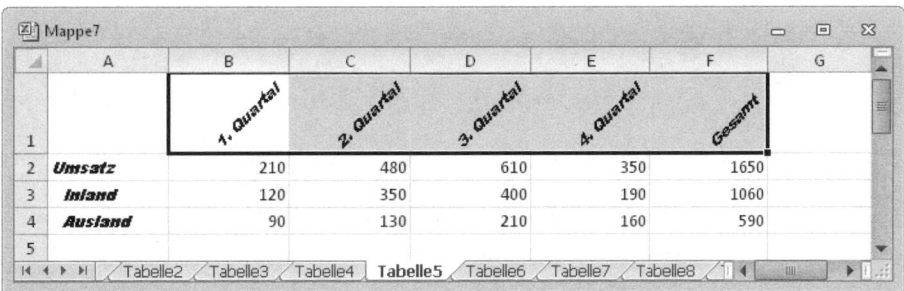

4. Testen Sie noch weitere Formen der Ausrichtung aus. Beispielsweise bewirkt die Option *Text nach oben drehen* eine senkrechte Darstellung.

Tipp: Weitere Einstellungen

Die Wahl von *Zellenausrichtung formatieren* öffnet die Registerkarte *Ausrichtung* des Dialogfeldes *Zellen formatieren*, auf der Sie im Feld *Ausrichtung* die gewünschte Drehung für den Text einstellen können.

Übung 10: Zeilenumbruch

Lernziel 3.1

Wenn Ihre Tabelle über einige lange Texteintragungen verfügt, Sie aber die Spaltenbreite klein halten wollen, können Sie auch mit Zeilenumbrüchen arbeiten.

1. Markieren Sie zuerst die Zelle(n), für die Sie den Umbruch durchführen wollen – in *Tabelle3* beispielsweise die Zelle *A4*. Reduzieren Sie zuerst die Spaltenbreite wieder so, dass der Text in Zelle *A4* abgeschnitten wird.

2. Klicken Sie in der Gruppe *Ausrichtung* auf die Schaltfläche *Zeilenumbruch*.

Hier wird der Text umbrochen

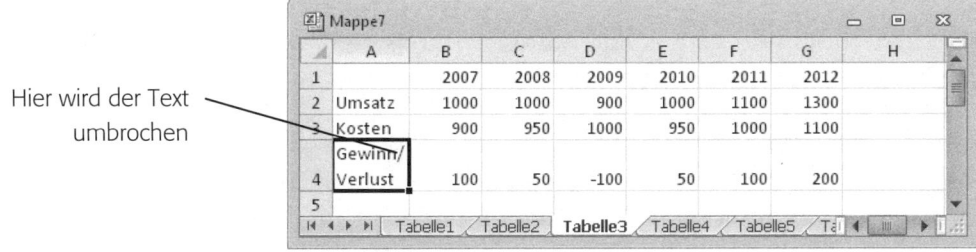

Übung 11: Zellen verbinden

Lernziel 3.2

Mehrere nebeneinander oder übereinander liegende Zellen können zu einer einzelnen Zelle verbunden werden. Sie können diese Technik beispielsweise für die Gestaltung gemeinsamer Überschriften einsetzen. Dafür verwenden Sie auf der Registerkarte *Start* in der Gruppe *Ausrichtung* den Katalog zur Schaltfläche *Verbinden und zentrieren*. Sie finden darin vier Optionen:

- *Verbinden und zentrieren*: Vereinigt die markierten Zellen zu einer einzelnen. Nur die linke (obere) Zelle darf vor Ausführung des Befehls einen Eintrag beinhalten. Der Inhalt der linken (oberen) Zelle wird anschließend zentriert angezeigt.

- Die nächsten beiden Optionen vereinigen die markierten Zellen zu einer einzelnen, ohne den Eintrag zu zentrieren. Der Unterschied zeigt sich nur, wenn Sie einen Bereich markiert haben, der aus mehreren Zeilen und Spalten besteht:

  - *Verbinden über*: Erzeugt für jede markierte Zeile eine vereinigte Zelle.

  - *Zellen verbinden*: Vereinigt alle markierten Zellen zu einer einzelnen.

- *Zellverbund aufheben*: Hebt eine vorher erstellte Verbindung auf. Diese müssen Sie vorher markieren.

Achtung: Nur eine Zelle darf besetzt sein

Stellen Sie sicher, dass sich die Daten, die in der verbundenen Zelle angezeigt werden sollen, in der linken oberen Zelle des markierten Bereichs befinden. Nur die Daten in der linken oberen Zelle verbleiben in der verbundenen Zelle. Die Daten der anderen Zellen im markierten Bereich werden gelöscht.

1. Markieren Sie die Zellen, die Sie vereinigen wollen – in *Tabelle6* beispielsweise den Bereich *B1:F1*.

2. Klicken Sie in der Gruppe *Ausrichtung* auf die Schaltfläche *Verbinden und zentrieren*. Die Zellen werden zu einer vereinigt und der vorher in Zelle *B1* vorhandene Eintrag wird in diesem Bereich zentriert dargestellt.

Diese verbundene Zelle dient hier als gemeinsame Überschrift

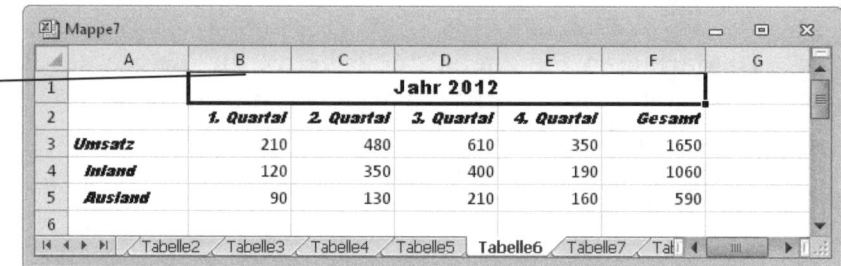

	A	B	C	D	E	F	G
1				Jahr 2012			
2		*1. Quartal*	*2. Quartal*	*3. Quartal*	*4. Quartal*	*Gesamt*	
3	*Umsatz*	210	480	610	350	1650	
4	*Inland*	120	350	400	190	1060	
5	*Ausland*	90	130	210	160	590	
6							

Durch einen nochmaligen Klick auf *Verbinden und zentrieren* schalten Sie die Wirkung wieder ab, wenn Sie den Bereich vorher markiert hatten.

Tipp: Weitere Einstellungen

Weitere Optionen können Sie über die Registerkarte *Ausrichtung* im Dialogfeld *Zellen formatieren* einstellen. Klicken Sie zur Anzeige des Dialogfeldes auf die kleine Schaltfläche mit dem Pfeil rechts unten in der Gruppe *Ausrichtung* auf der Registerkarte *Start* im Menüband.

Übung 12: Zahlenformate einstellen

Lernziel 3.1

Über die Gruppe *Zahl* der Registerkarte *Start* können Sie das Zahlenformat der vorher markierten Zelle(n) einstellen.

■ Die Grundformate für die Zahlenformate finden Sie in der Liste zum Feld *Zahlenformat*.

■ Weitere Formate *können* Sie einstellen, indem Sie auf die kleine Schaltfläche mit dem Pfeil rechts unten in der Gruppe *Zahl* auf der Registerkarte *Start* im Menüband klicken. Im Dialogfeld *Zellen formatieren* wählen Sie zuerst die Registerkarte *Zahl* und dann links die gewünschte Kategorie. Rechts können Sie dann weitere Feinheiten einstellen.

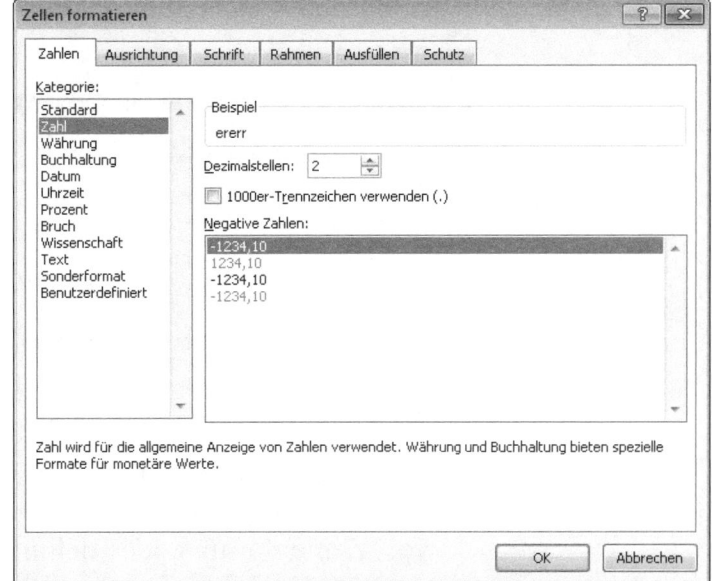

Außerdem beinhaltet die Gruppe *Zahl* noch einige Schaltflächen, über die Sie die wichtigsten Zahlenformate direkt einstellen können. Diese Schaltflächen finden Sie auch in der Minisymbolleiste. Probieren Sie die Wirkung einmal für die wichtigsten dieser Formate aus.

1. Wechseln Sie zum Blatt *Tabelle7*.

2. Die Daten in der Spalte *Betrag* können mit einem Währungssymbol versehen werden. In der Standardeinstellung ist das bei die deutschsprachigen Version das Symbol €. Markieren Sie den zu formatierenden Bereich – beispielsweise *B2:B4* – und klicken Sie in der Gruppe *Zahl* auf die Schaltfläche *Buchhaltungszahlenformat*.

3. Zahlenwerte können als Prozentwerte angezeigt werden. Markieren Sie den zu formatierenden Bereich – beispielsweise *C2:C4* im Blatt *Tabelle8* – und klicken Sie in der Gruppe *Zahl* auf die Schaltfläche *Prozentformat*.

4. Die Anzahl der angezeigten Dezimalstellen können Sie ändern. Behalten Sie die gerade gewählte Markierung bei und klicken Sie in der Gruppe *Zahl* einmal oder mehrfach auf *Dezimalstelle hinzufügen*.

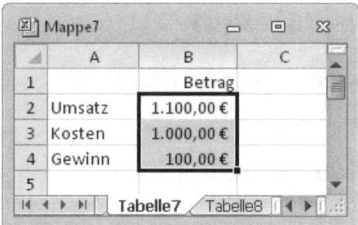 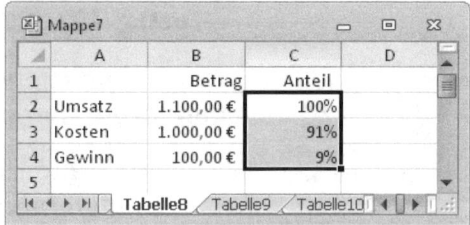

 Über die Schaltfläche *Dezimalstelle löschen* können Sie die Anzahl wieder reduzieren.

Spezielle Feinheiten – wie negative Werte in roter Schrift usw. – können Sie auf der Registerkarte *Zahlen* im Dialogfeld *Zellen formatieren* einstellen. Klicken Sie zur Anzeige des Dialogfeldes auf die kleine Schaltfläche mit dem Pfeil rechts unten in einer der Gruppen zur Formatierung. So eingestellte Formate können Sie anschließend über die Schaltfläche *Format übertragen* auf andere Bereiche übernehmen.

Übung 13: Weitere und benutzerdefinierte Formate

Lernziel 3.1

Neben vielen vordefinierten Zahlenformaten können Sie auch selbst definierte Formate benutzen. Das ermöglicht Ihnen, fast jedes Format für Zahlen sowie Datums- und Uhrzeitangaben zu definieren.

1. Wechseln Sie zum Blatt *Tabelle9* und markieren Sie die Spalte *B*.

2. Öffnen Sie die Liste zum Feld *Zahlenformat* und wählen Sie darin die Option *Mehr*. Die Registerkarte *Zahlen* im Dialogfeld *Zellen formatieren* wird angezeigt. Wählen Sie hier die Kategorie *Benutzerdefiniert*.

3. Sie können unter den aufgelisteten Formaten zunächst den Typ wählen, der Ihren Vorstellungen am nächsten kommt. Das Format wird mithilfe von Zahlenformatcodes definiert. Benutzen Sie die Codes *#, 0* und *?* zur Angabe der Zahlenformate. Einige der hier angezeigten symbolischen Formate bestehen aus zwei oder drei Abschnitten, die jeweils durch ein Semikolon voneinander getrennt sind. Wenn nur zwei Abschnitte angegeben sind, wird der erste Abschnitt für positive Zahlen und Nullen benutzt, der zweite für negative. Ein dritter Abschnitt wird für Nullwerte und Text verwendet.

4. Sie können aber auch selbst einen Typ definieren: Wenn Sie beispielsweise ein Format benutzen wollen, das zum Zahlenwert die Einheit °C hinzufügt, geben Sie im Feld *Typ* den Ausdruck **#,# °C** ein.

5. Bestätigen Sie anschließend. Die Werte werden entsprechend formatiert.

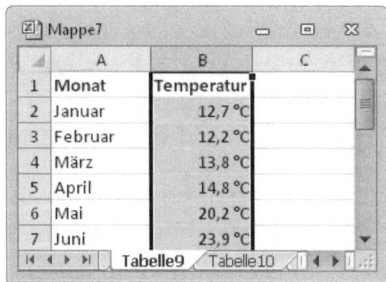

Bedingte Formatierung

Mithilfe der bedingten Formatierung können Sie erreichen, dass Excel ein Format in Abhängigkeit von bestimmten Bedingungen – beispielsweise als Resultat des in der Zelle angezeigten Wertes – selbstständig zuweist.

Übung 14: Einfache bedingte Formatierung

Lernziel 8.3

Im einfachsten Fall können Sie eine solche bedingte Formatierung einsetzen, um Zellen zu kennzeichnen, die besonderen Bedingungen genügen – beispielsweise negativ sind.

1. Aktivieren Sie das Blatt *Tabelle10* und markieren Sie den Bereich *B4:H4*.

Bedingte Formatierung ▾

2. Öffnen Sie auf der Registerkarte *Start* in der Gruppe *Formatvorlagen* die Liste zur Schaltfläche *Bedingte Formatierung*.

3. Wählen Sie darin *Regeln zum Hervorheben von Zellen* und dann *Kleiner als*.

4. Legen Sie im Dialogfeld *Kleiner als* die Bedingungen und die gewünschte Formatierung fest:

In dieser Zeile formulieren Sie die Bedingung

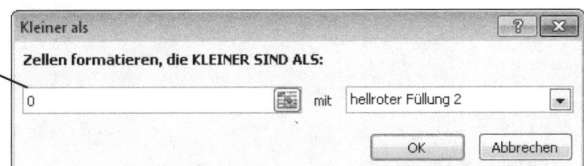

- Geben Sie links die Bedingung für den Zellwert an – geben Sie beispielsweise den Wert **0** ein, wenn negative Werte hervorgehoben werden sollen.

- Über das Listenfeld rechts können Sie Formate für die Schrift, den Rahmen und das Muster angeben. Beispielsweise können Sie negative Werte mit einer hellroten Füllung kennzeichnen.

5. Nach dem Bestätigen wird die bedingte Formatierung wirksam.

Negative Werte zeigen einen roten Hintergrund

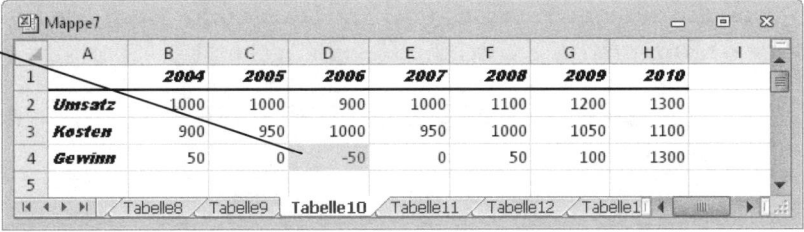

Übung 15: Manager für Regeln zur bedingten Formatierung

Lernziel 8.3

Sie können auch komplexere Regeln für eine solche bedingte Formatierung aufstellen.

1. Aktivieren Sie das Blatt *Tabelle11* und markieren Sie darin wieder den Bereich *B4:H4*.

2. Öffnen Sie auf der Registerkarte *Start* in der Gruppe *Formatvorlagen* die Liste zur Schaltfläche *Bedingte Formatierung*. Wählen Sie darin die Option *Regeln verwalten*. Das Dialogfeld *Manager für Regeln zur bedingten Formatierung* wird angezeigt, in dem gegebenenfalls bereits definierte Regeln angezeigt werden. Im Beispiel sind aber noch keine vorhanden.

3. Wenn Sie eine (weitere) Regel für den aktuellen Bereich aufstellen wollen, klicken Sie auf *Neue Regel*. Das Dialogfeld wird angezeigt, in dem Sie eine solche definieren können. Oben im Dialogfeld können Sie einen *Regeltyp auswählen*. Belassen Sie es für diese Übung bei der Voreinstellung *Alle Zellen basierend auf ihren Werten formatieren*.

4. Im Bereich *Regelbeschreibung bearbeiten* können Sie die Details zur Regel festlegen. Angenommen, Sie wollen die Zahlenwerte mit einer abgestuften Farbskala kennzeichnen, die von *rot* (für die kleinsten Werte) über *gelb* bis nach *grün* (für die höchsten Werte) reicht. Dazu wählen Sie in der Liste *Formatstil* die Option *3-Farben-Skala*.

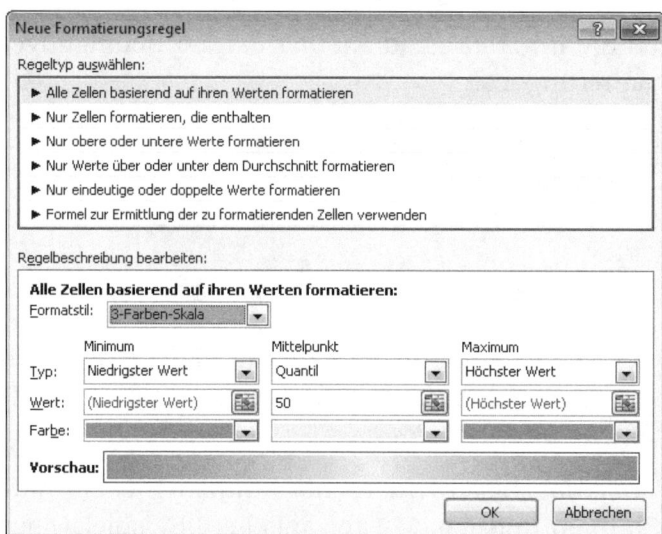

Wenn gewünscht können Sie die Formatierungseinstellungen über die darunter liegenden Felder weiter spezifizieren.

5. Bestätigen Sie über *OK*. Im Dialogfeld *Manager für Regeln zur bedingten Formatierung* wird die Regel angezeigt.

6. Schließen Sie die Definition durch einen Klick auf *OK* ab. Die Regel wird auf den zuvor markierten Bereich angewendet.

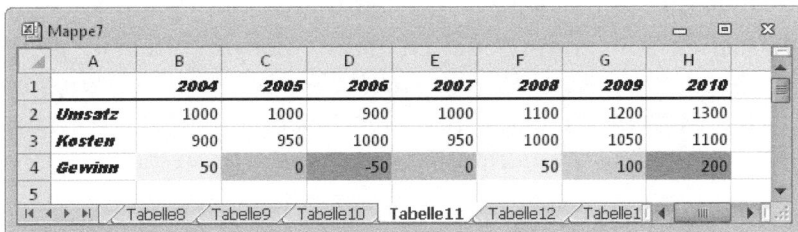

Übung 16: Datenbalken, Farbskalen und Symbolsätze

Über die bedingte Formatierung können Sie aber noch mehr machen. Beispielsweise können Sie Datenbalken, Farbskalen und Symbolsätze einsetzen, um Daten in der Tabelle damit entsprechend zu kennzeichnen. Damit können Sie recht erstaunliche Ergebnisse erzielen.

1. Aktivieren Sie *Tabelle12* und markieren Sie darin den Bereich *B2:B13*.

2. Öffnen Sie auf der Registerkarte *Start* in der Gruppe *Formatvorlagen* die Liste zur Schaltfläche *Bedingte Formatierung*. Wählen Sie *Datenbalken* und dann unter *Farbverlauf* die Option *Roter Datenbalken*. Die Daten werden mit auslaufenden roten Balken gekennzeichnet.

3. Wenn Sie stattdessen die Option *Farbskalen* verwenden, können Sie zwischen Skalen wählen. Benutzen Sie beispielsweise die Option *Rot-Gelb-Grün-Farbskala*.

4. Alternativ dazu können Sie auch *Symbolsätze* verwenden. Benutzen Sie beispielsweise den Satz *3 Pfeile (farbig)*.

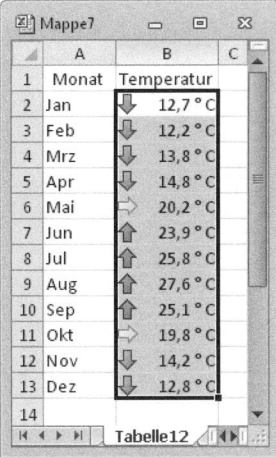

Wenn Sie in einer der Listen zu den bedingten Formaten auf die Option *Weitere Regeln* klicken, wird das Dialogfeld *Neue Formatierungsregel* angezeigt. Sie finden darin mehrere Möglichkeiten, die Regeln für ein bedingtes Format zu verfeinern. Wählen Sie darin zunächst im oberen Bereich unter *Regeltyp auswählen* einen Typ aus und legen Sie dann die Regel im unteren Bereich unter *Regelbeschreibung bearbeiten* fest.

Arbeiten mit mehreren Regeln

Beachten Sie, dass bei jeder Anwendung eines Befehls zur bedingten Formatierung auf denselben Bereich immer eine neue Regel erstellt wird. Bei mehrfacher Anwendung gelten dann mehrere Regeln gleichzeitig. Benutzen Sie den *Manager für Regeln zur bedingten Formatierung*, um die nicht erwünschten Regeln zu löschen. Oder löschen Sie die vorhandene Regel, bevor Sie eine neue formulieren.

1. Aktivieren Sie das Blatt *Tabelle13*. Hier wurde sowohl eine abgestufte Farbskala als auch ein Symbolsatz zur bedingten Formatierung benutzt.

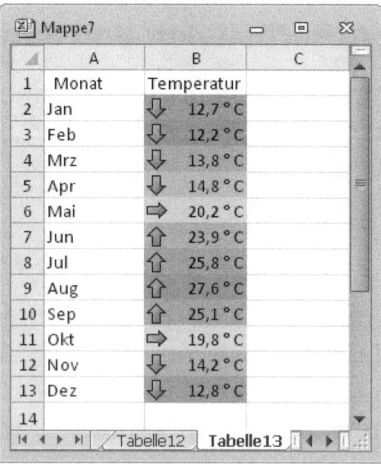

2. Markieren Sie den Bereich *B2:B13* und lassen Sie das Dialogfeld *Manager für Regeln zur bedingten Formatierung* anzeigen. Darin sind die bereits definierten Regeln aufgelistet.

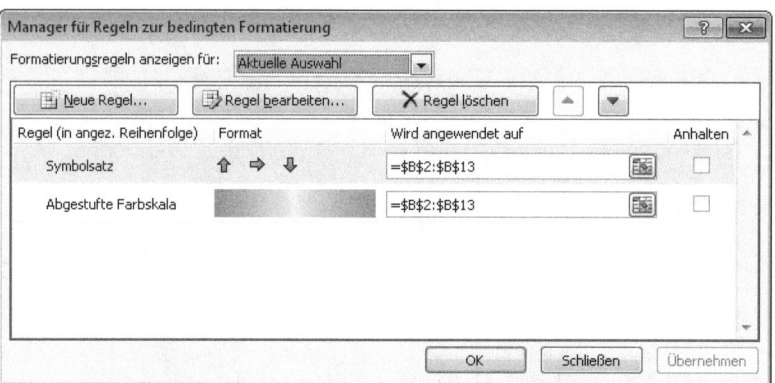

3. Wenn Sie eine der vorhandenen Regeln entfernen wollen, markieren Sie sie und klicken auf *Regel löschen*. Nach dem Bestätigen ist die Regel nicht mehr wirksam.

Tipp: Alle Regeln entfernen

Wenn Sie alle für einen Bereich definierten Regeln entfernen wollen, markieren Sie den Bereich und öffnen auf der Registerkarte *Start* in der Gruppe *Formatvorlagen* die Liste zur Schaltfläche *Bedingte Formatierung*. Wählen Sie *Regeln löschen* und dann *Regeln in ausgewählten Zellen löschen*.

Formel zur Ermittlung der zu formatierenden Zellen

Lernziel 8.3

Wenn Sie komplexere Anforderungen an die bedingte Formatierung stellen, können Sie die Formatierungskriterien über eine logische Formel angeben. Sie können zum Beispiel Werte mit einem von einer Funktion zurückgegebenen Ergebnis vergleichen oder Daten in Zellen außerhalb des ausgewählten Bereichs auswerten, der sich auf einem anderen Arbeitsblatt in derselben Arbeitsmappe befinden kann.

1. Klicken Sie auf der Registerkarte *Start* in der Gruppe *Formatvorlagen* auf die Schaltfläche *Bedingte Formatierung* und dann auf *Regeln verwalten*.

2. Klicken Sie zum Hinzufügen eines bedingten Formats auf *Neue Regel*. Das Dialogfeld *Neue Formatierungsregel* wird angezeigt.

3. Klicken Sie unter *Regeltyp auswählen* auf *Formel zur Ermittlung der zu formatierenden Zellen verwenden*.

4. Geben Sie unter *Regelbeschreibung bearbeiten* im Listenfeld *Werte formatieren, für die diese Formel wahr ist* eine Formel ein. Die Formel muss mit einem Gleichheitszeichen beginnen und den Wahrheitswert *WAHR* oder *FALSCH* zurückgeben.

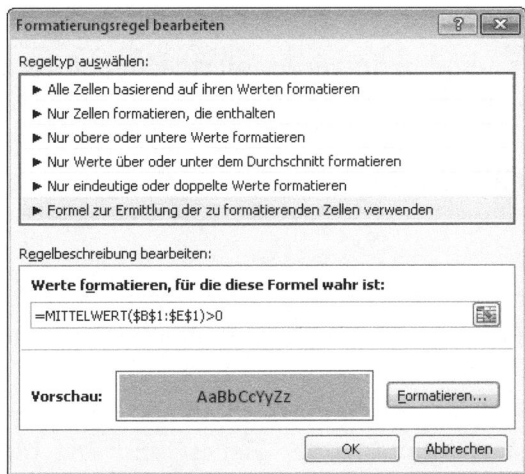

5. Klicken Sie auf *Formatieren*, um das Dialogfeld *Zellen formatieren* anzuzeigen. Wählen Sie das *Zahlenformat*, die *Schriftart*, den *Rahmen* oder das *Füllformat* aus, das Sie anwenden möchten, wenn der Zellwert die Bedingung erfüllt, und bestätigen die gesamte Definition mit *OK*.

Tipp: Werte auswählen

Sie können Zellbezüge in einer Formel eingeben, indem Sie Zellen direkt in dem aktuellen Arbeitsblatt oder in anderen Arbeitsblättern auswählen. Bei diesem Verfahren werden absolute Zellbezüge eingefügt. Wenn die Bezüge für jede Zelle im ausgewählten Bereich in Excel angepasst werden sollen, verwenden Sie relative Zellbezüge.

Zusammenfassung

Das Formatieren eines Arbeitsblattes hat keinen Einfluss auf die Rechenfähigkeit, kann aber dem Benutzer das Verständnis der Daten erleichtern. Beispielsweise kann ein Betrachter mit Angaben in Prozentzahlen oft mehr anfangen als mit Dezimalzahlen. Setzen Sie aber die vielen optischen Formatwerkzeuge so ein, dass das Arbeitsblatt nicht überladen wird. Gute Beispiele für eine dezente Formatierung finden Sie auch in den *Designs*.

Für weitere optische Verfeinerungen können Sie das Arbeitsblatt über verschiedene Optionen auf der Registerkarte *Einfügen* im Menüband mit zusätzlichen Objekten – wie Grafiken oder Medienclips – versehen (siehe hierzu Lektion 10).

Wiederholungsfragen

▨ Wozu dienen *Zellenformatvorlagen*?

▨ Was versteht man unter einem *Design* und wie setzt man es ein?

▨ Wie erstellt man eine benutzerdefinierte Zellenformatvorlage?

▨ Welche Möglichkeiten kennen Sie, die Spaltenbreite und die Zeilenhöhe einzustellen?

▨ Wie stellen Sie die Spaltenbreite und Zeilenhöhe optimal ein?

▨ Wie verbirgt man Spalten oder Zeilen und wie blendet man sie wieder ein?

▨ Welche Möglichkeiten haben Sie, die Schrift der Zellinhalte zu regeln?

▨ Welche Alternativen gibt es für die Ausrichtung von Inhalten in Zellen?

▨ Listen Sie die wichtigsten Zahlenformate auf.

▨ Wie können Formate von einem Zellbereich auf einen anderen übertragen werden?

8 Listen bearbeiten

Eine Liste ist ein zusammenhängender Bereich in einem Arbeitsblatt, der zum Organisieren, Verarbeiten und Abrufen von Informationen aus umfangreichen Datenbeständen dient. Eine solche Liste kann als Datenbank verwendet werden. Dabei stellen die Spalten die einzelnen Felder und die darunter liegenden Zeilen die einzelnen Datensätze dar. In der ersten Zeile einer Liste steht die Überschriftenzeile mit den Feldnamen. Jeder einzelne Eintrag darunter in der Liste wäre ein Datensatz beziehungsweise eine Zeile mit den entsprechenden Informationen.

Lernziele

- Datenblöcke aufbauen
- Sortieren
- Filtern
- Excel-Tabellen

Eine Arbeitsmappe mit den für diese Lektion notwendigen Grunddaten finden Sie in der Datei **Mappe8**. Öffnen Sie diese für die Arbeit mit dieser Lektion.

Datenblöcke aufbauen

Der mühsamste Teil beim Arbeiten mit Listen besteht meist darin, die Datenblöcke zu erstellen. Dafür stehen Ihnen in Excel zwar mehrere Hilfsfunktionen zur Verfügung, oft werden Sie aber die Daten selbst eintippen müssen.

Übung 1: Daten nach Excel übertragen

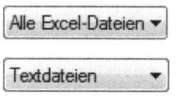

Häufig liegen Daten bereits in einem Textformat vor. Sie können solche Dateien in Excel importieren. Dazu öffnen Sie im Dialogfeld *Öffnen* die Liste zu der normalerweise mit *Alle Excel-Dateien* beschrifteten Schaltfläche und wählen darin die Option *Textdateien*. Markieren Sie dann die gewünschte Textdatei und klicken Sie anschließend auf *Öffnen*.

- Wenn die Daten in der Textdatei durch Tabulatorzeichen und Absatzmarken voneinander getrennt sind, werden sie danach ohne weiteres Zutun als Tabelle angezeigt. Die einzelnen Bestandteile werden in diesem Fall in mehreren Zellen aufgeteilt.

- Sind die Daten durch Leerzeichen oder Kommata voneinander getrennt, wird automatisch der Textkonvertierungs-Assistent gestartet, mit dessen Hilfe Sie die Datenbestandteile auf die einzelnen Zeilen der Tabelle verteilen können. Darauf werden wir gleich noch zu sprechen kommen.

Zum Importieren kleinerer Datenbestände können Sie aber auch die Zwischenablage benutzen:

1. Öffnen Sie über ein Explorerfenster die Datei **Daten.txt**. Sie beinhaltet zwei Blöcke mit jeweils fünf Datensätzen. Im ersten wurden Tabulatoren als Trennzeichen zwischen den Datenfeldern verwendet, im zweiten Kommata.

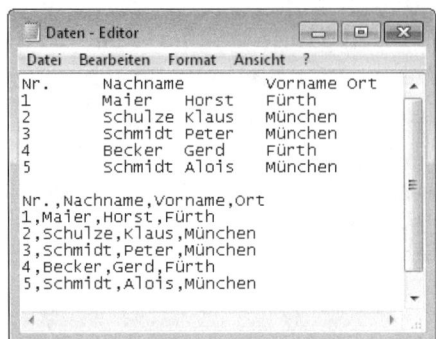

2. Markieren Sie den gesamten Inhalt der Datei und kopieren Sie ihn in die Zwischenablage.

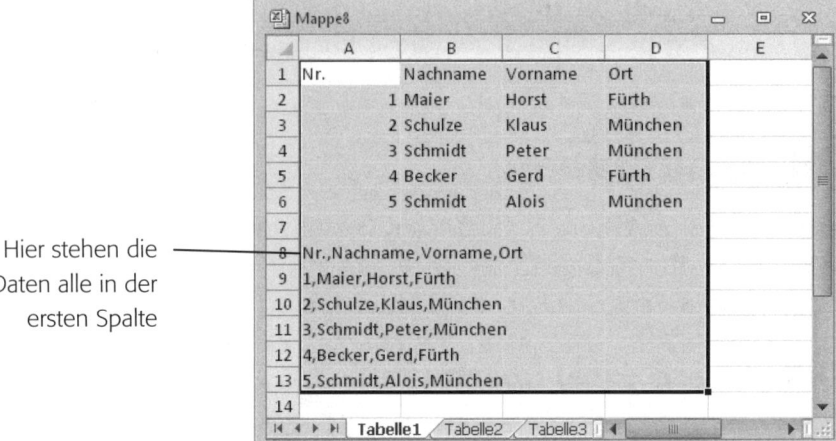

3. Markieren Sie in der Excel-Beispieldatei die Zelle *A1* in dem noch leeren Blatt *Tabelle1* und klicken Sie auf der Registerkarte *Start* auf *Einfügen*.

Hier stehen die Daten alle in der ersten Spalte

Beachten Sie, dass der erste Block aufgrund der Tabulatoren als Trennzeichen in die Spalten der Tabelle aufgeteilt wird, der zweite jedoch nicht.

Übung 2: Text in Spalten aufteilen

Für den Fall, dass beim Import von Datensätzen die einzelnen Felder zusammen in einer Spalte der Tabelle auftauchen, hält Excel den eben schon angesprochenen Konvertierungs-Assistenten bereit, mit dessen Hilfe Sie diese Inhalte auf einzelne Spalten aufteilen können.

1. Aktivieren Sie *Tabelle2*. In der ersten Spalte finden Sie fünf Datensätze mit einer Überschrift, deren Elemente durch Kommata getrennt sind.

2. Markieren Sie den zu konvertierenden Datenbereich – in unserem Fall die Spalte *A*.

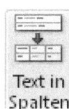

3. Klicken Sie auf der Registerkarte *Daten* in der Gruppe *Datentools* auf *Text in Spalten*.

4. Aktivieren Sie in Schritt 1 des Textkonvertierungs-Assistenten die Option *Getrennt* und klicken Sie dann auf *Weiter*.

5. Aktivieren Sie in Schritt 2 unter *Trennzeichen* das Kontrollkästchen *Komma* und schalten Sie die anderen Kontrollkästchen ab. Im Feld *Datenvorschau* werden die Datenfelder jeweils in getrennten Spalten angezeigt.

6. Klicken Sie auf *Fertig stellen*. Die Felder der Datensätze sind dann auf verschiedene Spalten der Tabelle aufgeteilt.

Tipp: Format festlegen

In Schritt 3 des Assistenten können Sie auch gleich ein Datenformat für die einzelnen Spalten vorgeben. Markieren Sie dazu nacheinander die einzelnen Spalten und legen Sie unter *Datenformat* dieses fest.

Sortieren

Die Einträge in der Liste können Sie nach unterschiedlichen Kriterien sortieren lassen. Auf diese Weise können Sie die Eintragungen in einer Tabelle schnell in eine beliebige Ordnung bringen.

Übung 3: Einfaches Sortieren

Lernziel 8.2

Die Einträge in einer Liste können Sie nach mehreren Kriterien sortieren lassen. Sortiert werden kann standardmäßig nach Zahlenwerten, Texteinträgen sowie Datums- und Uhrzeitangaben.

1. Wechseln Sie zum Blatt *Tabelle3* und markieren Sie eine Zelle in der Spalte, nach deren Inhalt Sie sortieren möchten – benutzen Sie beispielsweise die Spalte *B* für den *Nachnamen*. Markieren Sie aber besser nicht die ganze Spalte, sondern nur die Zelle *B1*.

2. Lassen Sie dann absteigend nach den Eintragungen in dieser Spalte sortieren. Klicken Sie dazu auf der Registerkarte *Daten* in der Gruppe *Sortieren und Filtern* auf *Von Z bis A sortieren* .

Hier wurde absteigend nach Nachnamen sortiert

3. Stellen Sie den Ausgangszustand wieder her: Markieren Sie eine Zelle in der Spalte *A* und klicken Sie auf *Von A bis Z sortieren*.

Tipp: Markierung beachten

Wenn Sie mehr als nur eine Zeile markieren, wird eine Sortierwarnung eingeblendet, in der Sie angeben müssen, ob nur der markierte Bereich sortiert werden soll. Meist sollten Sie in diesem Dialogfeld die Option *Markierung erweitern* einstellen.

Übung 4: Nach mehreren Kriterien sortieren

Microsoft Office Specialist
Lernziel 8.2

Sie können auch nach mehreren Kriterien gleichzeitig sortieren lassen: Wenn in dem Feld, nach dem zuerst sortiert wird, bei mehreren Datensätzen derselbe Eintrag vorliegt – wenn beispielsweise derselbe Name mehrfach auftritt –, tritt das zweite Sortierkriterium in Kraft. Entsprechendes gilt für das zweite und dritte Kriterium. Auf diese Weise können Sie dafür sorgen, dass die Datensätze in fast jede beliebige Reihenfolge gebracht werden können.

1. Bleiben Sie bei *Tabelle3* und markieren Sie darin eine beliebige Zelle. Klicken Sie dann auf der Registerkarte *Daten* in der Gruppe *Sortieren und Filtern* auf die Schaltfläche *Sortieren*. Das öffnet ein Dialogfeld, in dem Sie die Kriterien festlegen können:

■ Legen Sie als erstes Kriterium im Feld *Sortieren nach* die Spalte *Ort* fest. In den beiden Feldern rechts danebenen belassen Sie es bei den Voreinstellungen *Werte* und *A bis Z*.

■ Klicken Sie dann auf die Schaltfläche *Ebene hinzufügen*. Das blendet eine weitere Kriterienzeile ein.

■ Wählen Sie dafür *Nachname* als Sortierspalte. Auch hier belassen Sie es in den Feldern rechts daneben bei den Voreinstellungen.

■ Klicken Sie wieder auf die Schaltfläche *Ebene hinzufügen* und wählen Sie nun *Vorname* als drittes Sortierkriterium.

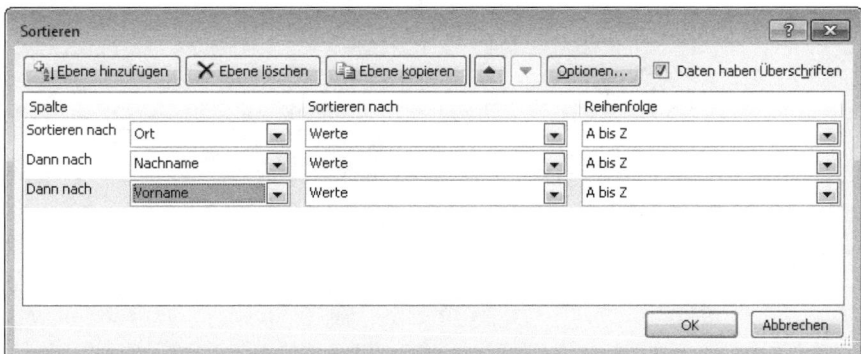

2. Nach einem Klick auf *OK* werden die Eintragungen in der Tabelle zunächst nach dem Ort, dann nach Nachnamen und anschließend nach Vornamen sortiert.

Tipp: Optionen zum Sortieren

Durch einen Klick auf die Schaltfläche *Optionen* im Dialogfeld *Sortieren* zeigen Sie ein zusätzliches Dialogfeld an, über das sich weitere Sortieroptionen einstellen lassen. Zum einen können Sie hier festlegen, ob die Inhalte der Zeilen oder der Spalten nach den angegebenen Kriterien sortiert werden sollen und ob gegebenenfalls auf Groß-/Kleinschreibung geachtet werden soll.

Übung 5: Nach Zellattributen sortieren

Lernziel 8.2

Wenn Sie die Zeilen mit unterschiedlichen Attributen – wie Schrift- oder Hintergrundfarben – versehen haben, können Sie diese zum Sortieren verwenden.

1. Wechseln Sie zum Blatt *Tabelle4*. Dieses beinhaltet eine Liste, bei der die einzelnen Zeilen unterschiedlich eingefärbt sind.

2. Klicken Sie auf *Sortieren* in der Gruppe *Sortieren und Filtern*. Benutzen Sie im Feld unter *Sortieren nach* die Option *Zellenfarbe*. Über die Felder unter *Reihenfolge* können Sie festlegen, wie sortiert werden soll.

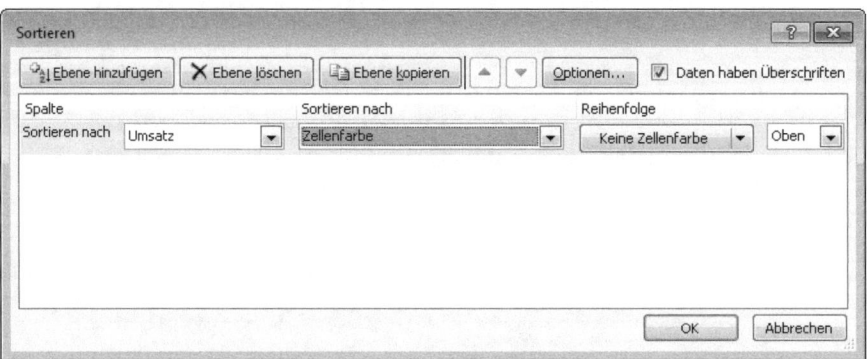

3. Nach einem Klick auf *OK* werden die Datensätze sortiert.

4. Stellen Sie den Ausgangszustand wieder her: Markieren Sie eine Zelle in der Spalte *A* und klicken Sie auf *Von A bis Z sortieren*.

Übung 6: Nach bedingten Formaten sortieren

Lernziel 8.2

Diese Verfahrensweise können Sie auch einsetzen, wenn in einzelnen Spalten der Liste bedingte Formate verwendet haben.

1. Wechseln Sie zum Blatt *Tabelle5*. Hier wurden die Angaben in der Spalte *Umsatz* so formatiert, dass Werte unter *1.000 €* besonders gekennzeichnet werden.

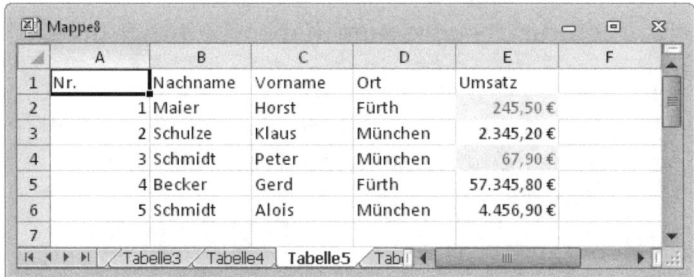

2. Zum Sortieren gehen Sie wie üblich vor. Benutzen Sie dieses Mal im Feld unter *Sortieren nach* die Option *Schriftfarbe*. Über die Felder unter *Reihenfolge* können Sie wieder festlegen, wie sortiert werden soll.

3. Nach einem Klick auf *OK* werden die Datensätze sortiert.

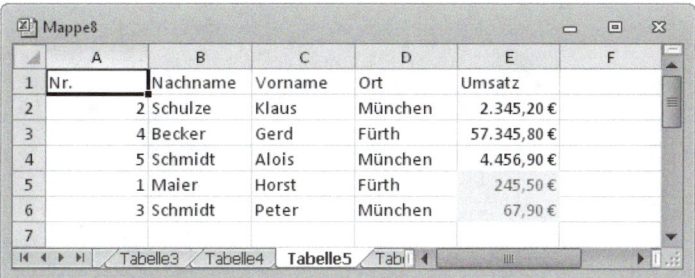

 4. Stellen Sie den Ausgangszustand wieder her: Markieren Sie eine Zelle in der Spalte *A* und klicken Sie auf *Von A bis Z sortieren*.

Filtern

Durch Filtern können Sie die für Sie gerade wichtigen Datensätze in der Liste anzeigen lassen. Gefilterte Daten zeigen nur die Zeilen an, die den angegebenen Kriterien entsprechen. Die anderen Zeilen werden vorübergehend ausgeblendet. Nach dem Filtern von Daten können Sie die Teilmenge der gefilterten Daten bearbeiten oder als Diagramm anzeigen lassen und drucken, ohne sie neu anordnen oder verschieben zu müssen.

Achtung: Zeilen werden ausgeblendet

Da ein Filter immer ganze Zeilen ausblendet, sind auch Eintragungen außerhalb der Liste nicht mehr sichtbar, wenn sie sich in einer solchen Zeile befinden.

Übung 7: Nach Zellinhalten filtern

Lernziel 8.1

Durch Filtern können Sie die für Sie gerade wichtigen Datensätze in der Liste anzeigen lassen. Die anderen Zeilen werden vorübergehend ausgeblendet. Über die Option *Filter* können Sie solche Datensätze aus einer Liste herausfiltern, bei denen die Einträge in einer Spalte einen bestimmten Wert enthalten oder eine Reihe von Kriterien erfüllen.

 **1.** Wechseln Sie zum Blatt *Tabelle6*. Klicken Sie auf der Registerkarte *Daten* in der Gruppe *Sortieren und Filtern* auf die Schaltfläche *Filter*. Die Überschriftenzeile wird mit Dropdownpfeilen versehen.

2. Über die Dropdownpfeile können Sie solche Datensätze aus einer Liste herausfiltern, bei denen die Einträge in einer Spalte einen bestimmten Wert enthalten oder eine Reihe von Kriterien erfüllen. Klicken Sie beispielsweise auf den Pfeil neben *Ort* und sorgen Sie dafür, dass nur noch *Fürth* aktiviert ist.

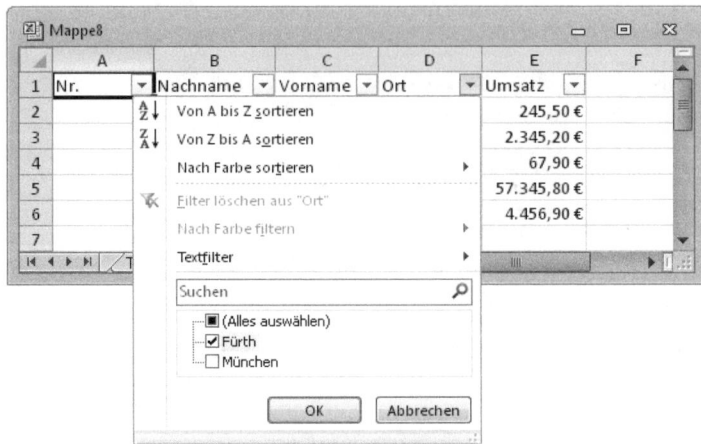

3. Nach einem Klick auf *OK* werden nur noch Datensätze angezeigt, die in der Spalte *Ort* über den Eintrag *Fürth* verfügen. Dass ein Filter aktiv ist, erkennen Sie an dem Filtersymbol in der Dropdownpfeil-Schaltfläche.

Einige Zeilen-
nummern sind
nach dem Filtern
ausgeblendet

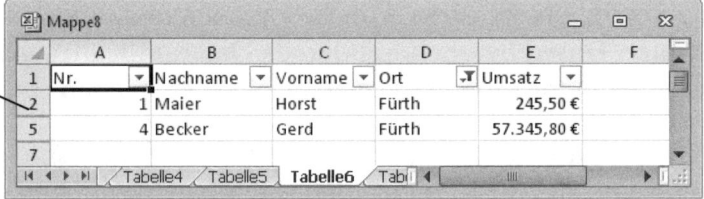

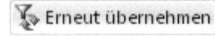

4. Um den Filter wieder auszuschalten, klicken Sie auf *Löschen* in der Gruppe *Sortieren und Filtern* der Registerkarte *Daten*.

5. Durch einen Klick auf *Erneut übernehmen* können Sie den zuvor definierten Filter für neue oder geänderte Daten anwenden.

6. Um die Dropdownpfeile wieder auszublenden, klicken Sie nochmals auf die Schaltfläche *Filtern*. Wenn ein Filter aktiv war, wird er automatisch abgeschaltet.

Übung 8: Nach Zellattributen filtern

Wie beim Sortieren können Sie auch nach unterschiedlichen Zellattributen – wie Schrift- oder Hintergrundfarben – filtern lassen.

Lernziel 8.1

1. Wechseln Sie zum Blatt *Tabelle7*. Dieses beinhaltet eine Liste, bei der die einzelnen Zeilen unterschiedlich eingefärbt sind und die Filterfunktion aktiviert wurde.

2. Öffnen Sie die Dropdownliste zu einer Spalte und klicken Sie darin auf *Nach Farbe filtern*. Im Untermenü können Sie wählen, ob eine bestimmte Farbe oder *Keine Füllung* zum Filtern benutzt werden soll.

3. Wählen Sie beispielsweise *Keine Füllung*. Anschließend werden nur noch die Datensätze angezeigt, die keinen farbigen Hintergrund aufweisen.

4. Um einen solchen Filter wieder abzuschalten, gehen Sie wie gewohnt vor: Klicken Sie einfach auf die Schaltfläche *Filtern* auf der Registerkarte *Daten* im Menüband.

Lernziel 8.1

Übung 9: Nach bedingten Formaten filtern

Diese Technik funktioniert auch für Fälle, in denen Sie bedingte Formate in der Tabelle eingesetzt haben.

1. Wechseln Sie zum Blatt *Tabelle8*. Hierin wurden die Angaben in der Spalte *Umsatz* so formatiert, dass Werte unter *1.000 €* besonders gekennzeichnet werden. Außerdem ist die Filterfunktion aktiviert.

2. Öffnen Sie die Dropdownliste zur Spalte *Umsatz* und klicken Sie darin auf *Nach Farbe filtern*. Im Untermenü können Sie wählen, welche Formatierung im Filter benutzt werden soll. Wählen Sie eine der dort angezeigten Alternativen.

3. Schalten Sie zum Schluss den Filter wieder ab.

Tipp: Spezialfilter
benutzen

Mit dem *Spezialfilter* haben Sie die Möglichkeit, die Daten der Liste unter Verwendung eines separaten Kriterienbereichs zu filtern. Diesen Prozess leiten Sie durch einen Klick auf die Schaltfläche *Erweitert* ein. Zusätzlich können Sie die Ergebnisse der Filterung an eine andere Stelle in der Tabelle oder in eine andere Tabelle kopieren lassen.

Excel-Tabellen

Der Begriff *Excel-Tabellen* ist neu seit der Version Microsoft Excel 2007. Sie können damit Bereiche definieren, in denen Daten der Liste zusammengefasst werden. Das hat den Vorteil, dass Sie Sortier- und Filterfunktionen darin durchführen können, ohne dass rechts neben diesem Bereich vorhandene Eintragungen davon beeinflusst werden. Eine Excel-Tabelle isoliert also gewissermaßen bestimmte Zellbereiche vom Rest der jeweiligen Tabelle. Außerdem können Sie damit zusätzliche Auswertungen – wie Zeilen mit zusammenfassenden Ergebnissen – schnell anzeigen lassen.

Übung 10: Excel-Tabelle erstellen

Die Basis für eine Excel-Tabelle bietet ein in sich geschlossener Tabellenbereich, dessen Zeilen über eine identische Struktur verfügen. Beispielsweise müssen die Zeilen einer Spalte über Eintragungen desselben Typs verfügen. Auch die in einer Spalte verwendeten Formeln müssen identisch sein.

1. Aktivieren Sie das Blatt *Tabelle9*. Der dort eingegebene Datenbereich erfüllt die oben genannten Anforderungen.

2. Markieren Sie mindestens eine Zelle des Bereichs, in dem bereits Daten eingegeben wurden. Sie können auch den gesamten Bereich mit den Daten markieren.

3. Klicken Sie dann auf der Registerkarte *Einfügen* in der Gruppe *Tabellen* auf *Tabelle*. Excel sollte den Bereich der Liste automatisch ermitteln. In einem Dialogfeld müssen Sie ihn aber noch bestätigen. Sie können die Größe der Tabelle verändern, indem Sie die Markierung in der unteren rechten Ecke verschieben. Beachten Sie hier auch die zusätzliche Option *Tabelle hat Überschriften*.

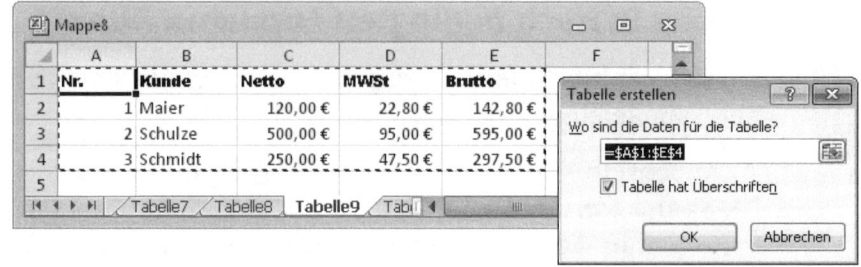

4. Nach dem Bestätigen über *OK* wird die Excel-Tabelle erstellt.

Klicken Sie auf einen Pfeil, um die Werkzeuge zum Filtern und Sortieren anzuzeigen

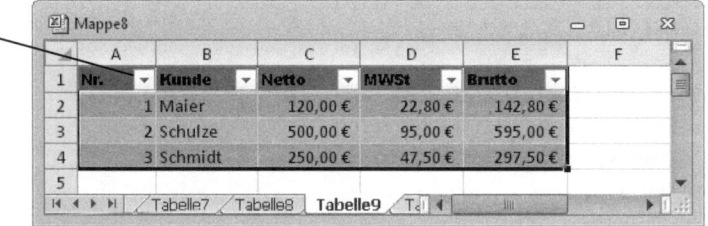

Nachdem der Bereich des Datenblocks erkannt beziehungsweise festgelegt wurde, werden am Erscheinungsbild automatisch einige Veränderungen vorgenommen: Jede Spalte verfügt standardmäßig über eine Schaltfläche zum Filtern. Das funktioniert so wie in einer normalen Liste.

Tipp: Tabellen formatieren

> Solange mindestens eine Zelle in einer Excel-Tabelle markiert ist, wird im Menüband die Registerkarte *Tabellentools/Entwurf* mit vielen Werkzeuge zum Arbeiten mit Excel-Tabellen angezeigt. Beispielsweise öffnet ein Klick auf *Schnellformatvorlagen* einen Katalog mit verschiedenen Layoutalternativen für die Excel-Tabelle. Sie können sie ausprobieren, indem Sie den Mauszeiger über die Elemente der Liste bewegen.

Übung 11: In einen normalen Zellbereich konvertieren

Wenn Sie die Möglichkeiten einer Excel-Tabelle nicht mehr nutzen wollen, können Sie den Bereich wieder in einen normalen Zellbereich verwandeln.

1. Wechseln Sie zum Blatt *Tabelle10* und sorgen Sie dafür, dass in der Excel-Tabelle mindestens eine Zelle markiert ist.

2. Klicken Sie auf der Registerkarte *Tabellentools/Entwurf* in der Gruppe *Tools* auf *In Bereich konvertieren*.

3. Nach dem Bestätigen der zusätzlichen Nachfrage mit *Ja* werden die für eine Excel-Tabelle typischen Elemente aus der Ansicht entfernt. Vorher definierte Formate bleiben aber erhalten.

Übung 12: Tabellenbereich erweitern

Ein vorhandener Tabellenbereich wird automatisch erweitert, wenn Sie direkt neben der Tabelle eine neue Feldspalte einführen. Sie können die Größe der Liste aber auch individuell verändern.

1. Wechseln Sie zum Blatt *Tabelle11*. Darin wurde rechts neben der Liste eine weitere Spaltenüberschrift eingegeben.

2. Wenn Sie die Liste so weit erweitern wollen, dass sie diese Spalte mit einschließt, verschieben Sie die Marke rechts unten in der Liste weiter nach rechts.

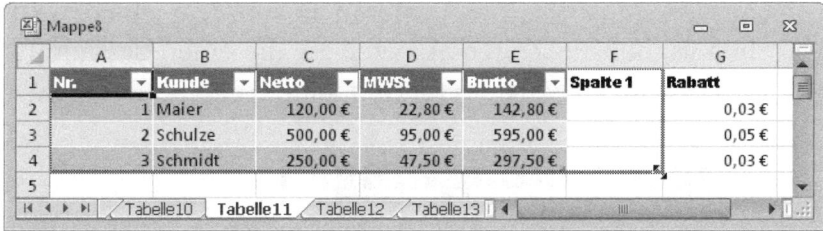

Übung 13: Ergebniszeile anzeigen

Sie können rasch Gesamtergebnisse in einer Excel-Tabelle bilden, indem Sie eine Ergebniszeile am Ende der Tabelle anzeigen und anschließend eine Funktion verwenden. Sie können dabei zwischen mehreren Funktionen wählen.

1. Wechseln Sie zum Blatt *Tabelle12* und markieren Sie eine beliebige Zelle.

2. Aktivieren Sie auf der Registerkarte *Tabellentools/Entwurf* in der Gruppe *Optionen für Tabellenformat* das Kontrollkästchen *Ergebniszeile*. Die Ergebniszeile wird als letzte Zeile in der Tabelle angezeigt und in der Zelle ganz links steht das Wort *Ergebnis*.

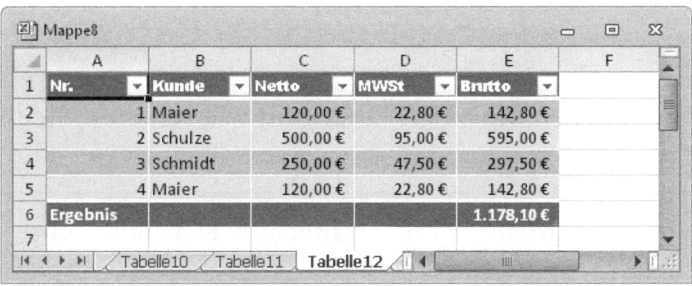

3. Standardmäßig wird bei Zahleneintragungen die Summe als Ergebnis verwendet. Sie können aber auch andere Funktionen einstellen: Klicken Sie in der Ergebniszeile auf die Zelle, für die ein Ergebnis berechnet werden soll. Klicken Sie dann auf den Pfeil der Dropdownliste und wählen Sie die Funktion aus, mit der das Ergebnis berechnet werden soll. Diese Möglichkeit können Sie in allen Zellen der Ergebniszeile mit unterschiedlichen Funktionen einsetzen.

4. Um die Ergebniszeile wieder abzuschalten, deaktivieren Sie auf der Registerkarte *Tabellentools/Entwurf* in der Gruppe *Optionen für Tabellenformat* das Kontrollkästchen *Ergebniszeile*.

Tipp: Andere Funktion verwenden

Zum Berechnen der Ergebnisse in der Ergebniszeile stehen nicht nur die Funktionen in der Dropdownliste zur Verfügung. Sie können in die Zellen der Ergebniszeile jede beliebige Formel eingeben.

Zusammenfassung

Mithilfe von Listen und Excel-Tabellen können Sie Datenbankfunktionen in Excel nutzen. Sie können die Zeilen einer Liste entsprechend den Inhalten ausgewählter Spalten sortieren lassen. Verschiedene Filterfunktionen erlauben es, nur die Zeilen anzuzeigen, die einen bestimmten Wert enthalten oder eine Reihe von Kriterien erfüllen.

Wiederholungsfragen

■ Was versteht man unter einer Liste?

_____

■ Was tun Sie, wenn beim Import von Daten diese in einer einzigen Spalte angezeigt werden?

_____

■ Was müssen Sie beim Sortieren beachten?

_____

■ Wie sortieren Sie nach Zellattributen und bedingten Formaten in der Tabelle?

_____

■ Was versteht man unter Filtern?

_____

■ Wie erstellen Sie einen Filter und wie schalten Sie ihn wieder ab?

_____

■ Was versteht man unter einer Excel-Tabelle und wie erstellen Sie eine solche?

_____

■ Welche schnelle Möglichkeit haben Sie, eine Excel-Tabelle zu formatieren?

_____

■ Wie erweitern Sie den Bereich einer Excel-Tabelle?

_____

■ Wie blenden Sie eine Ergebniszeile in einer Excel-Tabelle ein?

_____

9 Werte in Diagrammen darstellen

Diagramme sagen viel mehr als Zahlen allein, da sie Informationen anschaulich darstellen und so die Bedeutung der Daten klarer machen. Und darum haben Sie mit Microsoft Excel die Möglichkeit, Ihre Daten grafisch in Form von Diagrammen zu präsentieren.

Lernziele

■ Diagramme erstellen

■ Diagramme ändern

■ Sparklines einsetzen

Eine Arbeitsmappe mit den für diese Lektion notwendigen Daten finden Sie in der Datei **Mappe9**. Öffnen Sie diese für die Arbeit mit dieser Lektion.

Diagramme erstellen

Im Prinzip besteht das Erstellen eines Diagramms aus zwei Schritten: Sie markieren die darzustellenden Daten und wählen den Typ für das Diagramm. Anschließend können Sie Änderungen und Verfeinerungen durchführen.

Zugrunde liegende Daten markieren

Lernziel 6.1

Der erste Schritt zum Erstellen eines Diagramms besteht darin, die darzustellenden Daten im Arbeitsblatt zu markieren. Wenn Sie sich die Arbeit erleichtern wollen, sollten Sie dabei einige Dinge beachten.

■ Wenn Sie planen, Werte in einem Diagramm mit senkrecht aufeinander angeordneten Achsen zu erstellen – also beispielsweise als Balkendiagramm, Säulendiagramm oder Liniendiagramm –, sollten Sie immer gleich mindestens zwei Datenreihen markieren. Diese können in Zeilen oder in Spalten angeordnet sein.

■ Wenn sich in den betreffenden Zeilen oder Spalten nur Daten befinden, die auch im Diagramm dargestellt werden sollen, können Sie einfach die gesamte Zeile beziehungsweise Spalte markieren, ansonsten führen Sie eine Bereichsmarkierung durch. Nicht direkt aufeinanderfolgende Zeilen oder Spalten können Sie einzeln markieren, indem Sie die Taste ⟨Strg⟩ gedrückt halten, während Sie die gewünschten Zeilen/Spalten anklicken.

■ Achten Sie darauf, dass Überschriften, die als Grundlage für die waagerechte Achse dienen sollen, immer auch markiert werden sollten. Sie werden dann automatisch als Voreinstellung für Achsenbezeichnungen und Legenden verwendet. Wenn Sie zusätzliche Texte markieren, achten Sie darauf, dass die Zelle in der oberen linken Ecke der Tabelle leer ist. Anderenfalls wird das als Element der waagerechten Achse missverstanden.

Den Diagrammtyp auswählen

Lernziel 6.1

Diagramme können über die Schaltflächen auf der Registerkarte *Einfügen* in der Gruppe *Diagramme* erstellt werden. Ein Klick auf eine dieser Schaltflächen zeigt eine Liste mit mehreren Unterformen an.

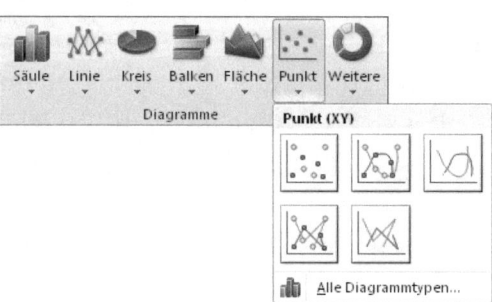

Die Wahl eines Diagrammtyps sollte sich vordringlich an der Art der darzustellenden Aussage und nicht an ästhetischen Gesichtspunkten orientieren.

Diagramm	Beschreibung
Säule	In einem *Säulendiagramm* werden die Datenbereiche als nebeneinander stehende Säulen angezeigt. Sie vermitteln den Eindruck, als würde für jeden Abschnitt der waagerechten Achse ein Wert existieren.
Balken	*Balkendiagramme* erfüllen dieselben Zwecke wie Säulendiagramme, die Elemente werden aber waagerecht dargestellt. Im üblichen Querformat erlauben sie meist die Anzeige von mehr Details.
Linie	*Liniendiagramme* werden vordringlich dazu verwendet, einen Trend über die Zeit aufzuzeigen. Sie erwecken den Eindruck einer kontinuierlichen Entwicklung.
Kreis	Mit *Kreisdiagrammen* können Sie die Verteilung von Einzelwerten im Verhältnis zu deren Summe anzeigen. Im Kreisdiagramm kann jeweils nur eine Datenreihe wiedergegeben werden.
Punkt	Bei *Punktdiagrammen* werden die zugrunde liegenden Werte paarweise angezeigt. Die Reihenfolge der Eingabe der Datenpaare in der Tabelle spielt keine Rolle, da die Werte im Diagramm sortiert werden.
Fläche	*Flächendiagramme* zeigen dieselben Charakteristika wie Liniendiagramme, mit dem Unterschied, dass die Fläche unter der Linie eingefärbt wird.
Weitere	*Weitere* fasst eine Reihe von weiteren Typen zusammen, die Sie vielleicht weniger häufig verwenden werden. Sie finden darin beispielsweise Kurs-, Blasen-, Oberflächen-, Ring- und Netzdiagramme.

Übung 1: Kreisdiagramm erstellen

Lernziel 6.1

Bei der Mehrzahl der in der Praxis erstellten Diagramme handelt es sich um Säulen- und Kreisdiagramme. In Säulendiagrammen können Sie eine oder mehrere Datenreihen darstellen. Kreisdiagramme (und auch Ringdiagramme) hingegen können nur eine einzelne Datenreihe wiedergeben – beispielsweise den Anteil einzelner Produkte am Gesamtumsatz.

1. Aktivieren Sie das Blatt *Tabelle1*, in dem sich die Daten befinden, die im Diagramm dargestellt werden sollen.

2. Markieren Sie die Daten, die im Diagramm dargestellt werden sollen. Texte in Spalten- und Zeilenüberschriften können Sie mit markieren, müssen es aber nicht. Markieren Sie beispielsweise den Bereich *A1:B5*, um die Verteilung der Marktanteile darzustellen.

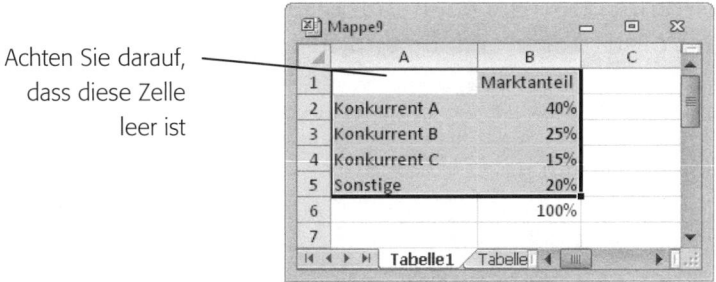

Achten Sie darauf, dass diese Zelle leer ist

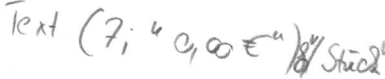

Text (7; " 0,00 €")"/Stück"

3. Wählen Sie die Registerkarte *Einfügen*. Öffnen Sie in der Gruppe *Diagramme* die Liste zum Diagrammtyp *Kreis* und wählen Sie darin die Option *Kreis* im Bereich *2D-Kreis*. Das Diagramm wird im Arbeitsblatt als eingebettetes Diagramm erstellt. Sie können die festgelegten Parameter anschließend ändern und/oder die Diagrammelemente verfeinern.

Solange das Diagramm markiert ist, werden die darin dargestellten Daten in der Tabelle farbig markiert

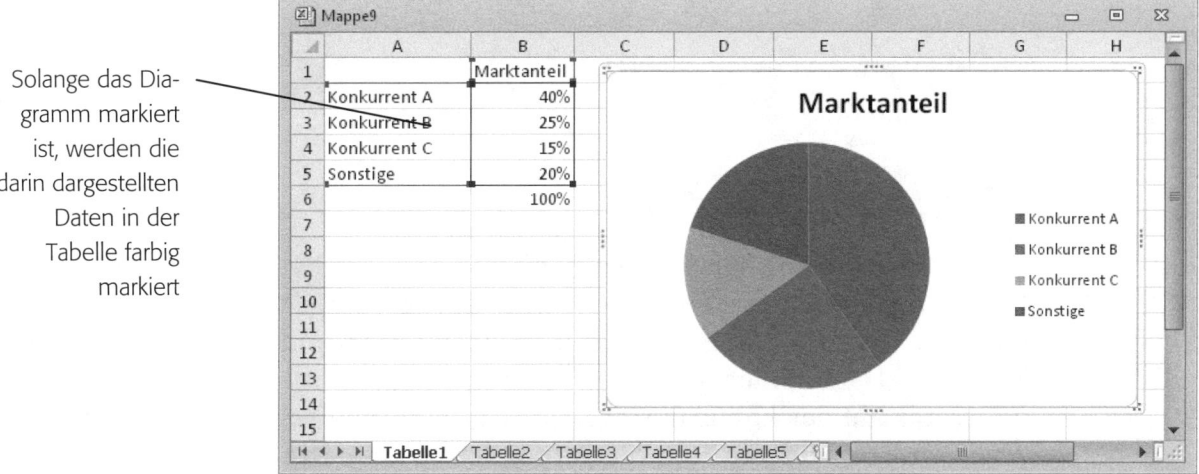

Übung 2: Säulendiagramm erstellen

Lernziel 6.1

Excel benutzt eine sogenannte *Vorzugsform* für Diagramme. Diese bestimmt, welcher Typ benutzt wird, wenn Sie keine speziellen Angaben zum Typ machen. In einem Säulendiagramm werden die Datenbereiche als nebeneinander stehende Säulen angezeigt. Standardmäßig ist das das Säulendiagramm. Sie können aber auch einen anderen Typ einstellen.

1. Wechseln Sie zum Blatt *Tabelle2*, das Daten beinhaltet, auf deren Basis Sie das Diagramm erstellen können.

2. Markieren Sie die darzustellenden Datenreihen. Wenn Sie beispielsweise die Entwicklung des Umsatzes über die Jahre darstellen wollen, markieren Sie den Bereich *A1:G2*.

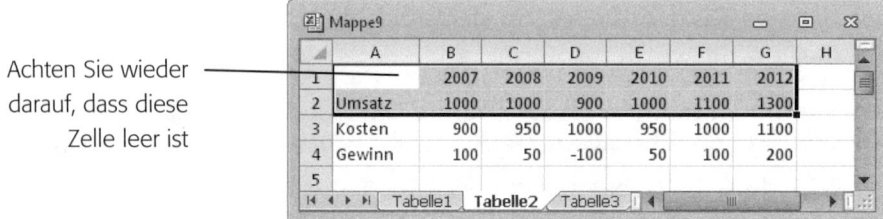

Achten Sie wieder darauf, dass diese Zelle leer ist

3. Wenn Sie nach dem Markieren der Daten die Taste [F11] drücken, wird ein Diagramm in der Vorzugsform erstellt und als separates Blatt eingefügt. Probieren Sie es aus.

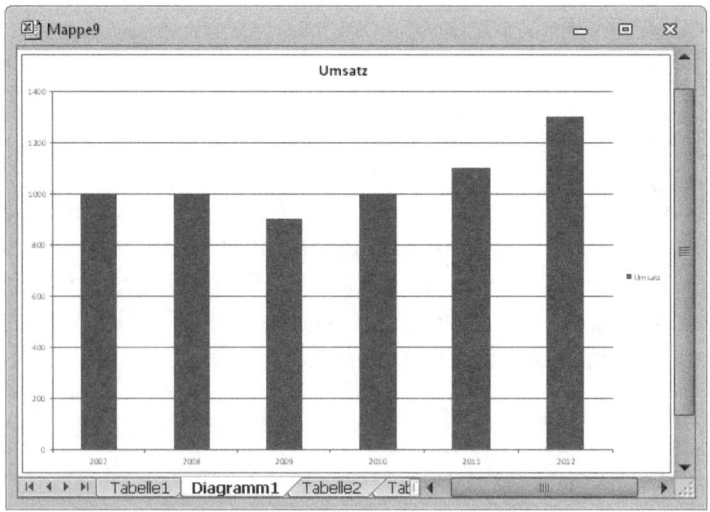

Diagramme ändern

Nach dem Erstellen eines Diagramms können Sie diverse Änderungen oder Erweiterungen daran durchführen. Dazu gehören beispielsweise der Ort, an dem das Diagramm angezeigt wird, seine Position und Größe, die zugrunde liegenden Datenreihen und der Typ des Diagramms. Die Werkzeuge dazu finden Sie auf der kontextbezogenen Registerkarte *Diagrammtools*, die angezeigt wird, sobald Sie ein Diagramm markieren. Beachten Sie, dass diese Tools auf drei Registerkarten aufgeteilt sind. Besonders wichtig dabei ist die Registerkarte *Diagrammtools/Entwurf*.

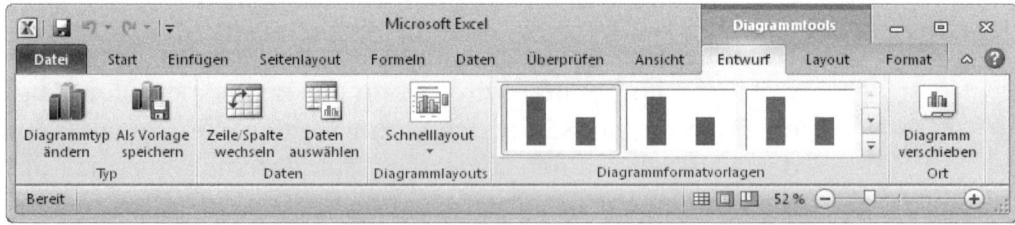

Über die weiteren Registerkarten können Sie Verfeinerungen oder Änderungen bezüglich des Musters und der Schrift der Hintergrundflächen, der darzustellenden Datenreihen, Art und Format der Beschriftungen, Anzeige und Format der Achsen und Gitternetzlinien sowie der Anzeige von Trendlinien durchführen.

Übung 3: Ort für das Diagramm ändern

Lernziel 6.1

Sie können die Platzierung des Diagramms in der Arbeitsmappe ändern – also beispielsweise ein eingebettetes Diagramm in ein anderes Blatt verschieben oder es in ein Diagrammblatt umwandeln.

Diagramm verschieben

1. Aktivieren Sie das zuvor erstellte Diagrammblatt *Diagramm1*.

2. Klicken Sie dann auf der Registerkarte *Diagrammtools/Entwurf* in der Gruppe *Ort* auf die Schaltfläche *Diagramm verschieben*. Im Dialogfeld *Diagramm verschieben* wird angezeigt, dass das aktuelle Diagramm als eigenes Blatt unter dem Namen *Diagramm1* dargestellt wird.

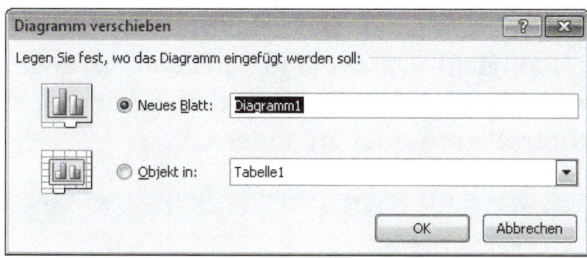

3. Wählen Sie die Option *Objekt in* und wählen Sie im nebenstehenden Listenfeld *Tabelle2* aus.

4. Nach dem Bestätigen über *OK* wird das Diagramm als eingebettetes Objekt im Arbeitsblatt *Tabelle2* angezeigt.

Übung 4: Position und Größe eines Diagramms ändern

Lernziel 6.1

Bei einem eingebetteten Diagramm können Sie die Position und Größe des Diagramms innerhalb des Arbeitsblattes nachträglich ändern.

1. Klicken Sie auf das Kreisdiagramm im Blatt *Tabelle1*.

2. Um die Position auf dem Arbeitsblatt zu verändern, setzen Sie den Mauszeiger auf das Diagramm, halten die Maustaste gedrückt und verschieben dann das Diagramm.

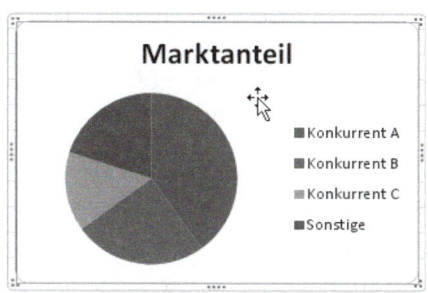 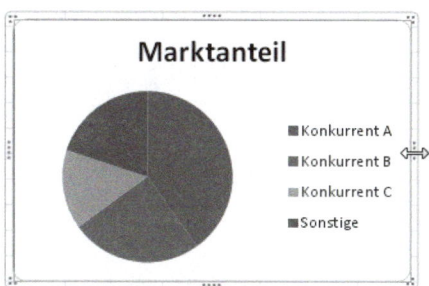

3. Verwenden Sie die Ziehpunkte, um die Größe und/oder die Proportionen des Diagramms mit der Maus zu ändern.

Tipp: Diagrammblätter anordnen

Um die Position eines Diagrammblattes in der Arbeitsmappe über die Blattregisterleiste zu ändern, gehen Sie genauso vor wie beim Verschieben eines Tabellenblattes.

Übung 5: Zugrunde liegende Daten ändern

Lernziel 6.1

Bei eingebetteten Diagrammen können Sie die zugrunde liegenden Daten einfach kontrollieren, indem Sie das Diagramm markieren. Die Daten werden daraufhin farbig eingerahmt. Die Markierung kann mit der Maus geändert werden. Sie können aber auch eine andere Vorgehensweise benutzen, die für beide Arten von Diagrammen gleichermaßen gilt.

1. Aktivieren Sie das Blatt *Tabelle3*. Dieses Arbeitsblatt beinhaltet ein Diagramm, in dem der Umsatz über die Jahre angezeigt wird.

2. Zum Ändern der aktuell angezeigten Datenreihe aktivieren Sie das Diagramm und klicken dann auf der Registerkarte *Diagrammtools/Entwurf* in der Gruppe *Daten* auf die Schaltfläche *Daten auswählen*. Daraufhin wird das Dialogfeld *Datenquelle auswählen* angezeigt. Sie können die Eintragungen darin benutzen, um den gesamten dargestellten Datenbereich zu kontrollieren oder zu ändern.

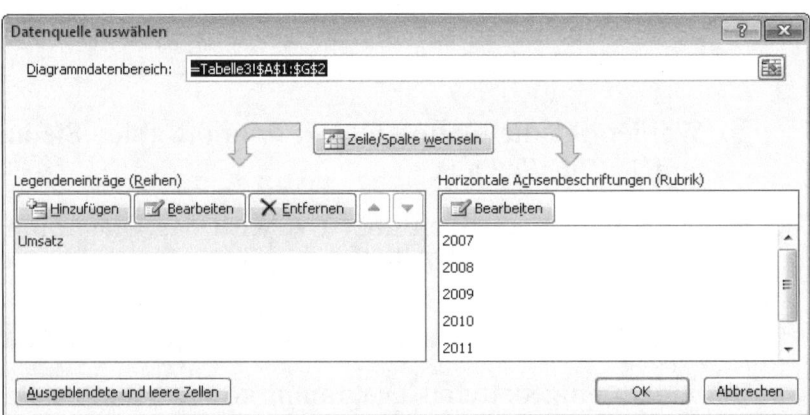

3. Klicken Sie in das Feld *Diagrammdatenbereich* und fügen Sie anschließend an den schon vorhandenen Eintrag ein Semikolon an.

4. Markieren Sie dann im Blatt *Tabelle3* zusätzlich den Bereich *A4:G4*. Wenn die Tabelle verdeckt sein sollte, klicken Sie zunächst auf die Schaltfläche *Dialog reduzieren*, um das Dialogfeld zu verkleinern und besser arbeiten zu können.

5. Klicken Sie danach auf die Schaltfläche *Dialog anzeigen*, um das Dialogfeld wieder in voller Größe einzublenden.

6. Bestätigen Sie durch einen Klick auf *OK*. Im Diagramm werden jetzt Umsatz und Gewinn über die Jahre angezeigt.

Übung 6: Diagrammtyp ändern

Lernziel 6.1

Wenn Sie sich nachträglich für einen anderen Diagrammtyp entscheiden sollten, können Sie das sehr einfach umsetzen. Beachten Sie jedoch, dass sich nicht alle Diagrammformen für alle Arten von Grunddaten eignen.

1. Aktivieren Sie das Diagramm auf dem Blatt *Tabelle4*. Es stellt die Kosten und den Gewinn über die Jahre als normales Säulendiagramm dar.

2. Klicken Sie dann auf der Registerkarte *Diagrammtools/Entwurf* in der Gruppe *Typ* auf *Diagrammtyp ändern*. Das Dialogfeld *Diagrammtyp ändern* enthält eine Palette mit den verfügbaren Typen.

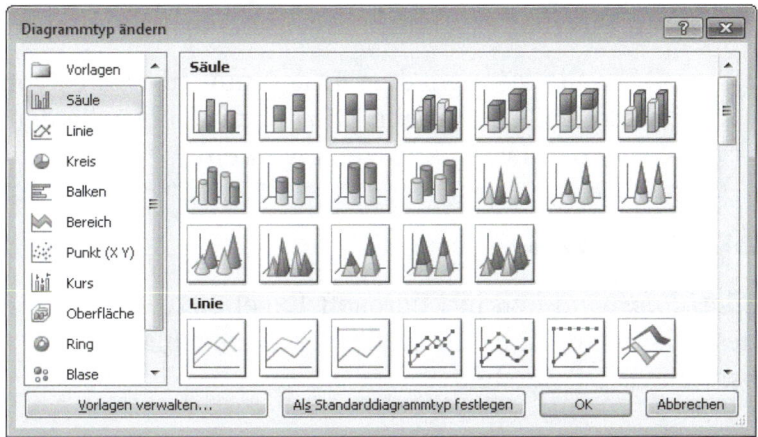

3. Wählen Sie in dieser Palette den gewünschten Typ aus – beispielsweise *Gestapelte Säulen (100%)*.

4. Nach einem Klick auf *OK* wird der gewählte Diagrammtyp verwendet.

Übung 7: Das Diagrammlayout ändern

Lernziel 6.1

Mithilfe der Optionen in den Gruppen *Diagrammlayouts* und *Diagrammformatvorlagen* der Registerkarte *Diagrammtools/Entwurf* können Sie schnell das Erscheinungsbild des Diagramms ändern.

1. Wechseln Sie zum Blatt *Tabelle5* und markieren Sie das darin vorhandene Diagramm. Sorgen Sie dafür, dass die Registerkarte *Diagrammtools/Entwurf* angezeigt wird.

2. Wenn Sie nur die Farbgebung ändern wollen, wählen Sie in der Gruppe *Diagrammformatvorlagen* die gewünschte Gestaltung aus.

3. Wenn Sie zusätzlich Verfeinerungen wünschen, benutzen Sie die Optionen in der Gruppe *Schnelllayout* (bzw. *Diagrammlayouts*). Die Optionen darin unterscheiden sich je nach dem gerade eingestellten Diagrammtyp.

Die *Format-vorlagen* erlauben eine unterschiedliche Farbgebung

Mithilfe von *Schnelllayout* können Sie weitere Elemente hinzufügen

- Wenn Sie beispielsweise unter den Schnelllayouts die Option *Layout8* wählen, können Sie dem Diagramm verbindende Linien, eine Überschrift und Achsentitel hinzufügen. Die Inhalte solcher Beschriftungen können Sie ändern, nachdem Sie zweimal auf den zunächst eingefügten Platzhalter – beispielsweise *Diagrammtitel* – geklickt haben.

- Oder Sie können dem Diagramm über die Option *Layout5* eine zusätzliche Datentabelle hinzufügen, in der die dem Diagramm zugrunde liegenden Daten angezeigt werden.

Sparklines

Sparklines sind neu in Microsoft Excel 2010. Eine Sparkline ist ein sehr kleines Diagramm in einer Zelle des Arbeitsblattes, das Daten in einem Zellbereich visuell darstellt.

Typen von Sparklines

Lernziel 6.4

Excel 2010 bietet drei Standardtypen von Sparklines. Diese können anschließend verfeinert werden.

Name	Beispiel	Beschreibung
Linie		Stellt die Daten als kleines Liniendiagramm dar. Die Größe der Werte wird darin berücksichtigt.
Säule		Stellt die Daten als kleines Säulendiagramm dar. Die Größe der Werte wird darin berücksichtigt.
Gewinn/ Verlust		Benutzt ebenfalls ein Säulendiagramm. Die Größe der Werte wird aber nicht berücksichtigt; zwischen positiven und negativen Werten wird aber unterschieden.

Einen Trend anzeigen

Lernziel 6.4

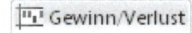

Mit dem Sparkline-Typ *Gewinn/Verlust* können Sie beispielsweise Trends für eine Wertereihe aufzeigen.

1. Wechseln Sie zum Blatt *Tabelle6*. Markieren Sie die Zelle, in der die Sparkline erscheinen soll – beispielsweise die Zelle *B4*.

2. Wählen Sie im Menüband auf der Registerkarte *Einfügen* in der Gruppe *Sparklines* eine Form – beispielsweise *Gewinn/Verlust*.

3. Klicken Sie im Dialogfeld *Sparklines* erstellen in das Feld *Datenbereich* und markieren Sie dann in der Tabelle den Bereich, der als Grundlage für das kleine Diagramm dienen soll. Verwenden Sie hier den Bereich *C4:I4*.

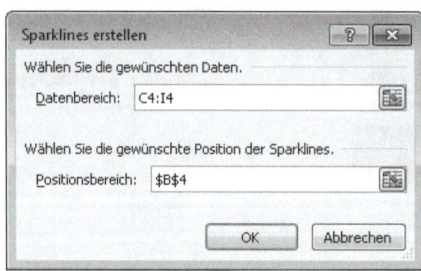

4. Kontrollieren im Feld *Positionsbereich* die Adresse der Zelle, in der die Sparkline erscheinen soll.

5. Bestätigen Sie über *OK*. Die Sparkline wird in der zuvor markierten Zelle erstellt.

6. Erstellen Sie in den Zellen *B2* und *B3* zwei weitere Sparklines für die Werte in den Zellen *C2:I2* und *C3:I3*. Benutzen Sie dafür die Typen *Säule* und *Linie*.

Der negative Wert in der Zelle *E3* wird gesondert gekennzeichnet

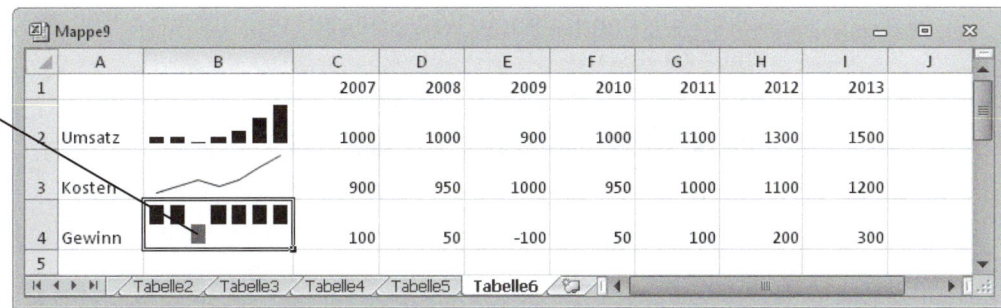

	A	B	C	D	E	F	G	H	I	J
1			2007	2008	2009	2010	2011	2012	2013	
2	Umsatz		1000	1000	900	1000	1100	1300	1500	
3	Kosten		900	950	1000	950	1000	1100	1200	
4	Gewinn		100	50	-100	50	100	200	300	
5										

Tipp: Die Zelle wählen

Um eine größtmögliche Wirkung zu erzielen, sollten Sie eine Sparkline in der Nähe der zugehörigen Daten positionieren. Oft verbessert eine größere Zeilenhöhe die Darstellung. Sie können auch in eine Zelle Text eingeben und eine Sparkline als Hintergrund verwenden.

Sparklines verfeinern

Lernziel 6.4

Solange die Zelle mit der Sparkline markiert ist, wird die Registerkarte *Sparklinetools/Entwurf* angezeigt. Sie können darüber die Sparkline abwandeln oder verfeinern.

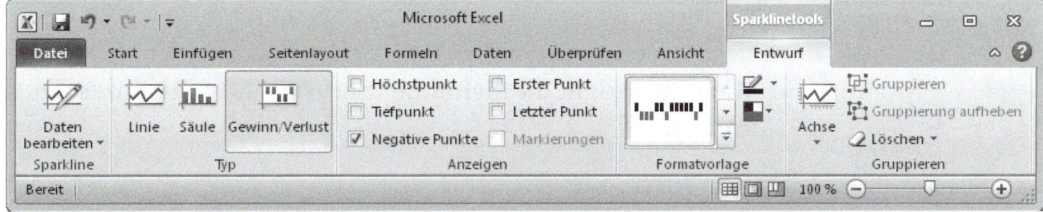

- Über *Daten bearbeiten* können Sie die Lage der Zelle mit der Grafik und auch den darzustellenden Wertebereich ändern. Sie können hier auch festlegen, wie leere Zellen im Wertebereich behandelt werden sollen.

- Über die Optionen in der Gruppe *Typ* können Sie zu einer anderen Form von Sparkline wechseln.

- Die Gruppe *Anzeigen* erlaubt es, einzelne Elemente in der Sparkline farblich besonders hervorzuheben. Bei einer Sparkline vom Typ *Gewinn/Verlust* werden beispielsweise negative Werte standardmäßig andersfarbig gekennzeichnet.

- Benutzen Sie beispielsweise den Katalog *Formatvorlage*, wenn Sie dem Element schnell eine andere Farbgebung verleihen wollen.

Werte in Diagrammen darstellen

Zusammenfassung

Excel stellt Ihnen diverse Typen von Diagrammen für unterschiedliche Zwecke zur Verfügung. Sie können sie in der Grundform über die betreffenden Schaltflächen auf der Registerkarte *Einfügen* erstellen und anschließend verfeinern. Die Wahl eines Diagrammtyps sollte sich vordringlich an der Art der darzustellenden Aussage und nicht an ästhetischen Gesichtspunkten orientieren. Viele Diagrammtypen können außerdem in dreidimensionaler Form angezeigt werden. Für diese gelten im Prinzip dieselben Richtlinien wie für ihre zweidimensionalen Brüder. Sie sehen interessanter aus, sind aber oft schwieriger zu lesen.

Wiederholungsfragen

- Welche Schritte führen Sie durch, um ein Diagramm aus den Daten in einer Tabelle zu erstellen?

- Welche Diagrammtypen kennen Sie?

- Welche Besonderheiten hat ein Kreisdiagramm bezüglich der Anzahl der darin darstellbaren Datenreihen?

- Wie ändern Sie den Speicherort für ein vorhandenes Diagramm?

- Wie ändern Sie Position und Größe eines Diagramms?

- Welche Möglichkeit haben Sie, das Layout eines Diagramms schnell zu ändern?

- Wie ändern Sie die in dem Diagramm darzustellenden Daten?

- Wie ändern Sie den Diagrammtyp?

- Was sind *Sparklines* und wie setzen Sie sie ein?

10 Zusätzliche Elemente einfügen

Zur Verfeinerungen können Sie eine Tabelle oder ein Diagramm mit zusätzlichen Objekten versehen. Verwendet werden können beispielsweise Grafiken, Medienclips, Zeichnungsobjekte oder Dokumente aus anderen Programmen. Diese können Sie zur Illustration und für weitere Hinweise einsetzen. Außerdem können Sie mit Hyperlinks bequeme Verbindungen zu anderen Dokumenten schaffen.

Lernziele

- Grafische Elemente einfügen

- Grafikobjekte verfeinern

- Hyperlinks einfügen

Eine Arbeitsmappe mit den für diese Lektion notwendigen Grunddaten finden Sie in der Datei **Mappe10**. Öffnen Sie diese für die Arbeit mit dieser Lektion.

Grafische Elemente hinzufügen

Zur Illustration und für zusätzliche Hinweise können Sie diverse Elemente in Tabellen und Diagramme einfügen. Die Werkzeuge dafür finden Sie auf der Registerkarte *Einfügen* – vor allem in der Gruppe *Illustrationen*.

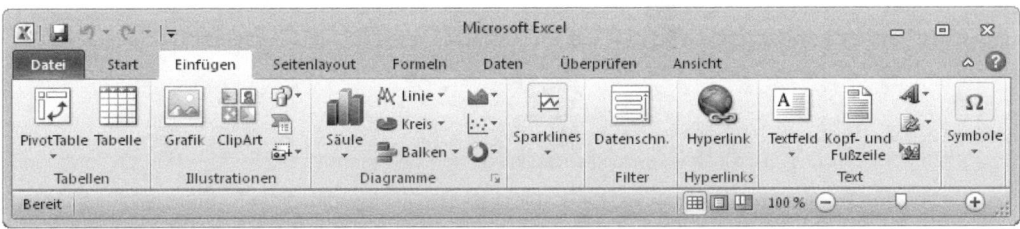

Übung 1: Grafikdatei einfügen

Lernziel 6.2

Um persönliche Bilder – beispielsweise Fotos – in einem Dokument anzuzeigen, können Sie eine auf Ihrem Rechner gespeicherte Bilddatei hinzufügen. Excel unterstützt zu diesem Zweck diverse Formate.

1. Aktivieren Sie zum Einfügen das noch leere Blatt *Tabelle1* und markieren Sie darin die Zelle, an der das Bild erscheinen soll.

2. Klicken Sie auf der Registerkarte *Einfügen* in der Gruppe *Illustrationen* auf die Schaltfläche *Grafik*. Das öffnet das Dialogfeld *Grafik einfügen*, das dem bekannten Dialogfeld *Öffnen* entspricht. Hier ist automatisch im Feld *Dateityp* die Option *Alle Grafiken* eingestellt.

3. Navigieren Sie zu dem Ordner, der die einzufügende Bilddatei enthält. Zum Ausprobieren können Sie unter Windows den Ordner *Beispielbilder* benutzen.

4. Markieren Sie die gewünschte Bilddatei und klicken Sie dann auf *Einfügen*. Das Bild wird in Originalgröße in das Arbeitsblatt eingefügt.

Tipp: Grafikdatei entfernen

> Wenn Sie eine eingefügte Bilddatei oder andere Grafik wieder entfernen wollen, markieren Sie sie und drücken die Taste [Entf].

Übung 2: Clip einfügen

Lernziel 6.2

Wenn Ihnen keine geeigneten eigenen Bilder zur Verfügung stehen, können Sie zur Illustration Ihrer Tabelle auch Clips benutzen. Solche Clips sind vorgefertigte Grafiken, die zum Lieferumfang von Microsoft Office gehören.

1. Aktivieren Sie zum Einfügen das noch leere Blatt *Tabelle2* und markieren Sie darin die Zelle, an der der Clip erscheinen soll.

2. Klicken Sie auf der Registerkarte *Einfügen* in der Gruppe *Illustrationen* auf *ClipArt*. Der Aufgabenbereich *ClipArt* wird rechts im Programmfenster eingeblendet. Wählen Sie hier den Clip aus:

- Geben Sie im Feld *Suchen nach* einen Begriff ein, der den Inhalt der gesuchten Grafik beschreibt.

- Im Feld *Ergebnisse* können Sie angeben, nach welcher Art von Clip gesucht werden soll – beispielsweise Illustrationen, Videos oder Fotos.

- Klicken Sie auf *OK*.

3. Die gefundenen Clips werden anschließend im Aufgabenbereich aufgelistet. Klicken Sie auf den gewünschten Clip, um ihn einzufügen.

4. Der Clip wird im Arbeitsblatt angezeigt. Sie können Clips mit den üblichen Methoden verschieben und die Größe sowie den Drehwinkel einstellen.

Um den Aufgabenbereich *ClipArt* wieder auszublenden, klicken Sie in seiner Titelleiste auf die *Schließen*-Schaltfläche.

Übung 3: Einfache Zeichnungsobjekte erstellen

Lernziel 6.2

Zum Illustrieren können Sie auch einfache Zeichnungsobjekte – sogenannte *Formen* – verwenden. Beispielsweise können Sie Elemente der Tabelle durch den Einsatz von Linien, Rechtecken, Ellipsen oder Pfeilen hervorheben.

1. Aktivieren Sie zum Einfügen das noch leere Blatt *Tabelle3* und markieren Sie darin die Zelle, an der die Form erscheinen soll.

2. Klicken Sie auf der Registerkarte *Einfügen* in der Gruppe *Illustrationen* auf die Schaltfläche *Formen*. Das öffnet die Liste der zur Verfügung stehenden Formen, die nach Gruppen sortiert sind.

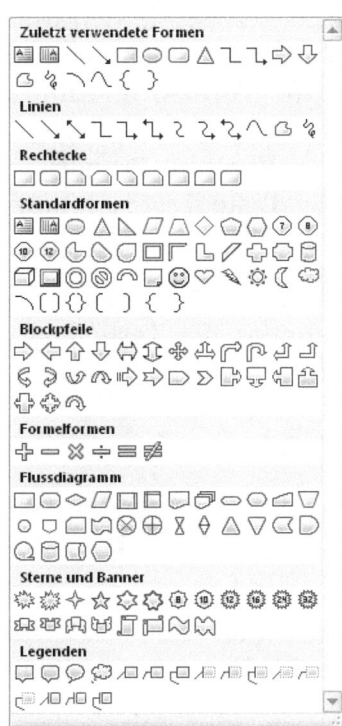

3. Über die Schaltflächen können Sie einfache Zeichnungsobjekte erstellen. Aktivieren Sie hierfür zuerst das Zeichenwerkzeug durch einen Klick auf die entsprechende Schaltfläche in der Liste.

4. Erstellen Sie das Objekt im Arbeitsblatt, indem Sie an der gewünschten Stelle klicken. Erstellen Sie auf diese Weise eine Linie, einen Pfeil, ein Rechteck, eine Ellipse und einen nach rechts abgeknickten Blockpfeil.

In der Grundeinstellung zeichnen Sie einfache Formen mit einer durchgezogenen Linie in der Stärke von 0,75 bzw. 2 Punkt. Die Stärke und Art der Linie können Sie anschließend über die Schaltflächen auf der Registerkarte *Zeichentools/Format* ändern.

Formen aufziehen

Lernziel 6.2

Anstatt nach der Wahl der Form einfach in das Arbeitsblatt zu klicken, können Sie dem Objekt auch gleich beim Einfügen die Größe und die Proportionen zuweisen. Je nach Typ der Form stehen Ihnen dabei unterschiedliche Methoden und Möglichkeiten zur Verfügung:

- Zum Zeichnen einer Linienform setzen Sie nach dem Klicken auf die entsprechende Schaltfläche den Mauszeiger auf einen Endpunkt der geplanten Linie, halten die Maustaste gedrückt und führen dann den Zeiger zum anderen Ende. Durch gleichzeitiges Drücken der Taste ⇧ können Sie den Winkel der Linie auf Schritte von jeweils 15° einschränken. Das vereinfacht beispielsweise das Zeichnen von waagerechten Linien.

- Wenn Sie eine Pfeilform zeichnen möchten, benutzen Sie die Schaltfläche *Pfeil* und zeichnen die Form in der Grundeinstellung vom Ende zur Spitze. Anschließend können Sie den Pfeil über die Palette zur Schaltfläche *Formkontur* auf der Registerkarte *Zeichentools/Format* anpassen.

- Zum Zeichnen eines Rechtecks setzen Sie den Mauszeiger nach Klicken auf die Schaltfläche *Rechteck* auf einen der vier Eckpunkte des geplanten Rechtecks, halten die Maustaste gedrückt und führen dann den Mauszeiger auf die Position des diagonal gegenüberliegenden Eckpunkts. Damit können Sie Rechtecke mit beliebigen Proportionen zeichnen. Durch gleichzeitiges Drücken der ⇧-Taste lässt sich bewirken, dass nur Quadrate – also Rechtecke mit gleicher Höhe und Breite – gezeichnet werden.

- Die Schaltfläche *Ellipse* erlaubt das Zeichnen von Kreisen und Ellipsen. Wenn Sie während des Zeichnens die Taste ⇧ gedrückt halten, wird automatisch ein Kreis erzeugt.

Übung 4: SmartArt einsetzen

Lernziel 6.2

SmartArt-Grafiken erlauben eine Integration von Tabellendaten und grafischen Elementen. Sie können damit Ihre Ideen anschaulicher präsentieren und Dokumente lebendiger gestalten.

1. Wählen Sie zum Einfügen das noch leere Blatt *Tabelle4* und markieren Sie darin die Zelle, an der die Grafik erscheinen soll.

2. Klicken Sie auf der Registerkarte *Einfügen* in der Gruppe *Illustrationen* auf die Schaltfläche *SmartArt*. Das öffnet das Dialogfeld *SmartArt-Grafik auswählen*. In der Spalte links können Sie zwischen den verschiedenen Typen von SmartArt-Grafiken – *Prozess, Hierarchie, Zyklus, Beziehung* usw. – auswählen.

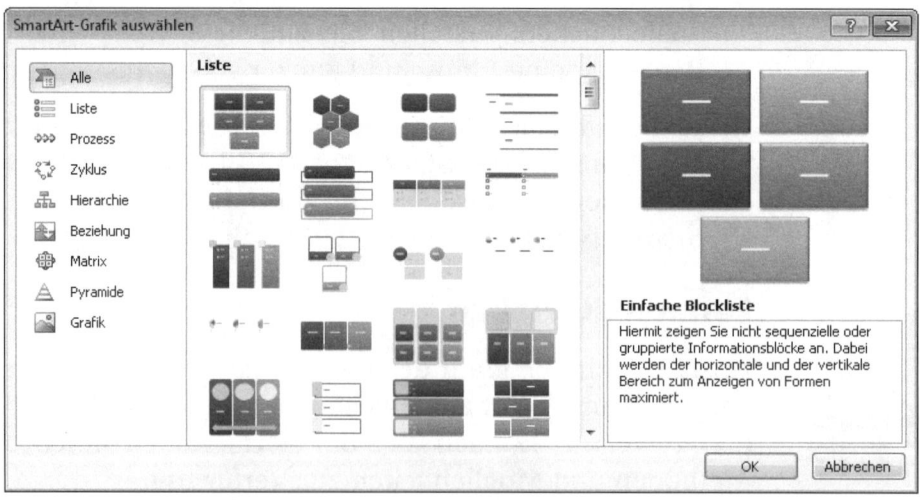

3. Wählen Sie eine Grafik aus. Benutzen Sie beispielsweise die Option *Einfache Blockliste*.

4. Bestätigen Sie dann über *OK*. Die Grafik wird daraufhin in das Arbeitsblatt eingefügt. Beim Erstellen oder Ändern wird das Objekt mit einem nicht druckbaren Rahmen versehen, dessen Ziehpunkte Sie zum Ändern der Proportionen verwenden können. Auch durch die Verwendung des entsprechenden Befehls im Kontextmenü können Sie die Größe der Form bestimmen.

In die Platzhalter können Sie Ihre eigenen Texte eingeben

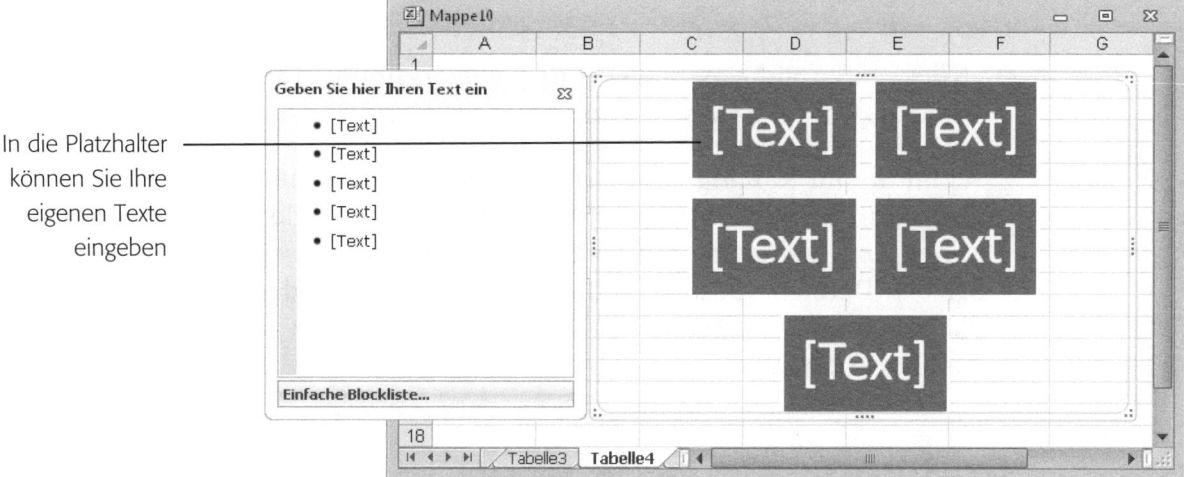

Anschließend können Sie die Grafik über die Registerkarten *SmartArt-Tools/ Entwurf* und *SmartArt-Tools/Format* weiter bearbeiten.

- Sie können Farben und Text hinzufügen, die Linienstärke und -art ändern sowie Füllbereiche, Strukturen und Hintergründe hinzufügen. Die Optionen unterscheiden sich teilweise je nach eingefügtem Objekt.

- Um Text hinzuzufügen, klicken Sie in die entsprechende Form und geben dann den Text ein. Zu Linien oder Verbindungen kann kein Text hinzugefügt werden.

Klicken Sie außerhalb der SmartArt-Grafik, wenn Sie den Bearbeitungsvorgang beendet haben. Wenn Sie die Grafik später entfernen wollen, markieren Sie sie insgesamt und drücken die Taste [Entf].

Übung 5: Bildschirmabbildung erstellen und einfügen

Lernziel 6.2

Besonders für Dokumentationszwecke eignet sich die neue Screenshot-Funktion, mit deren Hilfe Sie eine Abbildung des Bildschirms erstellen und als Illustration zur Arbeitsmappe hinzufügen können.

1. Öffnen Sie die Anwendung, von der Sie einen Screenshot erstellen möchten. Benutzen Sie beispielsweise den Internet Explorer. Sorgen Sie dafür, dass das Fenster, von dem Sie das Bild erstellen wollen, nicht minimiert ist.

2. Wechseln Sie über die Windows-Taskleiste zurück zu Excel. Wählen Sie dort zum Einfügen das noch leere Blatt *Tabelle5* und markieren Sie darin die Zelle, an der das Bild erscheinen soll.

3. Klicken Sie auf der Registerkarte *Einfügen* in der Gruppe *Illustrationen* auf *Screenshot*. Die Fenster, von denen Sie einen *Screenshot* erstellen können, werden aufgelistet.

4. Klicken Sie auf das betreffende Fenstersymbol. Ein Abbild des Fensters wird als Grafik in das Arbeitsblatt eingefügt.

Tipp: Einen Bildschirmaus-schnitt einfügen

Wenn Sie im Katalog zum Befehl *Screenshot* auf die Option *Bildschirm-ausschnitt* klicken, wird der Bildschirmkontrast reduziert und der Maus-zeiger wird als Kreuz angezeigt. Ziehen Sie mit gedrückter Maustaste ü-ber den Bereich auf dem Bildschirm, den Sie abbilden wollen. Wenn Sie die Maustaste loslassen, wird der betreffende Bereich als Abbildung in das Blatt eingefügt.

Grafikobjekte verfeinern

Grafische Objekte können Sie nach dem Einfügen ändern oder verfeinern. Solange das Objekt markiert ist, stellt Ihnen Excel kontextbezogene Register-karten zur Verfügung, die sich je nach dem Typ des Objekts unterscheiden.

Bei Bildobjekten meldet sich im Menüband die Registerkarte *Bild-tools/Format*. Diese beinhaltet diverse Werkzeuge zur Bearbeitung des Bildes. Sie können darüber verschiedene Bildparameter einstellen oder auch einzel-ne Teile im Bild ausblenden.

- In der Gruppe *Anpassen* finden Sie einige Befehle, die es Ihnen erlauben, das eingefügte Bild selbst zu bearbeiten. Sie können darüber beispielswei-se den Kontrast und die Helligkeit regeln.

- Die Optionen in der Gruppe *Bildformatvorlagen* erlauben es, dem Objekt einen Schatteneffekt zuzuweisen oder es auf unterschiedliche Weisen zu verzerren, zu spiegeln oder mit Kanten zu versehen.

- Wenn Sie mehrere – sich überlappende – Grafiken eingefügt haben, kön-nen Sie über die Optionen in der Gruppe *Anordnen* bestimmen, welche im Vordergrund gezeigt werden soll. Sie können die Grafik auch drehen oder kippen.

Die Werkzeuge zum Formatieren von Zeichnungsobjekten finden Sie auf der Registerkarte *Zeichentools/Format*, die automatisch angezeigt wird, solange eine Form ausgewählt ist. Markieren Sie dazu immer zunächst das Zeich-nungsobjekt, an dem Sie Änderungen vornehmen wollen.

- In der Gruppe *Formenarten* finden Sie unter anderem links unterschied-liche Möglichkeiten zur farbigen Füllung.

- Die Farben eines Objekts können Sie auch getrennt für Linien, Flächen und den gegebenenfalls darin vorhandenen Text separat ändern. Klicken Sie dazu auf der Registerkarte auf den Pfeil der betreffenden Schaltfläche und wählen Sie anschließend die gewünschte Einstellung in der angezeigten Palette aus.

- Über die Schaltfläche *Formeffekte* können Sie der Form Schatten, Kanten oder ähnliche Effekte zuweisen.

Übung 6: Position, Größe und Drehwinkel ändern

Lernziel 6.3

Nachdem Sie das Objekt erstellt haben, können Sie durch Verschieben mit der Maus die Position des markierten Objekts verändern. Ziehen Sie an einem der Größenziehpunkte, um die Größe des Objekts zu ändern. Zum Ändern von Größe, Position oder Drehwinkel eines markierten Zeichnungsobjekts können Sie direkt mit der Maus arbeiten.

1. Markieren Sie eine der im Blatt *Tabelle3* zuvor eingefügten Formen, am besten den nach rechts abgeknickten Blockpfeil, da dieser die meisten Möglichkeiten zum Anpassen besitzt.

2. Probieren Sie daran einmal die grundsätzlichen Möglichkeiten zur Gestaltung der Form aus. Ändern Sie beispielsweise Größe, Position, Erscheinungsbild und Drehwinkel.

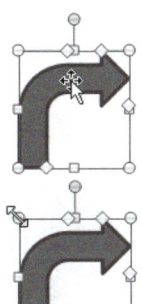

- Sie können die Position des Objekts verändern, indem Sie den Mauszeiger auf oder in das Objekt setzen. Der Mauszeiger verändert sich daraufhin zu einem Vierfachpfeil. Halten Sie die Maustaste gedrückt und ziehen Sie das Objekt an eine andere Stelle.

- Zum Ändern der Größe verwenden Sie die Ziehpunkte am Objekt. Wenn Sie den Mauszeiger auf einen solchen Punkt setzen, ändert er sein Aussehen in einen Doppelpfeil, der die möglichen Richtungen der Änderung anzeigt. Halten Sie die Maustaste gedrückt und ziehen Sie den Ziehpunkt in die gewünschte Richtung.

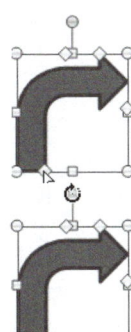

- Bei einigen Formen wird zusätzlich zu den Ziehpunkten noch eine gelbe Raute (oder auch mehrere) angezeigt. Hierüber können Sie die Form des Objekts ändern. Doppelklicken Sie auf diesen Punkt, um die ursprünglichen Proportionen wiederherzustellen.

- Zum Drehen eines Objekts setzen Sie den Mauszeiger auf den grünen, runden Punkt. Daraufhin ändert er sein Aussehen zu einem kreisförmigen Pfeil. Wenn Sie die Maustaste gedrückt halten, können Sie den Punkt ziehen und damit das Element drehen. Wenn Sie gleichzeitig die Taste ⇧ gedrückt halten, ist nur noch ein Drehen in Schritten von 15° möglich.

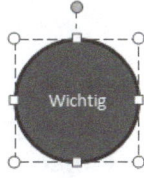

3. Einige Formen können Sie auch mit zusätzlichen Texteingaben versehen. Markieren Sie das zuvor eingefügte Kreissymbol und geben Sie darin Text ein. Dazu wählen Sie zunächst *Text bearbeiten* im Kontextmenü zur Form. In der Form erscheint eine Einfügemarke. Geben Sie den Text ein.

Außerdem können Sie zum Einstellen von Größe und Drehwinkel des vorher markierten Objekts die Optionen der Gruppe *Größe* auf den Registerkarten *Bildtools/Format* und *Zeichentools/Format* verwenden. Weitere Parameter können Sie ändern, nachdem Sie auf die kleine Schaltfläche mit dem Pfeil unten rechts in dieser Gruppe klicken. Im Dialogfeld *Form formatieren* in der Kategorie *Größe* können Sie im Feld *Drehung* einen Wert angeben, um den das markierte Objekt gedreht werden soll. Über die Angaben im Bereich *Skalierung* lässt sich die Größe proportional um einen festgelegten Prozentsatz verändern.

Übung 7: Helligkeit und Kontrast anpassen

Lernziel 6.3

Mithilfe der Optionen in der Gruppe *Anpassen* der Registerkarte *Bildtools/Format* können Sie an eingefügten Bildern sehr einfach Korrekturen vornehmen und künstlerische Effekte darauf anwenden.

1. Klicken Sie im Blatt *Tabelle1* auf das zuvor eingefügte Bild und aktivieren Sie die Registerkarte *Bildtools/Format*.

2. Öffnen Sie in der Gruppe *Anpassen* den gewünschten Katalog und wählen Sie eine Option.

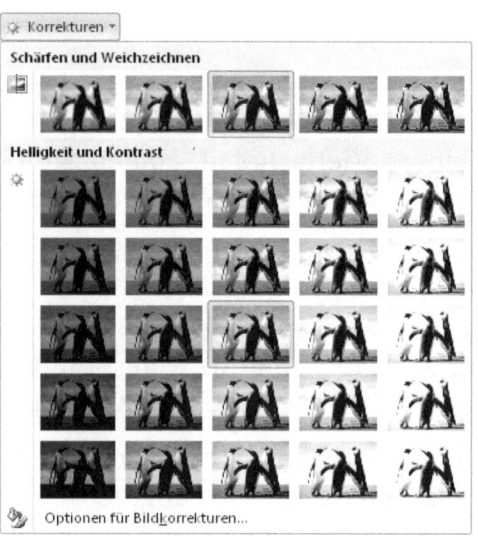
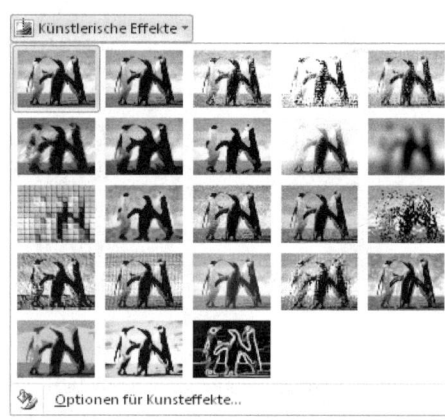

■ Zum Einstellen von Helligkeit und Kontrast benutzen Sie den Katalog *Korrekturen*. Über die Optionen im oberen Bereich dieses Katalogs können Sie auch *Schärfen und Weichzeichnen*.

■ Zum Verfremden bedienen Sie sich der Optionen im Katalog *Künstlerische Effekte*.

■ Zum Ändern der Farbeinstellungen wählen Sie *Farbe*.

Übung 8: Bildelemente freistellen

Lernziel 6.3

Auch das Entfernen von nicht gewünschten Elementen aus einem bereits eingefügten Bild ist schnell über die Registerkarte *Bildtools/Format* möglich. Das nennt sich *Freistellen* und ist neu bei den Programmen von Office 2010. Die Originalbilddatei wird dadurch nicht beeinflusst.

1. Klicken Sie auf das im Blatt *Tabelle1* eingefügte Bild und wählen Sie die Registerkarte *Bildtools/Format*.

2. Klicken Sie in der Gruppe *Anpassen* auf *Freistellen*.

3. Legen Sie dann fest, welche Bildelemente angezeigt und welche ausgeblendet werden sollen:

- Um einen Bereich auszublenden, klicken Sie auf *Zu entfernende Bereiche markieren* und dann auf einen Bildbereich. Der Bereich wird mit einem Kreis mit einem Minuszeichen darin gekennzeichnet.

- Um einen Bereich beizubehalten, klicken auf *Zu behaltende Bereiche markieren* und dann auf den gewünschten Bereich. Der Bereich wird mit einem Kreis mit einem Pluszeichen darin gekennzeichnet.

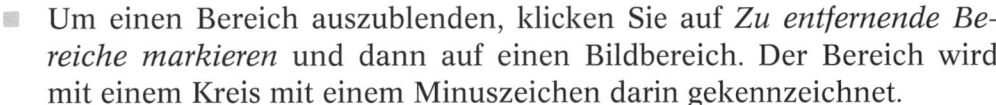

- Falls Sie sich bei dieser Markierung geirrt haben sollten, können Sie eine Korrektur durchführen, indem Sie *Markierung löschen* anklicken und dann im Bild auf die zu entfernende Markierung klicken.

4. Klicken Sie auf die Schaltfläche *Änderungen beibehalten*. Das Bild zeigt nur noch die zu behaltenden Bereiche an. Nach einem nochmaligen Aufruf von *Freistellen* können Sie weitere Änderungen durchführen.

Hyperlinks

Eine Möglichkeit zur Automatisierung in der Navigation bieten Hyperlinks, die Ihnen einen schnellen Zugriff zu anderen Dokumenten, dem Netzwerk, dem Internet oder anderen Stellen in derselben Arbeitsmappe ermöglichen. Wenn Sie auf einen Hyperlink klicken, wird das Sprungziel angezeigt. Sie können Hyperlinks zu unterschiedlichen Formen von Adressen benutzen. Beispielsweise können Sie durch einen Klick auf einen solchen Link eine Zelle in einer Tabelle der aktuellen Arbeitsmappe markieren, eine Arbeitsmappe in einem angegebenen Verzeichnis öffnen oder die Verbindung zu einer angegebenen Webseite herstellen. Als Hyperlink können Sie einen beliebigen Text anzeigen lassen.

Übung 9: Link zu Datei oder Webseite

Sie können beispielsweise in einem Excel-Dokument einen Hyperlink zu einer Datei oder einer Webseite erstellen. Auf diese Weise geben Sie sich selbst oder anderen Benutzern eine bequeme Möglichkeit zur Navigation zu diesem Objekt.

Lernziel 2.3

Hyperlink

1. Markieren Sie die Zelle, in der der Hyperlink erscheinen soll. Das kann eine Zelle oder ein Zeichnungsobjekt sein – beispielsweise die Zelle *B1* in *Tabelle6*.

2. Klicken Sie im Menüband auf der Registerkarte *Einfügen* auf *Hyperlink*. Das öffnet das Dialogfeld *Hyperlink einfügen*. Hierin legen Sie zunächst über die mit *Link zu* überschriebene Leiste fest, welche Art von Hyperlink eingefügt werden soll.

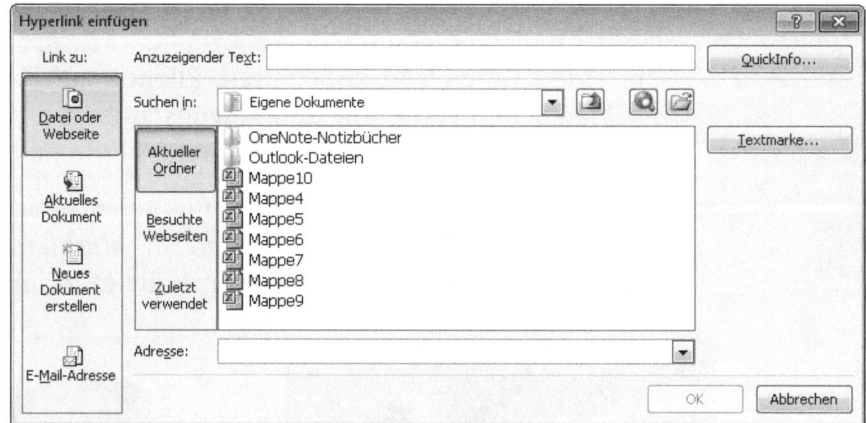

3. Wenn Sie unter *Link zu* die Option *Datei oder Webseite* eingestellt haben, können Sie wählen, ob die Elemente im aktuellen Ordner, die zuletzt besuchten Webseiten oder die Verweise zu den in letzter Zeit geöffneten Dateien im Listenfeld angezeigt werden sollen.

4. Benutzen Sie beispielsweise die Datei **Mappe9**.

5. Legen Sie dann die sonstigen Optionen im Dialogfeld fest.

- Im Feld *Anzuzeigender Text* geben Sie an, welcher Text für den Hyperlink verwendet werden soll. Hier wird in der Grundeinstellung die gewählte Zieladresse angezeigt. Sie können stattdessen aber auch eine beliebige Texteingabe verwenden.

- Über die Schaltfläche *QuickInfo* können Sie dem Hyperlink eine QuickInfo hinzufügen. Sie wird angezeigt, wenn sich der Mauszeiger auf dem Hyperlink befindet. Geben Sie hier beispielsweise den Text **Mappe mit Diagrammen** ein.

- Klicken Sie auf die Schaltfläche *Textmarke*, um eine bestimmte Stelle im Dokument auszuwählen. Haben Sie beispielsweise ein Microsoft Excel-Dokument als Ziel gewählt, können Sie das Blatt oder die Zelle angeben. Die in der markierten Tabelle vergebenen Namen sind ebenfalls als Verweisadressen verfügbar.

6. Bestätigen Sie die Angaben über *OK*. Danach erscheint im Arbeitsblatt die gewählte Adresse beziehungsweise die im Feld *Anzuzeigender Text* festgelegte Angabe in blauer Schrift und unterstrichen. Sie können dieses Objekt mit den üblichen Methoden in jeder anderen Weise formatieren, allerdings ist es üblich, Hyperlinks durch die Kombination blau und unterstrichen zu kennzeichnen.

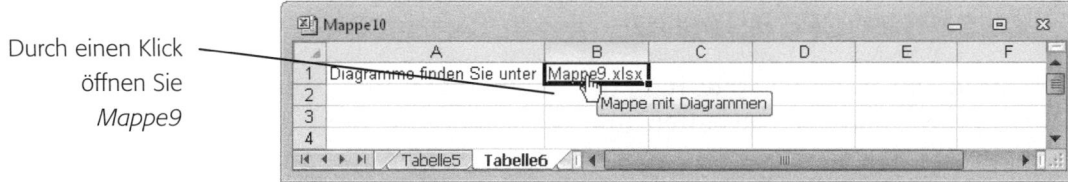

Durch einen Klick öffnen Sie *Mappe9*

Tipp: Hyperlink editieren Wenn Sie einen eingefügten Hyperlink editieren wollen, markieren Sie die Zelle mit dem Hyperlink über die Tastatur und klicken dann im Menüband auf der Registerkarte *Einfügen* wieder auf *Hyperlink*.

Weitere Hyperlinks

Lernziel 2.3

Über das Dialogfeld *Hyperlink einfügen* können Sie in der Spalte unter *Link zu* auch andere Typen festlegen:

- Wenn Sie die Option *Aktuelles Dokument* gewählt haben, können Sie einen Zellbezug zu einem Bereich in der aktuellen Arbeitsmappe angeben. Als Voreinstellung wird die Zelle *A1* der aktiven Tabelle angezeigt. Die in der Mappe gegebenenfalls vergebenen Namen zeigen Sie durch einen Klick auf *Festgelegte Namen* an.

- Wenn Sie unter *Link zu* die Option *Neues Dokument erstellen* gewählt haben, können Sie auch ein neues Dokument anlegen lassen.

  - Geben Sie unter *Name des neuen Dokuments* die gewünschte Bezeichnung ein. Unterhalb dieses Feldes wird der eingestellte Pfad angezeigt. Wenn Sie den Pfad ändern wollen, klicken Sie auf die Schaltfläche *Ändern* und legen ihn dann im Dialogfeld *Neues Dokument erstellen* fest.

  - Wenn Sie unter *Zeitpunkt der Bearbeitung* die Option *Das neue Dokument jetzt bearbeiten* wählen, wird das Dokument direkt nach dem Bestätigen erstellt, andernfalls wird es erst nach einem Klick auf den Hyperlink erstellt.

- Wenn Sie im Dialogfeld *Hyperlink einfügen* im Bereich *Link zu* die Option *E-Mail-Adresse* gewählt haben, können Sie im Feld *E-Mail-Adresse* die betreffende Adresse eintragen. Über das darunter liegende Listenfeld können Sie gegebenenfalls aus den kürzlich verwendeten Adressen die gewünschte auswählen.

Übung 10: Einen Hyperlink entfernen

Lernziel 2.3

Die Anzeige eines Hyperlinks können Sie mit der Taste ⎡Entf⎤ aus einer Zelle löschen. Allerdings können dabei kleine Probleme beim Markieren der Zelle auftauchen, da ein Klick darauf den Hyperlink sofort aktiviert. Deswegen empfiehlt sich eine andere Vorgehensweise.

1. Markieren Sie im Blatt *Tabelle6* die Zelle *A1*. Navigieren Sie von dort aus mit der Taste ⎡→⎤ zur Zelle *B1*.

2. Öffnen Sie auf der Registerkarte *Start* in der Gruppe *Bearbeiten* die Liste zur Schaltfläche *Löschen* und wählen Sie die Option *Alle löschen*.

Zusammenfassung

Durch das Einfügen zusätzlicher Elemente können Sie Tabellen und Diagramme lebendiger gestalten und die Bequemlichkeit der Arbeit damit erhöhen. Bei der Verwendung von Grafiken sollten Sie aber – wie beim eigentlichen Formatieren – mit Bedacht vorgehen. Überladen Sie Ihre Dokumente nicht und passen Sie die Gestaltung an den Benutzerkreis an. Hyperlinks hingegen vereinfachen die Navigation erheblich.

Wiederholungsfragen

▧ In welche Blätter können Sie grafische Objekte einfügen?

▧ Welche Typen von grafischen Objekten können eingefügt werden?

▧ Wie fügen Sie einfache grafische Objekte – wie Linien oder Kreise – in ein Arbeitsblatt ein?

▧ Wie ändern Sie die Größe und die Positionen von eingefügten grafischen Objekten?

▧ Was ist eine *SmartArt*?

▧ Was versteht man unter dem Begriff *Freistellen* und wie wendet man diese Funktion an?

▧ Wie fügen Sie einen Hyperlink in ein Arbeitsblatt ein?

▧ Zu welchen Elementen können Hyperlinks in einem Arbeitsblatt verweisen?

▧ Wie entfernen Sie einen Hyperlink aus einem Arbeitsblatt?

11 Kontrolle und Ausdruck

Sie können die Tabellen und Diagramme einer Arbeitsmappe auf einem lokalen oder einem Netzwerkdrucker ausdrucken, um die Ergebnisse anderen zugänglich zu machen. Im Gegensatz zum Drucken einer Textdatei müssen Sie bei einem Programm für Tabellenkalkulation besonders dann zusätzliche Parameter beachten, wenn Sie größere Tabellen drucken wollen.

Lernziele

- Schneller Ausdruck

- Einstellungen für einzelne Blätter

- Ansichten im Blatt

Eine Arbeitsmappe mit den für diese Lektion notwendigen Grunddaten finden Sie in der Datei **Mappe11**. Öffnen Sie diese für die Arbeit mit dieser Lektion. Die Mappe enthält eine größere Tabelle, an der Sie die Übungen durchführen können.

Schneller Ausdruck

Oft werden Sie gleich zum Ausdruck schreiten können, ohne weitere Einstellungen vornehmen zu müssen. Die Kategorie *Drucken* auf der Registerkarte *Datei* liefert die Möglichkeit dazu. Sie können entweder die gesamte Mappe oder einzelne Blätter mit Standardeinstellungen für die Seite ausdrucken.

Übung 1: Dokument auf dem Standarddrucker drucken

**Lernziele
1.2, 3.5**

Die Registerkarte *Datei* hält eine Kategorie bereit, in der die wesentlichsten Einstellungen für den Ausdruck vorgenommen werden können. Alle wichtigen Befehle sind auf einer Seite zusammengefasst. Für bestimmte Anpassungen ist es aber besser, wenn Sie zum Festlegen der Einstellungen die Tabelle selbst vor sich haben. Darauf werden wir später noch eingehen.

1. Öffnen Sie die Registerkarte *Datei*.

2. Wählen Sie die Kategorie *Drucken*.

3. Rechts sehen Sie eine Vorschau auf das zu erwartende Druckergebnis. Kontrollieren Sie diese vor dem Ausdruck.

4. Die Anzahl der zu erwartenden Druckseiten wird darunter angezeigt. Bei mehrseitigen Dokumenten können Sie durch einen Klick auf die Pfeilschaltflächen zu anderen Seiten wechseln. Sie können die Nummer der gewünschten Seite aber auch direkt im betreffenden Feld eintippen.

5. Wenn Sie mehrere Drucker installiert haben, können Sie über die Liste *Drucker* das gewünschte Gerät auswählen.

6. Zum Festlegen der Anzahl der zu druckenden Exemplare benutzen Sie das Feld *Exemplare*. Geben Sie die Anzahl direkt ein oder klicken Sie auf die Pfeilspitzen, um die Zahl zu erhöhen oder zu verringern.

7. Wenn Sie den Ausdruck starten wollen, klicken Sie auf *Drucken*.

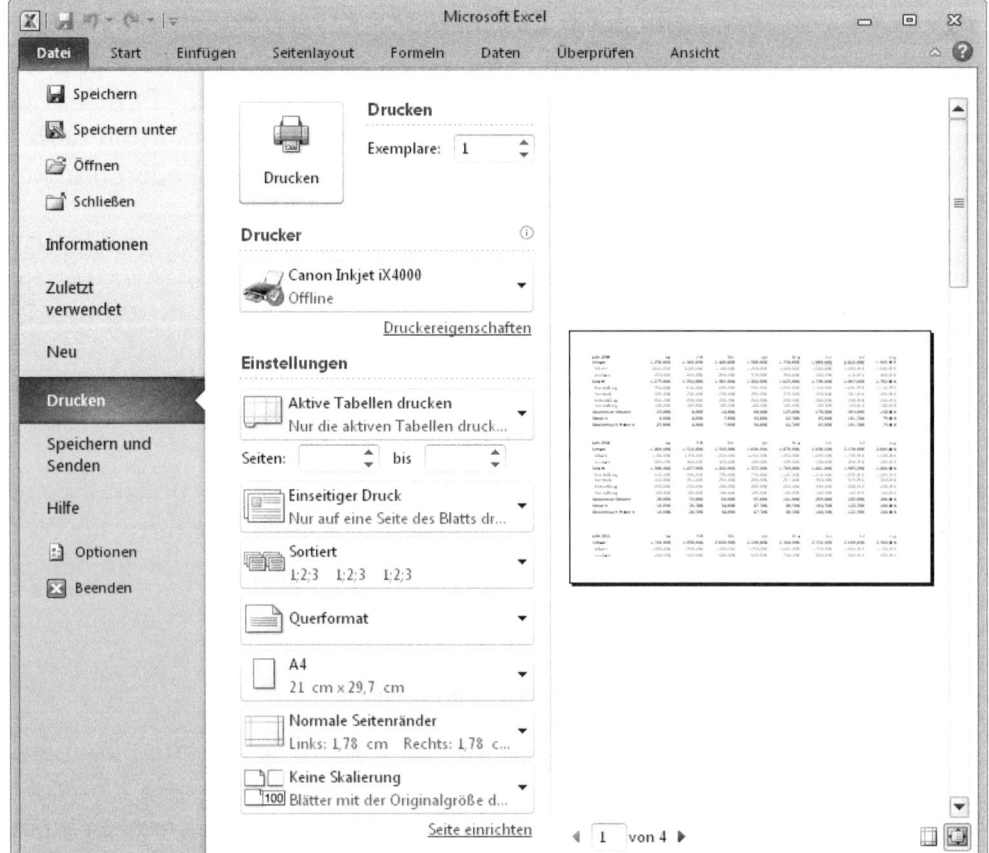

Die wichtigsten Einstellungen zum Drucken

Die Optionen in der Mitte des Fensters liefern Ihnen die Einstellmöglichkeiten zum Ausdruck.

▪ Sie können schnell entscheiden, welche Inhalte der aktiven Arbeitsmappe gedruckt werden sollen. Wenn Sie nur einen bestimmten Bereich drucken wollen, markieren Sie ihn zuvor.

▪ Wenn Sie beide Seiten des Papiers bedrucken wollen, wählen Sie *Beidseitiger Druck* und legen das Papier gegebenenfalls nach dem Bedrucken der Vorderseite nochmals umgekehrt in den Drucker.

▪ Wenn Sie mehrere Exemplare eines mehrseitigen Dokuments drucken wollen, können Sie festlegen, wie die Kopien ausgegeben werden sollen. Durch Wahl von *Sortiert* werden zuerst alle Seiten des ersten Exemplars vollständig gedruckt, bevor das nächste ausgegeben wird.

▪ Tabellen können im Hoch- oder im Querformat ausgedruckt werden. Ist eine größere Tabelle mehr breit als hoch, sollte man das Querformat benutzen. Ist sie mehr hoch als breit, benutzen Sie das Hochformat.

- Standardmäßig geht Excel davon aus, dass Sie den Ausdruck auf Papier im Format DIN A4 vornehmen wollen. Wenn Sie ein anderes Format wünschen, müssen Sie das zuerst festlegen.

- Mit den Seitenrändern legen Sie den Abstand zwischen dem Rand des Papiers und dem bedruckten Bereich fest. Dafür liefert Ihnen Excel mit den Einstellungen *Normal*, *Breit* und *Schmal* drei Alternativen.

- Wenn Sie feststellen, dass eine Tabelle beim Ausdruck nicht ganz auf die Seite passt, können Sie den Skalierungsfaktor ändern.

Seitenansicht zur Kontrolle

Lernziel 3.5

Der rechte Abschnitt des Bereichs *Drucken* auf der Registerkarte *Datei* zeigt die Seitenansicht. Vor dem Ausdruck sollten Sie darüber noch eine Kontrolle der zu erwartenden Ergebnisse am Bildschirm durchführen. Das spart Papier und auch Zeit. Sie können hierüber auch noch einige Änderungen durchführen.

1. Klicken Sie auf der Registerkarte *Datei* auf die Kategorie *Drucken*.

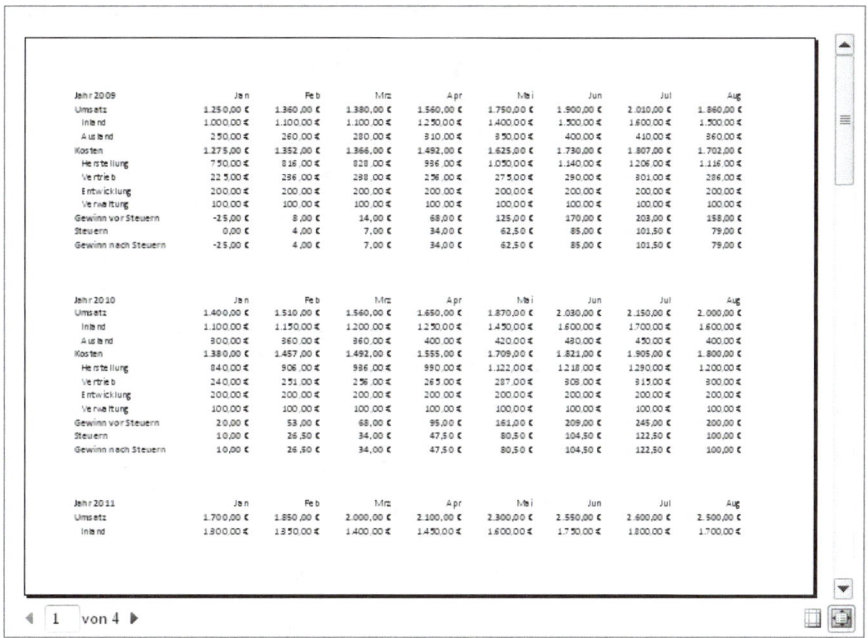

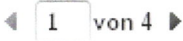

2. Verwenden Sie bei größeren Dokumenten die Bildlaufleisten oder die Schaltfläche *Nächste Seite* und *Vorherige Seite*, um durch die Seitenansicht zu blättern.

3. Für die Kontrolle von Details auf einer Seite können Sie auf die Schaltfläche *Auf die Seite zoomen* unten rechts klicken. Das ändert den Vergrößerungsmaßstab. Ein nochmaliger Klick auf die Schaltfläche stellt die vorherige Darstellung wieder her.

4. Nachdem Sie unten rechts auf *Seitenränder anzeigen* geklickt haben, werden Marken für die Seitenränder und die Spalten angezeigt. Sie können diese mithilfe der Maus verschieben und so dafür sorgen, dass mehr Spalten auf die Seite passen. Ein nochmaliger Klick auf die Schaltfläche schaltet die Anzeige der Marken wieder ab.

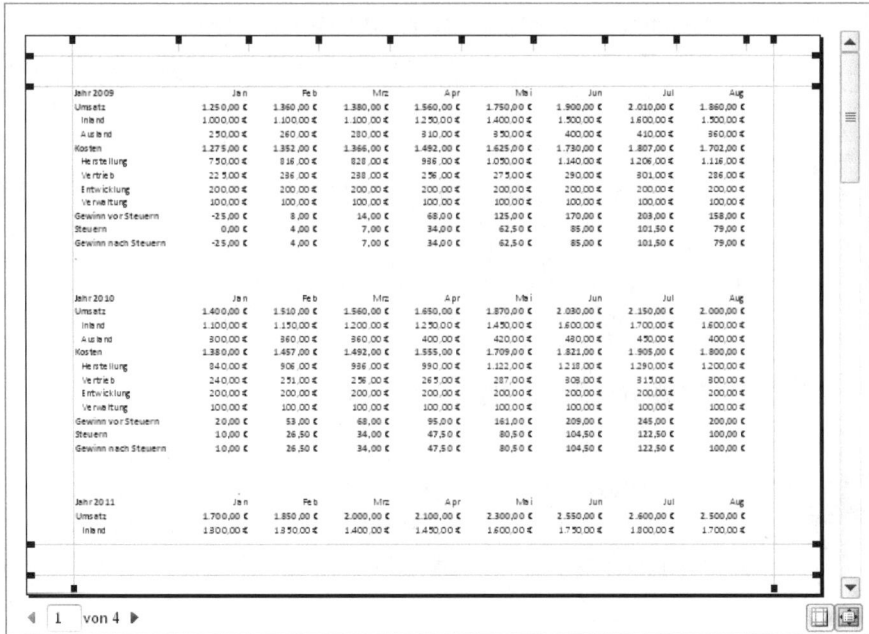

Einstellungen für einzelne Blätter festlegen

Standardmäßig druckt Excel eine Tabelle immer ganz aus – angefangen von der Zelle *A1* in der oberen linken Ecke bis zu der letzten Zelle unten rechts, die Eingaben enthält. Wenn Sie das nicht wünschen, müssen Sie die zu druckenden Bereiche auf der Ebene der einzelnen Blätter vorher festlegen. Die Befehle dazu finden Sie auf der Registerkarte *Seitenlayout* im Menüband. Auch wenn Sie verschiedene Seiteneinstellungen – beispielsweise eine unterschiedliche Ausrichtung – für die einzelnen Blätter wünschen, müssen Sie diese vorher auf der Ebene der einzelnen Blätter festlegen. Wenn Sie mehrere Blätter einer Mappe ausdrucken wollen, müssen Sie diese Auswahl für jedes Blatt der Arbeitsmappe einzeln vornehmen.

Achtung: Das Blatt vorher auswählen

Die Angaben beziehen sich immer auf das gerade aktive Blatt. Wenn Sie also Änderungen für ein bestimmtes Blatt der Mappe durchführen wollen, müssen Sie es vorher markieren. Sollen sich die Änderungen auf die gesamte Mappe beziehen, müssen Sie alle Blätter der Mappe gemeinsam markieren.

Übung 2: Druckbereiche festlegen

Lernziel 1.2

Standardmäßig werden beim Ausdrucken von Tabellen alle Zellen gedruckt, in denen Eingaben enthalten sind. Wenn die Tabelle aber mehr Informationen enthält, als ausgedruckt werden sollen, können Sie einen Druckbereich festlegen.

1. Aktivieren Sie das gewünschte Blatt und markieren Sie den Bereich, der gedruckt werden soll – beispielsweise den Bereich *A1:C12* in *Tabelle1*.

2. Klicken Sie auf der Registerkarte *Seitenlayout* in der Gruppe *Seite einrichten* auf *Druckbereich* wählen Sie *Druckbereich festlegen*. Der definierte Bereich wird in der Tabelle mit einer gestrichelten Linie gekennzeichnet. Nur dieser Bereich wird später gedruckt.

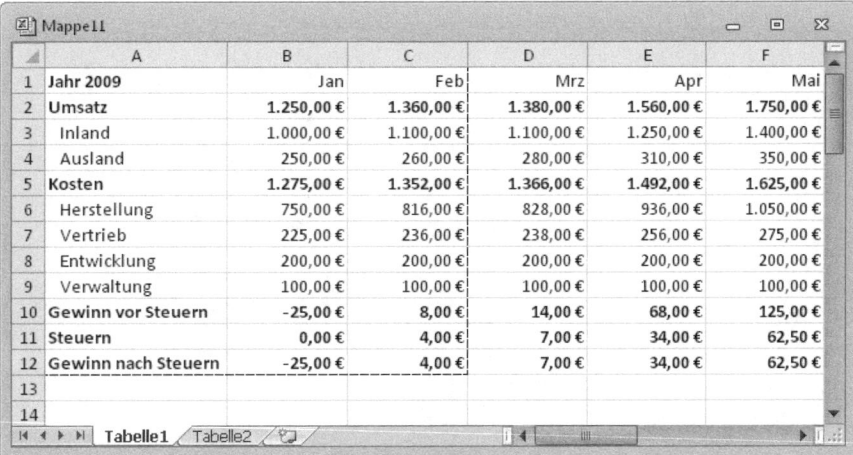

	A	B	C	D	E	F
1	Jahr 2009	Jan	Feb	Mrz	Apr	Mai
2	Umsatz	1.250,00 €	1.360,00 €	1.380,00 €	1.560,00 €	1.750,00 €
3	Inland	1.000,00 €	1.100,00 €	1.100,00 €	1.250,00 €	1.400,00 €
4	Ausland	250,00 €	260,00 €	280,00 €	310,00 €	350,00 €
5	Kosten	1.275,00 €	1.352,00 €	1.366,00 €	1.492,00 €	1.625,00 €
6	Herstellung	750,00 €	816,00 €	828,00 €	936,00 €	1.050,00 €
7	Vertrieb	225,00 €	236,00 €	238,00 €	256,00 €	275,00 €
8	Entwicklung	200,00 €	200,00 €	200,00 €	200,00 €	200,00 €
9	Verwaltung	100,00 €	100,00 €	100,00 €	100,00 €	100,00 €
10	Gewinn vor Steuern	-25,00 €	8,00 €	14,00 €	68,00 €	125,00 €
11	Steuern	0,00 €	4,00 €	7,00 €	34,00 €	62,50 €
12	Gewinn nach Steuern	-25,00 €	4,00 €	7,00 €	34,00 €	62,50 €
13						
14						

3. Wollen Sie weitere Bereiche mit ausdrucken, markieren Sie diese und wählen *Zum Druckbereich hinzufügen* im Menü zu *Druckbereich*.

4. Wenn Sie später andere Bereiche oder die gesamte Tabelle ausdrucken lassen wollen, wählen Sie *Druckbereich aufheben*. Probieren Sie das in dieser Übung aus. Die Markierungen werden wieder entfernt.

Übung 3: Größe, Ausrichtung und Seitenränder festlegen

**Lernziele
1.2, 3.5**

Im deutschen Sprachraum wird meist das Papierformat *DIN A4* im Hochformat für den Ausdruck benutzt. Diese Vorgabe verwendet auch Excel standardmäßig, davon abweichende Einstellungen können Sie aber einstellen.

1. Aktivieren Sie das gewünschte Blatt oder die entsprechenden Blätter.

2. Öffnen Sie auf der Registerkarte *Seitenlayout* in der Gruppe *Seite einrichten* die Liste zur Schaltfläche *Größe* und wählen Sie das gewünschte Format aus. Bleiben Sie hier bei der Einstellung *A4*.

3. Zum Festlegen der Ausrichtung benutzen Sie die Liste zur Schaltfläche *Ausrichtung* in derselben Gruppe. Wählen Sie hier *Querformat*.

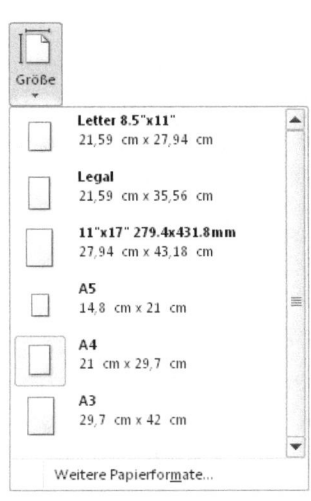

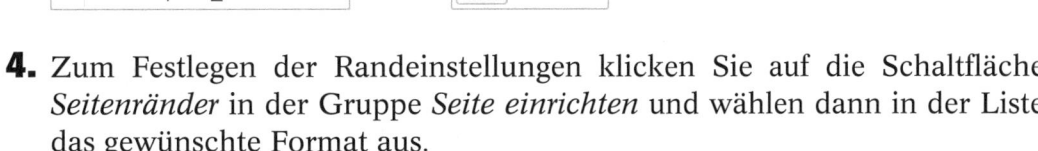

4. Zum Festlegen der Randeinstellungen klicken Sie auf die Schaltfläche *Seitenränder* in der Gruppe *Seite einrichten* und wählen dann in der Liste das gewünschte Format aus.

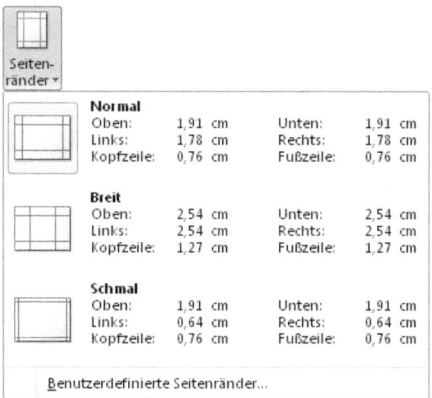

Tipp: Benutzer-
definierte
Einstellungen

Wenn Sie in den Listen auf eine Option wie *Weitere Papierformate* oder *Benutzerdefinierte Seitenränder* klicken, wird das Dialogfeld *Seite einrichten* angezeigt, in dem alle Einstellungen für die Einrichtung zusammengefasst sind. Sie können zur Anzeige auch in der Gruppe *Seite einrichten* rechts unten auf das kleine Pfeilsymbol klicken. Dieses Dialogfeld verfügt über die vier Registerkarten *Papierformat, Seitenränder, Kopf- und Fußzeilen* und *Blatt* beziehungsweise *Diagramm* (wenn ein Diagrammblatt aktiv ist).

Übung 4: Skalieren

Lernziele
1.2, 3.5

Wenn Sie später feststellen, dass eine Tabelle beim Ausdruck nicht ganz auf das Papier passt, können Sie den Skalierungsfaktor ändern. Dazu benutzen Sie die Werkzeuge in der Gruppe *An Format anpassen* der Registerkarte *Seitenlayout*.

1. Aktivieren Sie das gewünschte Blatt oder die entsprechenden Blätter.

2. Sie können über die Felder *Breite* und *Höhe* die Ausgabe so skalieren, dass sie auf eine angegebene Anzahl von Seiten passt. Die Werte können unabhängig voneinander geändert werden. Diese Option ist für Diagrammblätter nicht verfügbar.

3. Alternativ können Sie im Feld *Skalierung* festlegen, ob Sie das Arbeitsblatt beim Drucken vergrößern oder verkleinern wollen. Standardmäßig ist eine Skalierung von *100%* eingestellt. Sie können einen Wert zwischen *10%* und *400%* wählen. Dieser Parameter ist bei einigen Druckern nicht verfügbar.

Drucktitel angeben

Lernziel 3.3

Wenn Tabellen so lang sind, dass sie nicht mehr auf eine Papierseite passen, erscheinen die Spaltenüberschriften beim Ausdruck nur auf der ersten Seite. Der Leser weiß auf den Folgeseiten nicht mehr, was die einzelnen Spalten bedeuten. Das können Sie vermeiden, indem Sie die Überschriften auf allen Seiten automatisch wiederholen lassen.

1. Aktivieren Sie das Blatt, für das die Einstellungen gelten sollen.

2. Klicken Sie auf die Registerkarte *Seitenlayout*.

3. Klicken Sie in der Gruppe *Seite einrichten* auf *Drucktitel*. Die Register-karte *Blatt* im Dialogfeld *Seite einrichten* wird angezeigt.

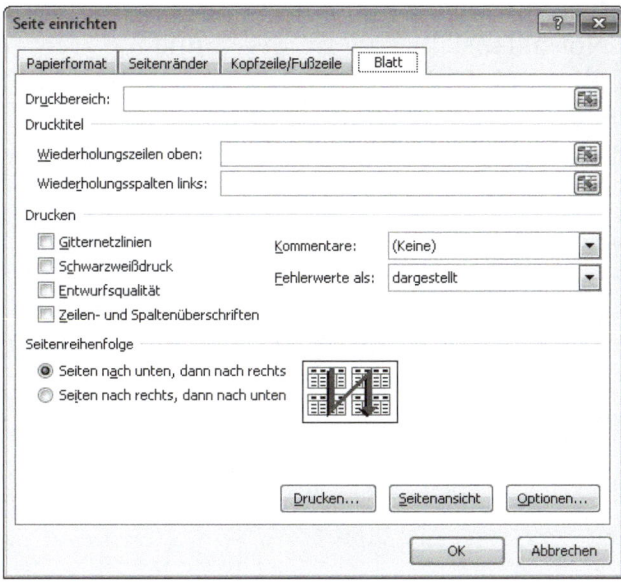

4. Legen Sie dann fest, welche Zeilen beziehungsweise Spalten auf allen Sei-ten wiederholt werden sollen:

- Klicken Sie in das Feld *Wiederholungszeilen oben*. Klicken Sie dann auf den Kopf der Zeile, die auf allen Druckseiten wiederholt gedruckt werden soll.

- Klicken Sie im Dialogfeld in das Feld *Wiederholungsspalten link*s und dann auf die Überschriften der gewünschten Spalten.

5. Klicken Sie auf *OK*.

Ansichten im Blatt

Für weitere Aufgaben vor dem Ausdruck – und die Arbeiten in einem Ar-beitsblatt generell – stehen Ihnen mehrere Optionen zum Anpassen der An-sicht zur Verfügung. Die Möglichkeiten zur Einstellung finden Sie auf der Registerkarte *Ansicht* im Menüband.

Tipp:
Schaltflächen
verwenden

Die Möglichkeit zum schnellen Wechseln zwischen den zur Verfügung stehenden Ansichten haben Sie auch über den rechten Bereich der Sta-tusleiste. Hier stehen Ihnen Schaltflächen für die Ansichten *Normal*, *Sei-tenlayout* und *Umbruchvorschau* zur Verfügung. Die grade gewählte An-sicht ist farblich hervorgehoben.

Übung 5: Seitenlayout

Lernziele
3.5, 4.3

Für die Kontrolle des Ausdrucks steht Ihnen einerseits die Ansicht *Seitenlayout* zur Verfügung. Damit können Sie das Layout und das Format von Daten wie in der Normalansicht ändern. Sie können jedoch auch Lineale zum Messen der Breite und Höhe der Daten verwenden, die Seitenausrichtung ändern, der Seite Kopf- und Fußzeilen hinzufügen oder diese ändern, Ränder zum Drucken festlegen und Zeilen- oder Spaltenüberschriften ein- oder ausblenden.

1. Aktivieren Sie zunächst das Blatt, für das Sie die Ansicht ändern wollen.

2. Lassen Sie die Registerkarte *Ansicht* anzeigen und klicken Sie in der Gruppe *Arbeitsmappenansichten* auf die Schaltfläche *Seitenlayout*.

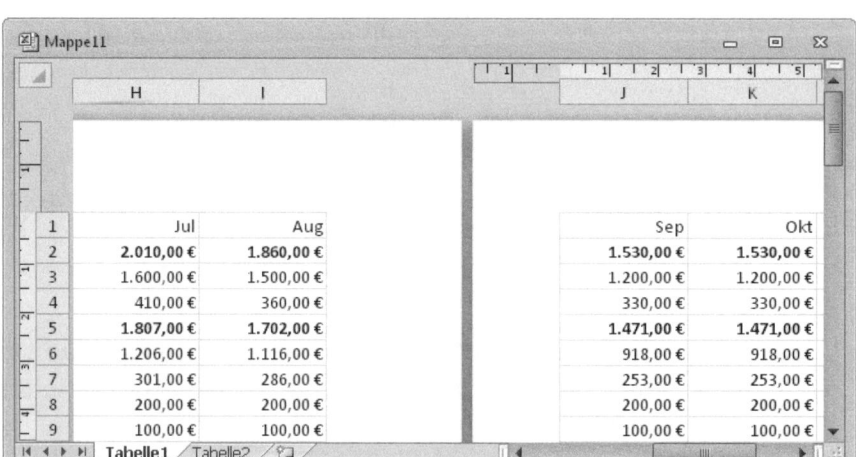

- ▪ Die eingeblendeten Lineale erlauben eine Kontrolle – beispielsweise der Seitenränder.

- ▪ Spaltenbreiten und Zeilenhöhen können schnell verändert werden. Aber auch fast alle anderen Excel-Funktionen sind in dieser Ansicht nutzbar.

- ▪ Benutzen Sie gegebenenfalls die horizontale Bildlaufleiste, um zu kontrollieren, wie die Seiten umbrochen werden.

3. Um zur Standardansicht zurückzuschalten, klicken Sie auf *Normal* auf der Registerkarte *Ansicht*.

Übung 6: Kopf- und Fußzeilen angeben

Lernziele
1.2, 3.5, 4.3

In Kopf- und Fußzeilen definieren Sie Daten, die oben beziehungsweise unten auf jeder Seite des ausgedruckten Bereichs angezeigt werden sollen. Dafür können Sie vordefinierte oder eigene Einstellungen verwenden.

1. Aktivieren Sie das gewünschte Blatt oder die entsprechenden Blätter.

2. Wenn gerade die Ansicht *Normal* benutzt wird, klicken Sie auf der Registerkarte *Einfügen* in der Gruppe *Text* auf *Kopf- und Fußzeile*. Daraufhin wird das Arbeitsblatt in der Ansicht *Seitenlayout* zusammen mit der Registerkarte *Kopf- und Fußzeilentools/Entwurf* angezeigt.

Klicken Sie bei-
spielsweise hier,
um den Text für
den zentrierten
Bereich der Kopf-
zeile einzugeben

3. Zuerst wird darin die Kopfzeile markiert. Um zwischen Kopf- und Fußzeile zu wechseln, benutzen Sie die beiden Schaltflächen *Zu Kopfzeile wechseln* beziehungsweise *Zu Fußzeile wechseln* in der Gruppe *Navigation* der Registerkarte *Kopf- und Fußzeilentools/Entwurf*.

4. Kopf- und Fußzeilen verfügen über je drei Abschnitte – den linken, den mittleren und den rechten. Bevor Sie Daten eingeben, müssen Sie den gewünschten Abschnitt markieren. Dazu klicken Sie in den Abschnitt.

5. Geben Sie dann die gewünschten Daten ein. Dazu haben Sie mehrere Möglichkeiten:

▪ Tippen Sie die Angaben direkt ein.

▪ Alternativ können Sie bei Excel zwischen mehreren Standardvorgaben für Kopf- und Fußzeilen wählen. Diese können Sie in den Listen zu den Schaltflächen *Kopfzeile* und *Fußzeile* auswählen.

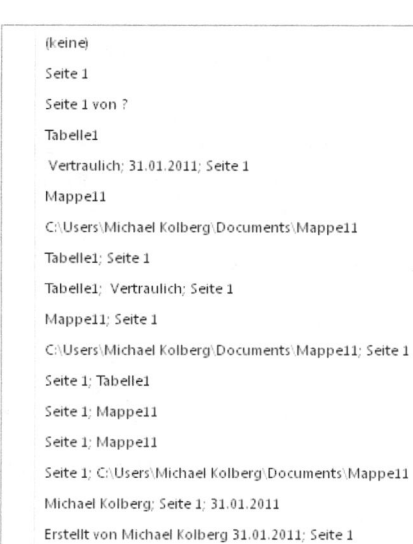

6. Wenn Sie eine Kopf- oder Fußzeile später ändern möchten, klicken Sie auf das Kopf- oder Fußzeilentextfeld, wählen dann den Text aus und ändern ihn.

Feinheiten für Kopf- und Fußzeilen

Wie bei der Textverarbeitung können Sie zur Gestaltung der Kopf- und Fuß-zeilen bei Excel diverse Feinheiten einstellen:

- In der Gruppe *Optionen* der Registerkarte *Kopf- und Fußzeilentools/Ent-wurf* finden Sie mehrere Kontrollkästchen, mit deren Hilfe Sie dafür sor-gen können, dass auf geraden und ungeraden Seiten und auf der ersten Seite verschiedene Angaben angezeigt werden können. Außerdem können Sie die Eingaben an den Seitenrändern ausrichten oder auch bewirken, dass sich deren Größe bei einer Skalierung ändert.

- Über die Gruppe *Kopf- und Fußzeilenelemente* können Sie in der Zeile Platzhalter mit Codes einfügen, die beim Drucken durch die eigentliche Information ersetzt werden. Verwenden Sie beispielsweise die Option *Sei-tenzahl* für den mittleren Bereich der Fußzeile. Der Code *&[Seite]* wird eingefügt. Er wird später auf der ersten Seite durch die Zahl *1* ersetzt.

Tipp: Angaben kombinieren

Die aktuelle und die Gesamtzahl der Seiten können Sie kombinieren mit *Seite &[Seite] von &[Seiten]*. Das könnte beispielsweise im Ausdruck auf der ersten Seite den Text *Seite 1 von 3* erzeugen. Den Namen des Blattes und den der Datei kombinieren Sie mit *&[Register] von &[Datei]*. Das könnte beispielsweise die Anzeige *Tabelle1 von Mappe1* erzeugen.

Übung 7: Den Umbruch gestalten

Wenn ein Blatt für den Ausdruck mehrere Seiten benötigt, kommt es vor, dass eine neue Seite an einer von Ihnen nicht gewünschten Stelle beginnt. Diesen Seitenwechsel können Sie aber steuern. Die Umbruchvorschau kön-nen Sie verwenden, um Seitenumbrüche schnell anzupassen. Sie können in dieser Ansicht die Position der Seitenumbrüche ändern, indem Sie sie mit der Maus verschieben.

1. Aktivieren Sie das Blatt, für das Sie den Umbruch festlegen wollen.

2. Markieren Sie die Zelle, mit der eine neue Seite beginnen soll.

3. Wählen Sie die Registerkarte *Seitenlayout* und klicken Sie in der Gruppe *Seite einrichten* auf *Umbrüche*.

4. Wählen Sie *Seitenumbruch einfügen*. Die Stelle des Umbruchs wird mar-kiert.

5. Lassen Sie die Registerkarte *Ansicht* anzeigen und klicken Sie in der Gruppe *Arbeitsmappenansichten* auf *Umbruchvorschau*.

6. Manuell eingefügte Seitenumbrüche werden als durchgehende Linien angezeigt. Mit gestrichelten Linien wird angegeben, wo automatisch ein Seitenumbruch erfolgt. Sie können in dieser Ansicht die Position der Seitenumbrüche ändern, indem Sie sie mit der Maus verschieben.

Beachten Sie auch die Anzeige der Seitenzahl

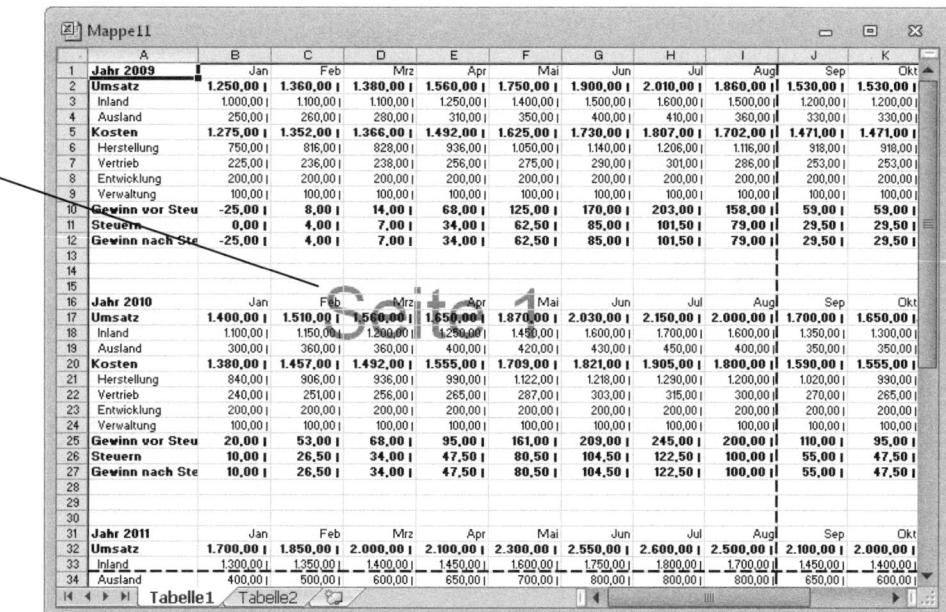

7. Durch einen Klick auf *Normal* kehren Sie zur gewohnten Ansicht zurück.

Übung 8: Gitternetz und Überschriften an- und abschalten

Lernziel 1.2

In der Gruppe *Anzeigen* der Registerkarte *Ansicht* im Menüband finden Sie weitere Optionen. Die Optionen zum Ein- und Ausblenden der Gitternetzlinien finden Sie auch in der Gruppe *Blattoptionen* der Registerkarte *Seitenlayout*. Zusätzlich können Sie darin auch dafür sorgen, dass das Gitternetz ebenfalls mit gedruckt wird.

Außerdem können Sie über die Optionen unter *Überschriften* bewirken, dass die Spalten- und Zeilenköpfe des Blattes ab- oder angeschaltet werden.

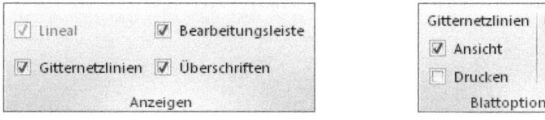

1. Aktivieren Sie zunächst das Arbeitsblatt, für das Ihre Einstellungen gelten sollen.

2. Klicken Sie in der Gruppe *Anzeigen* auf *Gitternetzlinien*, um die Anzeige des Gitternetzes im Blatt abzuschalten. Ein nochmaliger Klick schaltet das Gitternetz wieder ein.

3. Klicken Sie in derselben Gruppe auf *Überschriften*, um die Zeilen- und Spaltenköpfe abzuschalten. Auch in diesem Fall können Sie durch einen weiteren Klick diese Elemente wieder einschalten.

Zusammenfassung

Um die Inhalte Ihrer Arbeitsmappen anderen Personen in Papierform zugänglich zu machen, stehen Ihnen für den Ausdruck in Microsoft Excel unterschiedliche Möglichkeiten zur Verfügung. Sie können die gesamte Arbeitsmappe, einzelne Blätter oder ausgewählte Bereiche drucken und die Gestaltung der Seiten mit Kopf- und Fußzeilentexten etc. detailliert festlegen.

Wiederholungsfragen

- Was versteht man unter *Seite einrichten*?

- Wie legen Sie die zu druckenden Bereiche der Tabelle fest?

- Wie stellen Sie das Papierformat und die Seitenränder ein?

- Wie stellen Sie Kopf- und Fußzeilen ein?

- Welche Methoden benutzen Sie, um den Ausdruck zuvor zu kontrollieren?

- Wie stellen Sie sicher, dass größere Tabellen an den richtigen Stellen umbrochen werden?

- Was können Sie tun, wenn die letzte Spalte oder Zeile einer Tabelle nicht mehr auf die Seite passt?

- Welche Ansichten stehen Ihnen zur Kontrolle des Ausdrucks zu Verfügung?

- Wie schalten Sie das Gitternetz eines Arbeitsblattes zum Ausdrucken ein?

- Wie drucken Sie einen Zellbereich, wenn Sie ihn nicht als Druckbereich definieren möchten?

12 Arbeiten in Gruppen

Wenn Ihre Dokumente bei der Entwicklung nicht nur durch Ihre, sondern auch durch die Hände anderer Benutzer gehen, kommen zusätzliche Excel-Funktionselemente ins Spiel. Im Wesentlichen geht es hier um Überlegungen, die Korrekturen und die Sicherheit der Arbeit und der in den Mappen enthaltenen Daten betreffen.

Lernziele

- Benutzerdefinierte Ansichten
- Kommentieren
- Speichern in anderen Dateiformaten
- Arbeitsmappen über das Internet versenden
- Dokumente im Netzwerk speichern

Eine Arbeitsmappe mit den für diese Lektion notwendigen Grunddaten finden Sie in der Datei **Mappe12**. Öffnen Sie diese für die Arbeit.

Benutzerdefinierte Ansichten verwenden

Sie können für eine Mappe unterschiedliche Ansichten erstellen, die verschiedene Einstellungen der Arbeitsblätter enthalten. Auf diese Weise können Sie beispielsweise verschiedenen Personen unterschiedliche Varianten einer Mappe zukommen lassen und so die Aufmerksamkeit auf bestimmte ausgewählte Elemente lenken.

Eine erste Ansicht erstellen

Lernziel 4.3

Eine Ansicht enthält immer alle Formatierungsangaben, die Fenstergröße und -position, fixierte Ausschnitte oder Titel, die Gliederung, den Prozentsatz der Vergrößerung oder Verkleinerung, den Druckbereich und zahlreiche Einstellungen aus dem Dialogfeld *Excel-Optionen*.

1. Stellen Sie in der Mappe die Elemente ein, die bei der ersten Ansicht verwendet werden sollen.

2. Wählen Sie auf der Registerkarte *Ansicht* in der Gruppe *Arbeitsmappenansichten* den Befehl *Benutzerdef. Ansichten*. Das Dialogfeld *Benutzerdefinierte Ansichten* verfügt über keine Inhalte.

3. Klicken Sie darin auf *Hinzufügen*.

4. Geben Sie der Ansicht einen Namen – beispielsweise *Ansicht1* – und legen Sie fest, ob Druckeinstellungen und der aktuelle Status von ausgeblendeten Zeilen und Spalten sowie Filtereinstellungen in der Ansicht berücksichtigt werden sollen.

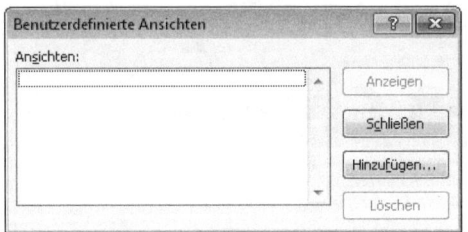
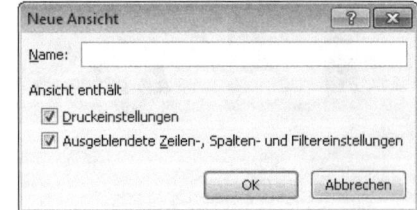

5. Bestätigen Sie über *OK*. Damit haben Sie die erste Ansicht festgelegt.

Weitere Ansichten erstellen

Lernziel 4.3

Weitere Ansichten können Sie auf dieselbe Weise festlegen. Bevor Sie das tun, sollten Sie alle Änderungen vornehmen, in denen sich die neue Ansicht von der bisherigen unterscheidet. Ändern Sie beispielsweise die Formatierung oder blenden Sie verschiedene Bereiche der Mappe oder der Tabellen aus.

Gewünschte Ansicht auswählen

Nachdem Sie mehrere Ansichten erstellt haben, können Sie eine davon anzeigen lassen.

1. Wählen Sie auf der Registerkarte *Ansicht* in der Gruppe *Arbeitsmappenansichten* den Befehl *Benutzerdef. Ansichten*.

2. Im Dialogfeld werden die definierten Ansichten aufgelistet. Markieren Sie die gewünschte und klicken Sie dann auf *Anzeigen*.

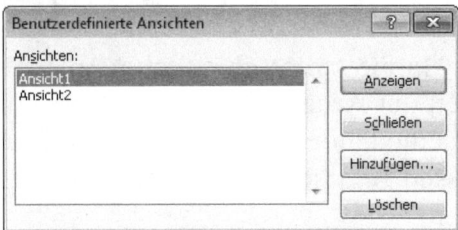

Achtung: Daten-
änderungen
betreffen alle
Ansichten

Beachten Sie, dass Änderungen der Daten in den Zellen der Mappe sich auf alle Ansichten auswirken. Wollen Sie in einer Tabelle mit unterschiedlichen Daten arbeiten, müssen Sie mit dem *Szenario-Manager* arbeiten. Diesen finden Sie in der Liste zur Schaltfläche *Was-wäre-wenn-Analyse* in der Gruppe *Datentools* der Registerkarte *Daten*.

Kommentare

Mithilfe von Kommentaren können Sie anderen Personen Hinweise zu Dateneinträgen geben.

Übung 1: Kommentare eingeben

Lernziel 7.2

Kommentare werden immer zu einer einzelnen Zelle eingegeben.

1. Aktivieren Sie das Blatt *Tabelle1* und markieren Sie zunächst die Zelle, auf die sich der Kommentar beziehen soll – beispielsweise Zelle *B2*.

2. Klicken Sie dann auf der Registerkarte *Überprüfen* im Menüband in der Gruppe *Kommentare* auf *Neuer Kommentar*.

3. Geben Sie den Kommentar in dem dann angezeigten Textfeld ein. Der Name des Bearbeiters wird automatisch vorangestellt.

4. Geben Sie den Kommentar ein – beispielsweise den Satz **Das muss noch überprüft werden!**

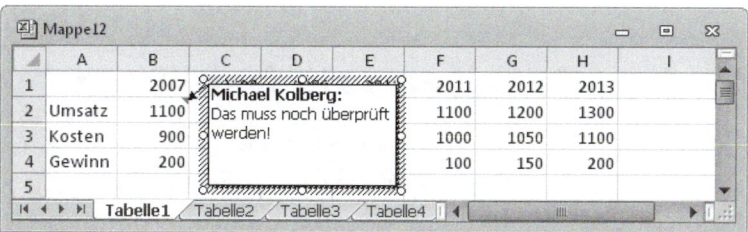

5. Nach der Eingabe klicken Sie auf eine beliebige andere Stelle im Arbeitsblatt. Das Kommentarfeld wird geschlossen. Dass in einer Zelle ein Kommentar vorhanden ist, erkennen Sie an dem Indikator – einem kleinen roten Dreieck – in der oberen rechten Ecke der Zelle.

Dieser Indikator liefert Ihnen den Hinweis dazu, dass zu der Zelle ein Kommentar vorhanden ist, auch wenn er gerade nicht angezeigt wird, weil die Zelle nicht markiert ist.

Übung 2: Kommentare anzeigen, bearbeiten oder löschen

Lernziel 7.2

Sie – oder andere Personen – können die Kommentare anzeigen lassen, die Daten gegebenenfalls bearbeiten und auch Kommentare löschen.

1. Wechseln Sie zum Blatt *Tabelle2*. Dort wurden Kommentare eingegeben.

2. Bewegen Sie den Mauszeiger auf eine Zelle mit einem Kommentar – etwa die Zelle *H2*. Das Textfeld mit dem Kommentar wird angezeigt.

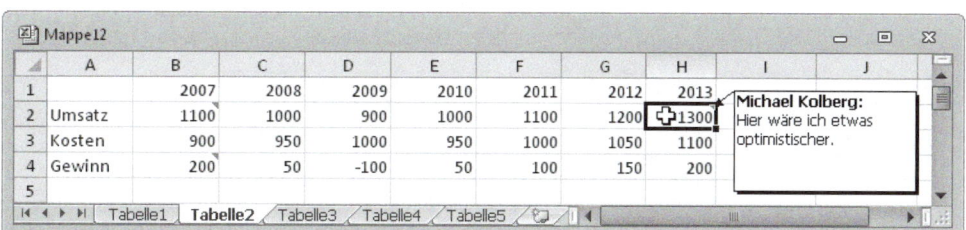

3. Wenn Sie die Zelle markieren und auf *Kommentar ein-/ausblenden* in der Gruppe *Kommentare* klicken, wird der Kommentar auch dann angezeigt, wenn der Mauszeiger nicht auf der Zelle ruht. Ein nochmaliger Klick auf die Schaltfläche blendet ihn wieder aus.

4. Über *Alle Kommentare anzeigen* bewirken Sie, dass alle Kommentare sichtbar werden. Ein weiterer Klick auf diese Schaltfläche blendet sie wieder aus.

5. Über *Weiter* und *Vorheriger* können Sie schrittweise die Zellen mit Kommentaren markieren und diese anzeigen lassen.

6. Wenn Sie einen Kommentar ändern wollen, markieren Sie die zugehörige Zelle und klicken dann auf *Kommentar bearbeiten*. Wenn der Kommentar bereits permanent angezeigt wird, können Sie auch einfach in das Kommentarfeld klicken. Die Einfügemarke erscheint im Textfeld. Führen Sie darin die Änderung durch.

7. Um einen Kommentar zu entfernen, markieren Sie zuerst die entsprechende Zelle und wählen dann *Löschen* in der Gruppe *Kommentare*.

Andere Dateiformate benutzen

Excel hält eine größere Zahl von Dateiformaten bereit, die Sie verwenden können, um die Inhalte der Mappe anderen Personen zugänglich zu machen, die nicht über die aktuelle Version oder überhaupt nicht über Excel verfügen.

Übung 3: Das Dateiformat ändern

Lernziel 7.1

Wenn diese Personen nicht über die Version 2010 oder 2007 von Excel verfügen, können Sie ihnen die Arbeitsmappe in einem älteren Excel-Dateiformat zukommen lassen.

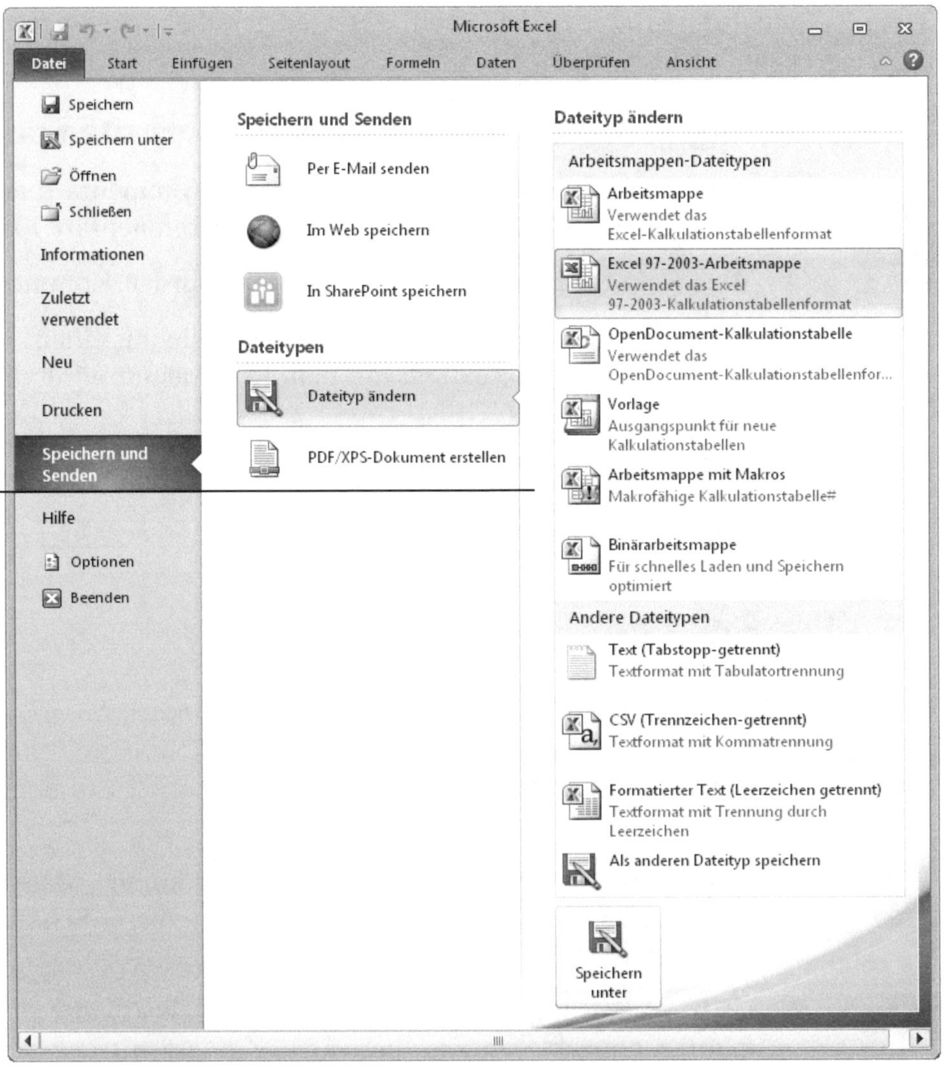

Hier finden Sie die verschiedenen Dateiformate

1. Öffnen Sie im Menüband die Registerkarte *Datei*.

2. Öffnen Sie die Kategorie *Speichern und Senden*.

3. Klicken Sie dann in der Mitte des Fensters auf die Option *Dateityp ändern*.

4. Wählen Sie rechts einen Dateityp aus – benutzen Sie beispielsweise das Format *Excel 97-2003-Arbeitsmappe*.

5. Klicken Sie auf die Schaltfläche *Speichern unter*.

6. Prüfen Sie die Einstellungen im Dialogfeld *Speichern unter*.

7. Klicken Sie auf *Speichern*. Die Datei wird im gewählten Format nochmals gespeichert.

<table>
<tr><td>Tipp: Neuer Name ist nicht notwendig</td><td>Den Dateinamen brauchen Sie nicht zu ändern. Windows kann anhand der verschiedenen Namenserweiterungen zwischen den unterschiedlichen Formaten unterscheiden.</td></tr>
</table>

Die wichtigsten Dateiformate

Lernziel 7.1

Die wichtigsten Dateiformate, die Ihnen der Bereich *Dateityp ändern* zur Verfügung stellt, sollten Sie kennen. Sie dienen für unterschiedliche Zwecke.

Dateiformat	Beschreibung
Excel-Arbeitsmappe	Ist das Standardformat von für Excel 2007- und 2010-Dateien, die keine Makros oder anderen VBA-Code enthalten.
Excel-Arbeitsmappe mit Makros	Ist das Standardformat für Excel 2007- und 2010-Dateien, die Makros oder anderen VBA-Code enthalten.
Excel 97-2003-Arbeitsmappe	Ist das Format für die Excel-Versionen 97 bis 2003. Beim Speichern in diesem Format können einige Gestaltungsdetails verloren gehen.
Excel-Vorlage	Ist das Standarddateiformat für eine Excel 2007- und 2010-Vorlage. Sie kann weder Makros noch anderen VBA-Code enthalten.
Excel-Vorlage mit Makros	Ist das Format für eine Excel 2007- und 2010-Vorlage mit Makros oder anderem VBA-Code.
OpenDocument-Kalkulationstabelle	Speichert in einem Format, das in Tabellenkalkulationsanwendungen geöffnet werden kann, die dieses Format verwenden.
Excel-Binärarbeitsmappe	Ist das Binärdateiformat für Excel 2010 und Excel 2007 – zum schnellen Laden und Speichern optimiert.
Text (Tabstopp-getrennt) und CSV (Trennzeichen-getrennt)	Speichert nur das aktive Blatt der Arbeitsmappe als tabulatorengetrennte oder trennzeichengetrennte Textdatei. Die können diese Formate beispielsweise verwenden, wenn Sie die Daten in einem Programm weiterverarbeiten wollen, das unter einem anderen Betriebssystem als Windows läuft. Nur die eigentlichen Daten werden dabei übernommen.

Datenverluste

Lernziel 7.1

Bei einem Speichern in einem anderen Dateiformat gehen bestimmte – für die Excel-Version 2007 und 2010 eigene – Merkmale verloren. Es empfiehlt sich also immer, eine Arbeitsmappe zuerst einmal im normalen Excel-Format zu speichern, um später eine Masterkopie zur Verfügung zu haben.

- In Excel 2010 besteht ein Arbeitsblatt aus 16.384 Spalten und 1.048.576 Zeilen, in früheren Versionen von Excel enthält ein Arbeitsblatt jedoch nur 256 Spalten und 65.536 Zeilen. Daten, die sich außerhalb dieser Zeilen und Spalten befinden, gehen in früheren Versionen von Excel verloren.

- Viele Formatierungen – beispielsweise solche, die auf Designs beruhen, aber auch bei einer bedingten Formatierung – können beim Verwenden eines andren Formats verloren gehen.

- Es können auch manchmal Genauigkeitsverluste bei einigen Funktionen auftauchen.

Vor einem solchen Datenverlust werden Sie bei der Ausführung aber noch speziell gewarnt.

PDF- oder XPS-Dateien erstellen

Lernziel 7.1

Wenn Sie aus den Daten in der Arbeitsmappe ein Dokument erstellen wollen, das auch von Anwendern gelesen werden kann, die nicht über Microsoft Excel verfügen, können Sie die Ergebnisse der Arbeit in eine *PDF-* oder eine *XPS*-Datei umwandeln.

- Mit der Option *Als PDF senden* erstellen Sie eine Datei aus den Daten Ihrer Arbeitsmappe, die der Empfänger mithilfe eines geeigneten Leseprogramms anzeigen lassen kann. Die von Ihnen gewählten Formate bleiben erhalten, ein Ändern von Daten ist aber nur mit Spezialwerkzeugen möglich.

- Praktisch genauso funktioniert die Option *Als XPS senden*. Die Daten können mit dem XPS-Viewer angezeigt werden, der zu den Standardprogrammen von Windows gehört.

Übung 4: Mappe als PDF oder als XPS-Dokument speichern

1. Öffnen Sie die Registerkarte *Datei* und klicken Sie auf die Kategorie *Speichern und Senden*.

2. Klicken Sie auf *PDF/XPS-Dokument erstellen* und dann nochmals auf die gleichnamige Schaltfläche. Das Dialogfeld *Als PDF oder XPS veröffentlichen* wird angezeigt, das dem Dialogfeld *Speichern unter* ähnelt. Gegebenenfalls müssen Sie hier noch den Speicherort und den Dateinamen einstellen.

3. Standardmäßig ist bereits *PDF* als Dateityp eingestellt. Wenn Sie *XPS* wünschen, müssen Sie das über das Dropdown-Listenfeld *Dateityp* festlegen. Sie können außerdem über den Bereich *Optimieren für* zwischen zwei Qualitäten wählen.

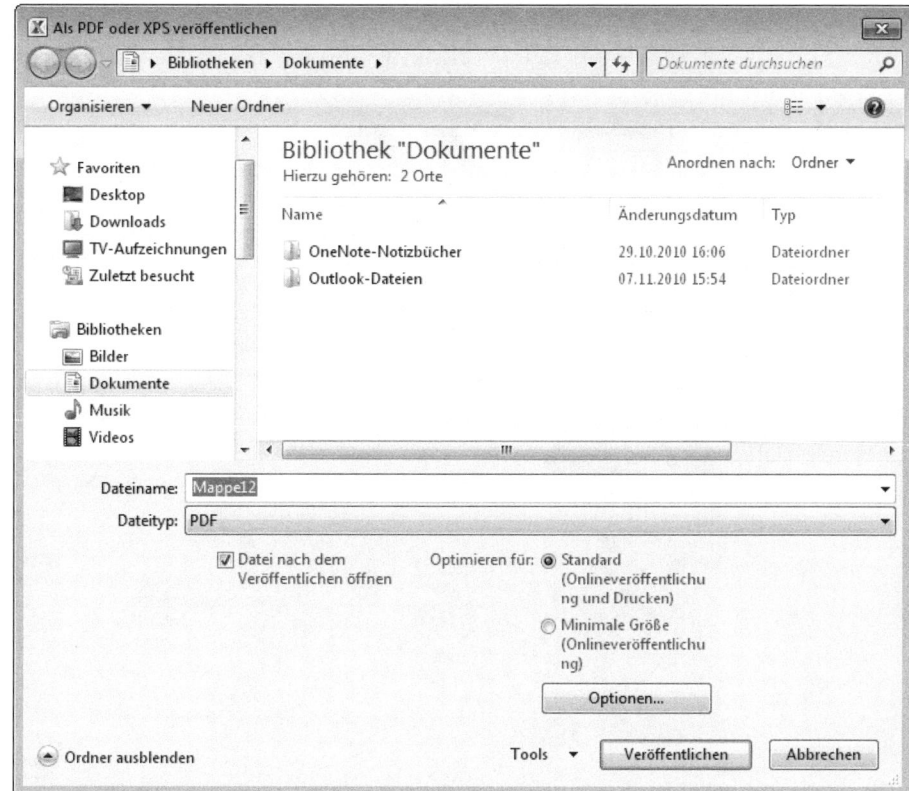

4. Klicken Sie dann auf *Veröffentlichen*. Damit erstellen Sie im aktuellen Ordner eine Datei des gewünschten Formats.

Tipp: Einzelne Bereiche veröffentlichen

Nach einem Klick auf die Schaltfläche *Optionen* im Dialogfeld *Als PDF oder XPS veröffentlichen* können Sie beispielsweise einzelne Bereiche der Arbeitsmappe zum Erstellen der Datei auswählen.

Über das Internet versenden

Sie können Ihre Daten auch in unterschiedlichen Formaten an andere Personen zusammen mit einer E-Mail-Nachricht versenden. Dafür stehen Ihnen in Excel mehrere Möglichkeiten zur Verfügung.

Übung 5: Datei als Anhang zu einer E-Mail-Nachricht anfügen

Lernziel 7.1

Datei

Wenn der Empfänger mit der Arbeitsmappe noch arbeiten können soll, können Sie ihm eine Kopie der Originaldatei als Anhang zu einer E-Mail zukommen lassen.

1. Öffnen Sie Registerkarte *Datei*.

2. Öffnen Sie die Kategorie *Speichern und Senden*.

3. Klicken Sie auf *Per E-Mail senden*.

4. Wählen Sie rechts im Fenster die gewünschte Option für das Format. Wenn die Datei als Anhang versendet werden soll, klicken Sie auf *Als Anlage senden*.

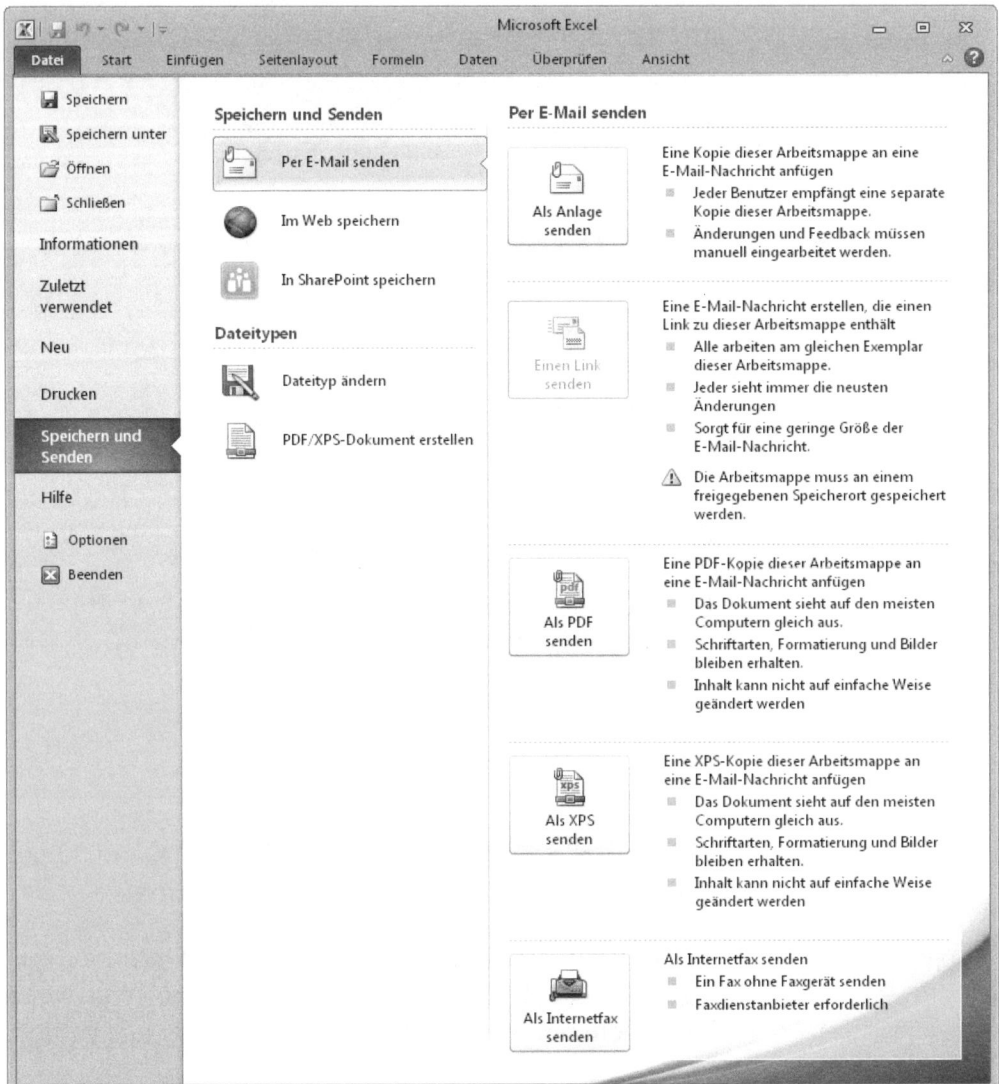

■ Ihr standardmäßig eingestelltes Mailprogramm – beispielsweise Micro-soft Outlook 2010 – wird geöffnet. Darin wird das Formular für eine neue Nachricht angezeigt.

■ Die Arbeitsmappe ist im vorher festgelegten Format bereits als Anhang eingefügt.

5. Geben Sie die Empfängeradresse ein.

6. Klicken Sie auf *Senden*, um die Nachricht abzuschicken.

In anderen Formaten versenden

Lernziel 7.1

Sie sollten auch die anderen Formate kennen, die Ihnen die Option *Per E-Mail senden* bereitstellt:

■ Mit der Option *Als PDF senden* erstellen Sie eine Datei aus den Daten Ihrer Arbeitsmappe, die der Empfänger mithilfe eines geeigneten Lesepro-gramms anzeigen lassen kann. Die von Ihnen gewählten Formate bleiben erhalten, ein Ändern von Daten ist aber nur mit Spezialwerkzeugen mög-lich. Die Datei wird als Anhang zu einer E-Mail verschickt. Den Empfän-ger müssen Sie noch angeben.

- Praktisch genauso funktioniert die Option *Als XPS senden*. Die Daten können mit dem XPS-Viewer angezeigt werden, der zu den Standardprogrammen von Windows gehört.

- *Einen Link senden* erzeugt keinen Anhang zu einer E-Mail mit den Daten der Arbeitsmappe, sondern informiert den Empfänger über den Speicherort der Datei. Sie müssen zuvor die Arbeitsmappe an einem Ort abgelegt haben, auf den der Empfänger der E-Mail zugreifen kann. Beispielsweise könnten Sie die Mappe – wie anschließend beschrieben – in einem SkyDrive-Ordner ablegen.

- Wenn Sie Zugriff auf einen Internetfaxdienst haben, können Sie auch die Option *Als Internetfax senden* verwenden.

Arbeitsmappen im Web speichern

Wenn Sie die Daten in Ihrer Mappe anderen Personen zugänglich machen wollen, müssen Sie die Mappe an einem Speicherort ablegen, auf den die betreffenden Personen Zugriff haben. Wenn Sie Ihre Dateien beispielsweise auf Windows Live SkyDrive speichern, können Sie oder andere Personen über das Internet darauf zugreifen.

Übung 6: Bei SkyDrive anmelden

Lernziel 7.1

Datei

Sie müssen sich dazu nur bei diesem Dienst anmelden. Die Berechtigung dazu haben Sie, wenn Sie über eine Windows Live ID verfügen. Wenn Sie noch keine Windows Live ID haben, können Sie sich über den Link *Für Windows Live anmelden* registrieren lassen.

1. Öffnen Sie die Registerkarte *Datei*.

2. Wählen Sie *Speichern und Senden*.

3. Klicken Sie auf *Im Web speichern*.

4. Klicken Sie auf *Anmelden* und geben Sie Ihren Benutzernamen und das Kennwort ein.

5. Bestätigen Sie mit *OK*. Ihr Konto wird angezeigt. Wählen Sie den gewünschten Ordner.

Übung 7: Auf SkyDrive speichern

Lernziel 7.1

Nachdem Sie bei SkyDrive angemeldet sind, können Sie Dateien in den dort angebotenen Speicherorten ablegen. Standardmäßig stellt Ihnen SkyDrive mit *Eigene Dokumente* einen privaten Ordner zur Verfügung. Auf den Ordner *Öffentlich* können auch andere Benutzer zugreifen.

1. Öffnen Sie die Registerkarte *Datei* und wählen Sie *Speichern und Senden*.

2. Klicken Sie auf *Im Web speichern* und melden Sie sich bei Live SkyDrive an.

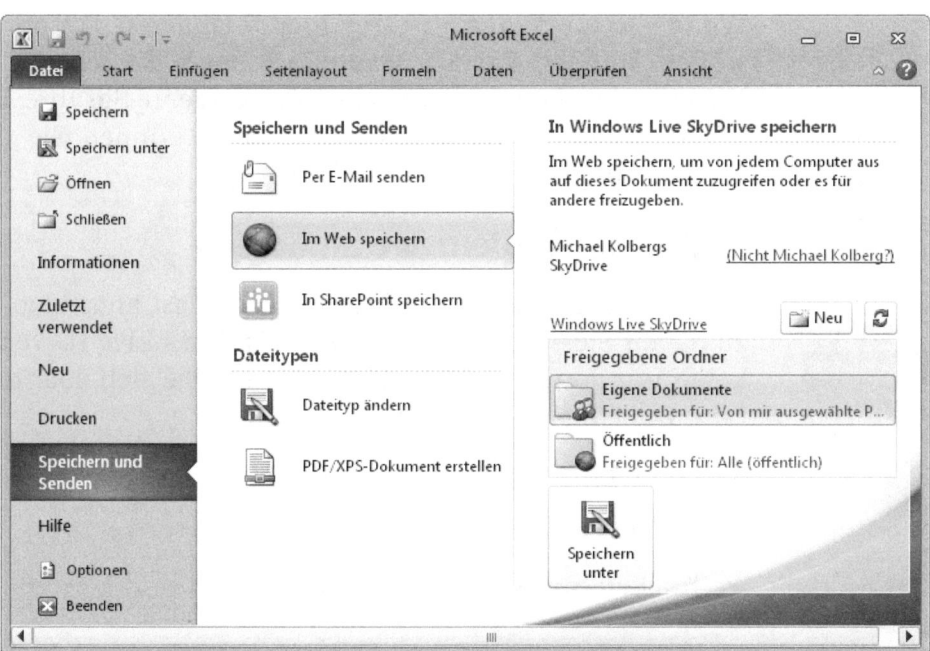

3. Klicken Sie auf das Symbol für den Ordner, in dem Sie die Datei speichern wollen – beispielsweise auf *Eigene Dokumente*.

4. Klicken Sie auf *Speichern unter*. Die Verbindung wird dann hergestellt. Eventuell müssen Sie Ihren Benutzernamen und das Kennwort erneut eingeben. Bestätigen Sie mit *OK*.

5. Ihr Speicherort wird im Dialogfeld *Speichern unter* angezeigt. Erstellen Sie darin gegebenenfalls einen neuen Unterordner und/oder legen Sie den Dateinamen fest.

6. Klicken Sie auf *Speichern*.

In SkyDrive-Ordner bearbeiten

Sie können eine in einem SkyDrive-Ordner abgelegte Arbeitsmappe direkt im Browser bearbeiten.

- Melden Sie sich dazu über einen Browser unter *http://skydrive.live.com* mit Ihrem Benutzernamen und Kennwort an. Automatisch werden die für Sie verfügbaren Ordner Ihres Kontos angezeigt.

- Öffnen Sie dann den Ordner, in dem das Dokument gespeichert ist. Ihre dort gespeicherten Dokumente werden aufgelistet.

- Klicken Sie auf die anzuzeigende Datei. Das Dokument wird im Ansichtsmodus geöffnet.

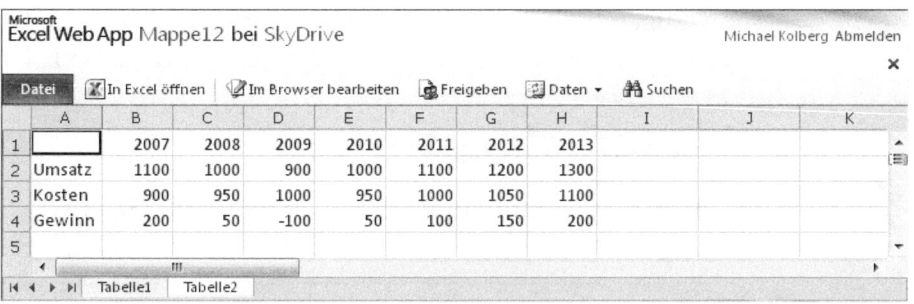

- Wenn Sie Änderungen vornehmen möchten, klicken Sie auf *Im Browser bearbeiten*. Dann stellt Ihnen SkyDrive eine etwas eingeschränkte Funktionalität zum Bearbeiten der Mappe zur Verfügung. Sie finden auf dem Bildschirm ein vereinfachtes Menüband mit den Registerkarten *Datei*, *Start* und *Einfügen*.

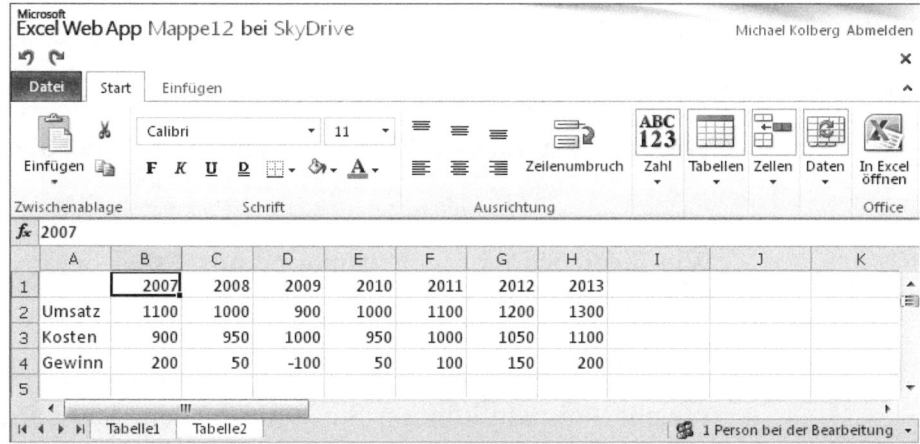

- Wenn Sie umfangreichere Excel-Funktionen benötigen, klicken Sie auf *In Excel öffnen*. Das öffnet die Mappe direkt in Ihrer Excel-Desktopanwendung. Führen Sie dort die gewünschten Änderungen durch. Wenn Sie in Excel auf *Speichern* klicken, wird die Mappe wieder auf dem Webserver gespeichert.

Tipp: Gleichzeitiger Zugriff mehrerer Benutzer

Wenn Sie wünschen, dass mehrere Anwender gleichzeitig auf eine im Netz gespeicherte Mappe zugreifen können, müssen Sie sie zuvor freigeben. Klicken Sie dazu in der Excel-Desktopanwendung auf der Registerkarte *Überprüfen* in der Gruppe *Änderungen* auf den Befehl *Arbeitsmappe freigeben*. Aktivieren Sie im gleichnamigen Dialogfeld die Option *Bearbeitung von Benutzern zur selben Zeit zulassen* und bestätigen Sie.

Zusammenfassung

Eine Mappe, in der unterschiedliche Ansichten mit verschiedenen Einstellungen zu den Arbeitsblättern gespeichert sind, lässt sich beispielsweise an verschiedene Personen mit unterschiedlichen Interessen verteilen. Kommentare erlauben es, Bemerkungen direkt an die betreffenden Zellen zu ketten. Sie können Ihre Arbeitsmappen in unterschiedlichen Dateiformaten speichern, um sie anderen Benutzern, die nicht über Excel 2010 verfügen, zur Verfügung zu stellen. Zwei weitere Möglichkeiten, anderen Ihre Arbeitsmappen zugänglich zu machen, bestehen darin, die Dateien übers Internet zu versenden oder sie auf einem Webspeicherort zu veröffentlichen.

Wiederholungsfragen

▧ Was sind Kommentare und wie fügt man sie ein?

_____

▧ Wie zeigt man Kommentare an?

_____

▧ Listen Sie einige Dateiformate auf, in denen Sie eine Excel-Arbeitsmappe speichern können?

_____

▧ Was müssen Sie beim Speichern in einem anderen Dateiformat beachten?

_____

▧ Wie erstellen Sie eine PDF- oder eine XPS-Datei aus einer Arbeitsmappe?

_____

▧ Wie fügen Sie eine Arbeitsmappe aus Excel heraus einer E-Mail als Anhang hinzu?

_____

▧ Welche Formate können Sie – neben dem Standardformat – verwenden, um die Daten als Anhang zu einer E-Mail hinzuzufügen?

_____

▧ Wie speichern Sie eine Arbeitsmappe im Internet – beispielsweise in einem _SkyDrive_-Ordner?

_____

▧ Wie können Sie Änderungen an einer in einem _SkyDrive_-Ordner gespeicherte Arbeitsmappe vornehmen?

_____

Abschlusstest

Nachdem Sie die vorherigen Lektionen durchgearbeitet haben, sollten Sie in der Lage sein, Excel in seinen wesentlichsten Funktionen zu bedienen. Um dieses Wissen zu testen, öffnen Sie die Mappe **Abschlusstest – Aufgaben**, aktivieren das angegebene Arbeitsblatt und führen die nachstehend aufgelisteten Aufgaben durch. Die Aufgaben sind so organisiert, dass die Reihenfolge beim Abarbeiten beliebig gewählt werden kann.

Tabelle1: Teilen Sie das Blatt in zwei Bereiche.

Tabelle2: Geben Sie in der Spalte *B* Zahlenwerte mit den in der Spalte *A* genannten Formaten direkt ein. Benutzen Sie keine zusätzlichen Formatbefehle.

Tabelle3: Korrigieren Sie den Zahlenwert *1000* in der Zelle *B2* in *1100*. Überschreiben Sie den Wert nicht einfach, sondern benutzen Sie die Bearbeitungsleiste.

Tabelle4: Geben Sie in der Zelle *B4* eine Formel ein, mit der die Kosten vom Umsatz abgezogen werden. Tippen Sie die Formel ein. Geben Sie dann in der Zelle *C4* eine entsprechende Formel ein, benutzen Sie hierbei aber die Methode des Zeigens.

Tabelle5: In Zelle *D4* wurde mit *=D1-D2* eine falsche Formel eingegeben. Korrigieren Sie sie zu *=D2-D3*. Überschreiben Sie die Formel nicht, sondern benutzen Sie die Bearbeitungsleiste zum Ändern.

Tabelle6: Summieren Sie die Zahlenwerte im Bereich *B2:E4* zeilenweise mithilfe einer geeigneten Funktion in der Spalte *F*. Sie können hierfür eine Schaltfläche, den Funktions-Assistenten oder die direkte Eingabe über die Tastatur benutzen.

Tabelle7: Berechnen Sie die Steuern in Zelle *B5* so, dass nur dann Steuern in Höhe von 50% gezahlt werden müssen, wenn der Gewinn vor Steuern positiv ist. Keine Steuern sollen gezahlt werden, wenn kein positiver Gewinn anfällt.

Tabelle8: Kopieren Sie die Formeln im Zellbereich *B5:B6* in den Bereich *C5:C6*. Sie können Drag & Drop oder Schaltflächen zum Kopieren und Einfügen benutzen.

Tabelle9: Füllen Sie den Bereich *D5:H6* mit den Formeln im Zellbereich *C5:C6*. Verwenden Sie entweder die Maus oder einen geeigneten Menübefehl dazu.

Tabelle10: Löschen Sie den Zellbereich *B1:B6*. Verschieben Sie die Zellen rechts von diesem Bereich nach links. Auch hier können Sie Mausaktionen oder Menübefehle benutzen.

Tabelle11: Fügen Sie nach der Spalte *A* eine zusätzliche Spalte ein.

Tabelle12: Formatieren Sie die Tabelle mit dem Design *Nereus*. Schalten Sie dann zurück zum Design *Larissa*.

Tabelle13: Lassen Sie die Überschriften in der ersten Zeile und der ersten Spalte in einer anderen Schrift und fett anzeigen. Benutzen Sie entweder Schaltflächen oder die entsprechenden Tastenkombinationen dazu.

Tabelle14: Richten Sie die Überschriften in der ersten Zeile rechtsbündig aus. Auch hier können Sie Schaltflächen oder andere Methoden verwenden.

Tabelle15: Verbinden Sie die Zellen *B1* und *C1* zu einer gemeinsamen Zelle.

Tabelle16: Setzen Sie die Dezimalzahlen in Spalte *C* auf das Prozentformat mit zwei Dezimalstellen. Sie können mit verschiedenen Methoden arbeiten.

Tabelle17: Stellen Sie für die Zeile *6* eine bedingte Formatierung ein, die negative Werte hervorhebt.

Tabelle18: Unterstreichen Sie die Überschriften in der ersten Zeile mit einer dicken Linie.

Tabelle19: Stellen Sie die Spaltenbreiten und Zeilenhöhen optimal ein. Verwenden Sie für die Änderung der Spaltenbreite eine Mausaktion, für die Zeilenhöhe einen Befehl.

Tabelle20: Verbergen Sie die zweite Spalte.

Tabelle21: Übertragen Sie das Format in der Zelle *D6* auf die Zelle *F6*.

Tabelle22: Filtern Sie die Datensätze so, dass nur noch die Daten für den Kunden *Maier* angezeigt werden.

Tabelle23: Sortieren Sie die Liste aufsteigend nach den Namen der Kunden.

Tabelle24: Stellen Sie den Gewinn nach Steuern über die Jahre in einem eingebetteten Säulendiagramm dar.

Tabelle25: Fügen Sie rechts von den Daten eine ClipArt-Grafik mit einem *$*-Zeichen ein.

Tabelle26: Versehen Sie die Zelle *D3* mit einem Kommentar.

Tabelle27: Löschen Sie den Kommentar in Zelle *G2*.

Tabelle28: Fügen Sie in Zelle *B8* einen Hyperlink ein, der auf das Blatt *Tabelle14* verweist.

Tabelle29: Wählen Sie die Einstellungen für die Seitenansicht so, dass die Tabelle auf möglichst wenigen Seiten übersichtlich ausgedruckt wird. Achten Sie auch auf einen sinnvollen Seitenumbruch.

Tabelle30: Drucken Sie den Zellbereich *A1:G12* aus.

Die Ergebnisse für diese Arbeiten finden Sie in der Datei **Abschlusstest – Ergebnisse**. Bei einigen Aufgaben sind unterschiedliche Lösungen möglich.

Hinweise zum Ablauf einer Zertifizierungsprüfung

Die Zertifizierungsprüfungen für *Microsoft Office Specialist* dauern zurzeit jeweils 50 Minuten. In dieser Zeit müssen Sie eine bestimmte Zahl von Aufgaben durchführen, die mehrere Komponenten enthalten können. Um die Prüfung zu bestehen, sind zwischen 60 und 85 Prozent richtige Lösungen erforderlich. Aus Gründen der Prüfungssicherheit und Fairness ist das Hilfesystem des Programms während der Prüfung nicht verfügbar.

Achtung

Beachten Sie, dass Microsoft sich das Recht vorbehält, jederzeit die Anzahl der Fragen, die Dauer der Prüfung und die Mindestanforderung für das Bestehen der Prüfung anzupassen. Das gilt auch für die nachfolgend beschriebene Benutzeroberfläche.

Benutzeroberfläche und Steuerelemente der Examenssoftware

Nach der Anzeige der Informationsbildschirme werden der Test und die jeweilige Office-Anwendung gestartet. Im unteren Bereich des Bildschirms erscheint ein Dialogfeld mit der Benutzeroberfläche und den Steuerelementen der Examenssoftware, in dem auch die Prüfungsaufgaben angezeigt werden.

- Über die Schaltfläche *Tipps* können Sie jederzeit Informationen zu den Steuerelementen abrufen. Außerdem können Sie die Größe der Schrift ändern, in der die Prüfungsfragen auf dem Bildschirm erscheinen.

- An dem *Zähler* können Sie ablesen, wie viele Aufgaben Sie bereits beantwortet haben und wie viele Fragen noch ausstehen.

- Der *Timer* wird gestartet, sobald die erste Frage auf dem Bildschirm erscheint; er zeigt die verbleibende Zeit an. Zeit, die verstreicht, während eine neue Frage geladen wird, wird vom Timer nicht erfasst. Er zeichnet lediglich die Zeit auf, die Sie zur Beantwortung der Fragen benötigen. Wird der Timer als ablenkend empfunden, kann er durch Klicken auf die Uhrzeit ausgeblendet werden.

- Über die Schaltfläche *Zurücksetzen* kann im Falle eines Fehlers die Arbeit an einer Frage erneut begonnen werden. Diese Schaltfläche startet weder nochmals die gesamte Prüfung noch erhöht sie die Zeit, die Ihnen für die Prüfung zur Verfügung steht. Ein Neustart des Tests oder die Verlängerung der Testzeit ist also nicht möglich.

- Nach Abschluss einer Frage wird mit der Schaltfläche *Weiter* die nächste Frage aufgerufen. Das erneute Ansteuern der vorherigen Frage ist nicht möglich!

Tipps für die Durchführung der Prüfung

Orientieren Sie sich bei der Prüfung an den folgenden Hinweisen:

■ Folgen Sie allen Anweisungen in den Aufgaben vollständig und genau. Einige Aufgaben sind in Unteraufgaben unterteilt. Stellen Sie daher vor dem Klick auf die Schaltfläche *Weiter* unbedingt (durch Scrollen der Bildlaufleiste) sicher, dass Sie alle Aufgaben komplett gelesen und bearbeitet haben.

■ Geben Sie die erforderlichen Daten wie in den Anweisungen beschrieben ein, ohne das Format zu übernehmen. Der von Ihnen einzugebende Text und die Werte erscheinen fett und unterstrichen; sofern nicht ausdrücklich anders angegeben, geben Sie diese Daten unformatiert ein.

■ Schließen Sie alle Dialogfelder, bevor Sie die nächste Frage aufrufen, es sei denn, Sie werden explizit zu einer anderen Vorgehensweise aufgefordert.

■ Es ist nicht erforderlich, Ihre Arbeit zu speichern, bevor Sie zur nächsten Frage weitergehen, es sei denn, Sie werden explizit dazu aufgefordert.

■ Aus Gründen der Fairness und der Sicherheit wurde das Office-Hilfesystem einschließlich des Assistenten deaktiviert.

■ Bei Aufgaben mit der Aufforderung zum Ausdrucken wird nicht wirklich etwas gedruckt.

■ Die abschließende Bewertung basiert auf einer Kombination aus dem Endergebnis der Arbeit und dem verwendeten Verfahren, nicht jedoch auf der zur Bearbeitung einer Frage benötigten Zeit. Zusätzliche Tasten oder Mausklicks werden ebenfalls nicht berücksichtigt.

■ Da beim Test mehrere Softwarekomponenten gleichzeitig laufen müssen, kann es in sehr seltenen Fällen zu Fehlermeldungen oder Rechnerausfällen kommen. Bei einem Ausfall des Rechners ist der Administrator des Testcenters sofort zu benachrichtigen, damit der jeweilige Test neu gestartet werden kann. Dies geschieht an der Stelle, an der der Rechnerausfall eintrat; die bereits erzielten Punkte sowie die übrige Testzeit sind durch einen solchen Ausfall nicht betroffen.

Zertifizierung

Nach Abschluss der Prüfung erhalten Sie einen Ergebnisbericht. Wir empfehlen Ihnen dringend, zwei Exemplare – einen als Nachweis für Sie und einen für das Testcenter – auszudrucken. Als Unterstützung steht Ihnen hierbei der Administrator zur Verfügung. Wenn Sie die erforderliche Punktzahl erreicht oder überschritten haben, erhalten Sie außerdem innerhalb von etwa 14 Tagen per Post ein gedrucktes Zertifikat.

Weitere Informationen

Weitere Informationen zum *Microsoft Office Specialist* finden Sie unter: *http://www.microsoft.com/germany/learning/mos/default.mspx*

Stichwortverzeichnis

A

Abschlusstest 153
Addieren 53
Ansicht 135
   benutzerdefinierte
     141, 152
   Normal 135, 136
   Seitenlayout 136
   Umbruchvorschau
     138
Anwendungsfenster
   10
Arbeitsmappe 10, 19
   als Anhang
     versenden 147
   im Web speichern
     149
   in anderen
     Formaten
     versenden 148
   Informationen dazu
     27
   neue auf Basis einer
     Vorlage 26
   neue erstellen 26
   nicht erwünschte
     Daten entfernen
     28
   öffnen 23
   schließen 22
   speichern 19
Argument (Funktion)
   57
Assistent
   Funktions- 57
   Textkonvertierungs-
     96
Ausblenden
   Blatt 36
   Spalte 82
   Zeile 82
Ausfüllen 71
   Formel 71
   Monate 72
   Reihe 73
   Text 72
   Wochentage 72
   Zahlenwerte 73
Ausrichtung 84
Ausschneiden 65
Auto-Ausfülloptionen
   71
AutoBerechnen 57

AutoSumme 60
AutoWiederherstellen
   25

B

Backstage-Ansicht 13
Balkendiagramm 108
Bearbeitungsleiste 43
Befehl
   rückgängig machen
     45
   wiederherstellen 45
   wiederholen 14
Beispieldateien 7
Berechnung
   Reihenfolge 53
   Zeitpunkt 54
Bereich
   benennen 49
   einfügen 73
Bestätigen (Eingabe)
   44
Bezug 53
   absoluter 68
   gemischter 69
   relativer 68
Bild
   einfügen 117
   Farbeinstellungen
     anpassen 124
   Helligkeit anpassen
     124
   Kontrast anpassen
     124
   löschen 118
Bildschirmabbildung
   einfügen 121
Bildschirmausschnitt
   einfügen 122
Blatt 31
   am Ende einfügen
     33
   Anzahl in der
     Arbeitsmappe 31
   ausblenden 36
   einfügen 32
   Fenster dafür 36
   in der Mappe
     kopieren 35
   in der Mappe
     verschieben 34
   kopieren 35
   löschen 35

   mehrere gemeinsam
     markieren 32
   mit der Maus
     verschieben 34
   navigieren in 39
   navigieren zwischen
     31
   teilen 37
   umbenennen 35
Blattregisterfarbe 36
Blattregisterkarten 31
   sichtbar machen 33
Blattregisterleiste 31
Bruch (Eingabeformat)
   46

C

Clip
   einfügen 118
   löschen 118

D

Datei (Registerkarte)
   13
Dateiformat 145
   ändern 144, 146
Dateiname 19
Dateityp 20
Daten
   eingeben 43
   filtern 101
   fortschreiben 72
   kopieren 65
   korrigieren 43, 44
   sortieren 97
   verschieben 65
Datenbalken
   (bedingtes Format)
   91
Datenblock 95
Datenverluste (beim
   Ändern des
   Dateiformats) 146
Datums- und
   Uhrzeitangabe 47
Design 77
   ändern 78
Dezimalzahl 46
Diagramm 107
   bearbeiten 110
   Daten ändern 112
   Daten markieren
     107

erstellen 107, 108
Größe ändern 111
Kreisdiagramm 108
Layout ändern 113
Ort ändern 111
Position ändern 111
Säulendiagramm 109
Typ ändern 112
Typ auswählen 108
Vorzugsform 109
Dialogfeld 12
Dividieren 53
Dokument 19
Dokumentfenster 10
Dokumentprüfung 17
Drag & Drop 65
Drucken 129
Ansicht 135
Anzahl Exemplare 130
beidseitig 130
Bereich 130, 132
Einstellungen zum 130
Hochformat 130, 133
Kopf- und Fußzeile 136
Papierformat 131
Querformat 130, 133
Ränder 131, 133
Seitenansicht 131
Seitenlayout 136
Skalieren 134
Drucktitel 134

E

Eigenschaften 27
Einblenden
Spalte 82
Zeile 82
Einfügen
Bildschirmabbildung 121
Bildschirmausschnitt 122
Clip 118
Form 119
Grafik 117
Hyperlinks 125
Inhalte 69
Optionsschaltfläche 67
SmartArt 120
Werte 70

Zellen und Bereiche 73
Eingabe 43
bestätigen 44
Daten 43
Datums- und Uhrzeitangabe 47
falsche Anzeige 47
Formeln 53
kopieren 65
korrigieren 44
logische Konstante 47
löschen 45
rückgängig machen 45
Text 48
verschieben 65
verwerfen 44
Zahlenwerte 46
Eingangstest 8
Einzug 84
Ellipse 120
Ergebniszeile 105
Excel
Oberfläche 10
Programmsteuerung 11
Excel 97-2003-Arbeitsmappe (Dateiformat) 145
Excel-Arbeitsmappe mit Makros (Dateiformat) 145
Excel-Optionen 14
allgemeine 15
anzeigen 14
Speichern 21
Excel-Tabellen 103
Bereich erweitern 104
Ergebniszeile 105
erstellen 103
konvertieren 104
Excel-Vorlage (Dateiformat) 145

F

Falsche Anzeige 47
Farbeinstellungen eines Bildes 124
Farbschema 15
Farbskalen (bedingtes Format) 91
Fehlerindikator 63
Fenster 36

automatisch anordnen 39
mehrere einer Mappe 38
Fensterdarstellung 37
Programmfenster 36
Filtern 101
nach bedingten Formaten 103
nach Zellattributen 102
nach Zellinhalten 101
Flächendiagramm 108
Form
aufziehen 119
einfügen 119
formatieren 123
löschen 118
Format übertragen 83
Formatieren
Ausrichtung 84
bedingt 89
bedingte mit Formel 93
benutzerdefiniert 88
Design 77
Einzug 84
Form 123
Minisymbolleiste verwenden 83
Orientierung 85
Regeln 89
Schrift 83
Spalten 80
Zahlenwerte 87
Zeilen 80
Zellen 83
Zellen verbinden 86
Formatvorlage
eigene erstellen 79
Zellen 77
Formel
ausfüllen 71
eingeben 53
kopieren 68
korrigieren 55
mit Bezug zu anderen Blättern 56
mit Bezug zu anderen Mappen 56
mit Namen 55
Freistellen 124
Funktion 57

eingeben 57
HEUTE 62
ISTFEHLER 63
logische 61
MITTELWERT 58
SUMME 60
WENN 61, 62
Funktions-Assistent 57
Funktionsbibliothek 59
Fußzeile 136
anpassen 138

G

Gewinn/Verlust (Sparkline) 114
Gitternetz 139
Grafik
einfügen 117
löschen 118

H

Helligkeit eines Bildes 124
HEUTE (Funktion) 62
Hyperlink 125
andere Formen 127
entfernen 127
QuickInfo 126
zu Datei oder Webseite 125

I

Inhalte einfügen 69
Internet
versenden über 147
ISTFEHLER (Funktion) 63

K

Klammern in einer Formel 54
Kommentare
editieren 143
eingeben 142
überprüfen 143
Kontrast eines Bildes 124
Kopfzeile 136
anpassen 138
Kopieren
Blatt 35
Daten 65
Formel 68
nach Excel 95
Korrigieren

automatisch 49
Eingaben 43, 44, 49
Formeln 55
Kreisdiagramm 108

L

Linie (Sparkline) 114
Linien zeichnen 120
Liniendiagramm 108
Linksbündig (Ausrichtung) 84
Livevorschau 15
Logische Konstante 47
Löschen
Blatt 35
Eingabe 45
Zellbereich 74, 75

M

Mappe 19
Mappe1 26
Markieren
abschalten 40
Arbeitsblatt 40
mehrere Zellen 40
Spalte 40
über das Namenfeld 41
über die Maus 39
über Tastatur 41
Zeile 40
Zelle 40
Menüband 11, 12
anpassen 15
erweitern 12
minimieren 12
neue Registerkarte einfügen 16
Registerkarte Start 11
über die Tastatur steuern 12
Übersicht 11
Minisymbolleiste 15, 83
Minuszeichen 46
MITTELWERT (Funktion) 57
Multiplizieren 53

N

Name 49
als Sprungadresse 51
einfügen 49
in Formeln 55

navigieren mit 50
verwalten 51
Namenfeld 50
Namens-Manager 51
Navigieren 31
im Blatt 39
Namen verwenden 50
über das Namenfeld 41
über Tastatur 41
zwischen Blättern 31
Neue Arbeitsmappe 26

O

Öffnen
Arbeitsmappe 23
mehrere Dokumente gleichzeitig 23
nicht gespeicherte Mappe 25
zuletzt bearbeitete Dokumente 24
Operator 53
Orientierung 85

P

PDF-Datei 146
Pfeil 120
Potenzieren 53
Programmeinstellungen 14
Programmsteuerung 11
Prozentformat 46
Punktdiagramm (XY) 108

R

Rechnung 26
Rechteck 120
Rechtsbündig (Ausrichtung) 84
Rechtschreibprüfung 49
Registerkarte 11
Ansicht 135
Bildtools 122, 124
Datei 13, 19, 129
Daten 97, 98
Diagrammtools 110
Einfügen 11, 103, 117
Formeln 50, 57
Gruppen in 11

kontextbezogene 11
Kopf- und
    Fußzeilentools
    137
Seitenlayout 78,
    132
SmartArt-Tools 121
Start 11
Tabellentools 104
Überprüfen 49
Zeichentools 120,
    122, 124
Registerteiler 33
Reihe 73
Reisekostenabrechnun
    g 26
Ringdiagramm 108
Rückgängig (Befehl)
    14
Rückgängig machen
    45

S
Säule (Sparkline) 114
Säulendiagramm 108,
    109
Schließen,
    Arbeitsmappe 22
Schrift 83
Screenshot 121
Seitenansicht 131
Seitenlayout 136
Sicherheitscenter 17,
    23
Skalieren 134
SkyDrive
    anmelden bei 149
    Datei speichern 150
SmartArt 120
Sortieren 97, 98
    einfaches 97
    mehrfaches 98
    nach bedingten
        Formaten 100
    nach Zellattributen
        99
Spalte

ausblenden 82
Breite 80
einblenden 82
formatieren 80
optimale Breite 81
Spaltenkopf 40
Sparkline 114
    einfügen 114
    Typen 114
    verfeinern 115
Speichern
    an anderem Ort 20
    Änderungen 20
    Einstellungen 21
    unter anderem
        Namen 20
    zum ersten Mal 19
Subtrahieren 53
SUMME (Funktion)
    57
Summieren 60
Symbolleiste für den
    Schnellzugriff 14
    anpassen 17
Symbolsätze
    (bedingtes Format)
    91

T
Tastatureingaben 7
Teilen des Blattes 37
Text verknüpfen 53
Texteingaben 48
Transponieren 70

U
Umbenennen des
    Blattes 35
Umbruch 138

V
Verknüpfung auf dem
    Desktop 9
Verschieben, Daten
    65
Versionen 25
    verwalten 25

Vorlage 26
Vorzugsform
    (Diagramm) 109

W
Währungsformat 46
WENN (Funktion) 61
Wiederherstellen
    rückgängig
    gemachter Befehle
    45
Wiederholen (Befehl)
    14

X
XPS-Datei 146

Z
Zahlenwerte 46
    eingeben 46
    formatieren 87
Zehnerpotenz 47
Zeile
    ausblenden 82
    einblenden 82
    formatieren 80
    Höhe 80
    optimale Höhe 81
Zeilenkopf 40
Zeilenumbruch 85
Zelladresse 39
Zelle 39
    Adresse 39
    aktive 39
    benennen 49
    Bezug 53
    einfügen 73
    formatieren 83
    Formatvorlage 77,
        78
    verbinden 86
Zentriert
    (Ausrichtung) 84
Zwischenablage 66